ro
ro
ro

## Die Hürde der deutschen Sprache ist hoch.

Dennoch bemühen sich viele darum, sie zu nehmen. «Deutsch Eins», der Grundkurs, ist geeignet für alle, die allein oder in Gruppen Deutsch lernen wollen – ein lebendiger Einstieg in die Umgangssprache, nahe am Alltag. Als Lehr- und Arbeitsbuch in einem enthält es Dialoge, Lesetexte, Kontrolltests, Schlüssel zu den Übungen. Eine Besonderheit ist das rund tausend Wörter umfassende Glossar am Ende des Buches. Alle Wörter werden in der Bedeutung, die sie in den Texten haben, in folgende Sprachen übersetzt: Englisch, Französisch, Italienisch, Spanisch, Arabisch, Persisch, Türkisch und Russisch.

Christof Kehr ist Lehrer für Deutsch als Fremdsprache und Autor («Spanien von Anfang an», «Flüssiges Spanisch», «Spanisch in letzter Minute»).
Michaela Meyerhoff ist Germanistin und Romanistin, hat als Deutschlehrerin in Paris und Lausanne gearbeitet und unterrichtet in Mainz Deutsch als Fremdsprache.

**rororo sprachen**
**Herausgegeben von Ludwig Moos**
**4. Auflage Januar 2016**
**Überarbeitete Neuausgabe, Oktober 2002**
Veröffentlicht im
Rowohlt Taschenbuch Verlag GmbH,
Reinbek bei Hamburg, Januar 1991
**Copyright © 1991, 2002 by
Rowohlt Taschenbuch Verlag GmbH,
Reinbek bei Hamburg**
Umschlaggestaltung
**Notburga Stelzer**
Umschlagillustration
**Gerd Huss**
Layout und Grafik
**Alexander Urban**
**Iris Christmann**
Zeichnungen
**Mathias Hütter**
Fotos
**Alexander Kehr**
Satz
**Times und Futura**
Gesamtherstellung
**CPI books GmbH, Leck,**
Germany
**ISBN 978 3 499 61411 8**

Christof Kehr

Michaela Meyerhoff

DEUTSCH

# DEUTSCH EINS
# FÜR
# AUSLÄNDER

Ein Grundkurs

zum

Reden und Verstehen

Rowohlt Taschenbuch Verlag

INHALT

# *INHALT*

# VORWORT

## *BEVOR ES LOSGEHT*

*Deutsch Eins* ist der erste Band eines zweibändigen Lehrwerkes, das an das Niveau der **Zertifikatsprüfung Deutsch als Fremdsprache** heranführt. Diese Prüfung wird vom Deutschen Volkhochschulverband und dem Goethe-Institut definiert und in den meisten Ländern der Welt anerkannt.

Deutsch-Lehrbücher gibt es reichlich: für Aussiedler und für Einsiedler, für Kursteilnehmer an Sprachschulen, Oberschulen und Volkshochschulen und für Selbstlerner. Die meisten dieser Bücher sind gut gemacht. Sprach-Lehrbücher sind überhaupt heute viel besser als vor zwanzig Jahren. Sie sind motivierender, unterhaltsamer und informativer. Und sie vermitteln eine Sprache, die näher dran ist an wirklichem Alltagsdeutsch und an der gesellschaftlichen Realität. *Deutsch Eins* weist darüber hinaus noch einige Vorzüge auf:

**1.** Der *Dialog* am Anfang eines jeden *Themas* zieht sich als fortlaufende Geschichte durch das Buch. Das bewirkt Spannung, denn man will wissen, wie es weitergeht. Die Sprache, die den *Dialogen* zugrunde liegt, ist aktuelles Alltagsdeutsch, eine informelle bis familiäre Umgangssprache, für die – so wie im Leben – auch ein Schimpfwort kein Tabu ist.

Obwohl Kommunikation nur zum Teil schriftlich fließt, kommen Hören und Sprechen oft zu kurz beim Lernen. Denn entweder gibt es zu wenig Übungen in den Lehrwerken, oder der Lehrer redet zu viel selbst. Um das Sprechen zu trainieren, bringen wir am Ende des *Praxis* genannten Übungsteils *Mini-* und *Maxi-Dialoge*. Das sind häufig anwendbare Sprechformeln und Anregungen, das im *Thema* Gelernte szenisch zu verarbeiten (deshalb der Theater-Vorhang als Piktogramm).

**2.** Falls Sie die Buchversion mit Audio-CD erworben haben: Eine große Anzahl an *Hörverständnis-Übungen (HV)* trägt dazu bei, dass sich der Lerner auch von Buch und Buchstaben lösen lernt.

**3. Deutsch Eins** ist komfortabel: *Lehrbuch, Arbeitsbuch* und *Schlüssel* zu den *Übungen* sind nicht in drei, sondern in einen einzigen Band gepackt. In ein Taschenbuch zudem, das leicht handhabbar und überallhin mitzunehmen ist. Es passt in die Hand- oder Jackentasche und lässt sich leicht in der U-Bahn oder auf der Bank im Park wieder herausholen.

Die Bequemlichkeit ist inhaltlich durchdacht:

– Jedes neue *Thema* beginnt mit einem alltagsnahen Dialog.

– Danach kommen sofort die *Wörter*, das erspart langes Blättern. Im *Glossar* sind alle rund 1000 im Buch vorkommenden Wörter aufgeführt und in acht Sprachen übersetzt. (Englisch – Französisch – Italienisch – Spanisch – Arabisch – Persisch – Türkisch – Russisch). Trifft man zum Beispiel in *Thema 6* auf das Wort „Wohnung", so findet man im *Glossar*: „Wohnung apartment, piso, ...." Spätestens jetzt hat man das Wort verstanden und trägt es in seiner Muttersprache in die **Wörter** ein. Diejenigen, die keine dieser acht Sprachen beherrschen, die sollten ein Wörterbuch zu Hilfe nehmen.

– Neben der **Theorie** steht die **Praxis**, das heißt links die Grammatik und rechts die Übungen dazu. Auch das erspart einiges an Blättern. Am Ende des Theorieteils sind unter **Achtung** wichtige Ausdrucksweisen zusammengefasst, die typisch für das Deutsche sind und in anderen Sprachen oft keine wörtliche Entsprechung haben. Zum Beispiel Füllwörter (mal, doch, übrigens ...), Verkürzungen (Kennen 'se den?) oder der Gebrauch der Adverbien (schon – noch; nicht mehr – noch nicht).

– Die **Lektüre-Texte** mit ihren **Leseverständnis-Übungen** am Ende jedes Themas führen behutsam an das Lesen heran. Wer sich das Wichtigste eines **Themas** mehr oder weniger mühevoll einverleibt hat, der kann sich jetzt in Ruhe zurücklehnen und den **Lektüre-Text** lesen. Alles ist ohne jedes Problem zu verstehen. Wir haben nämlich das bisher bekannte Vokabular neu durchgemischt und in eine kleine Story gepackt.

– Nach jeweils zwei **Themen** folgt ein längerer **Wiederholungs-Test**, in dem das neu Gelernte nochmals vertieft wird. Die **Übungen** selbst sind schnell zu bewältigen: Multiple-Choice erspart viel Schreiberei. Wer den Test durchgearbeitet hat, der findet die korrekten Antworten im Schlüssel und kann sich so selbst überprüfen. Dafür gilt: bis zu 20 Prozent falsch – sehr gut bis gut; bis zu

50 Prozent falsch – gut genug; über 50 Prozent falsch – nicht gut genug. Mehr als die Hälfte Fehler sind zu viel – der Lerner sollte sich **Wörter**, **Theorie** und **Praxis** der vorhergehenden **Themen** nochmals genau zu Gemüte führen.

Die folgende **Gebrauchsanweisung** ist ein Vorschlag, wie ein Selbstlerner ohne Lehrer vorgehen kann. Natürlich gibt es auch andere Möglichkeiten, vor allem für diejenigen, die in einer Gruppe mit Lehrer lernen.

# *GEBRAUCHSAN-WEISUNG*

*Sie können so mit diesem Buch arbeiten (Falls Sie das Buch ohne CD besitzen, bleibt nur die intensive Lektüre):*

**1.**

Sie lesen oder hören den **Dialog:** Was ist hier los? Was ist die Situation?

**2.**

Hörverständnis-Übung: **Hör zu** 1.

**3.**

Sie lesen oder hören den **Dialog** noch einmal genau: Verstehen Sie alles? Wer? Wo? Wann? Was? Warum? Wie?

**4.**

Hörverständnis-Übung: **Hör zu** 2.

**5.**

Sie hören noch einmal den **Dialog**. Sie lesen den Dialog.

### 6.

Sie suchen die neuen Wörter im **Glossar** (oder im Wörterbuch). Sie schreiben die Wörter in Ihrer Sprache in **Wörter**

### 7.

Sie lernen die neuen Wörter.

### 8.

Sie suchen die neue Grammatik im **Dialog** und in der **Theorie**.

### 9.

Sie machen in der **Praxis** die Übungen zum Thema.

### 10.

Sie lesen den **Lektüre**-Text. So wiederholen Sie noch mal das Thema.

### 11.

Sie machen immer nach zwei Themen den **Wiederholungs-Test**.

**SO GEHT'S**

## Sie finden am Ende des Buches:

**Glossar**: Alle Wörter in acht Sprachen: Englisch, Französisch, Italienisch, Spanisch, Arabisch, Persisch, Türkisch, Russisch.

**Lösung**: Die Antworten zu den HV-Übungen, zu den Übungen aus der Praxis und zu den Lektüre-Fragen.

**Schlüssel**: Die Antworten zu den Tests (1–4).

**Index**: Wo (auf welcher Seite) steht die Grammatik?

# Die Piktogramme im Übungsteil

Zur besseren Übersicht sind die praktischen Übungen durch Symbole gekennzeichnet. Sie bedeuten:

 Hier gibt es ein Problem.

 Sie schreiben in ein Heft.

 Sie sprechen.

 Sie sprechen mit einem Partner.

 Sie spielen Theater.

 Stopp! 1. Denken 2. Machen

 Sie hören, falls Sie die Buchausgabe mit Audio-CD haben.
Die Nummer ist die Tracknummer der CD.

 Hier stehen die Übungen zur Theorie.

# THEMA 1

# *ANKUNFT*

### *Im Flughafen*
Sind Sie Doktor Köckritz?
*Und Sie sind Doktor Paulmann?*
Nein, Doktor Paulmann ist krank. Mein Name
ist Hubertus. Guten Tag. Wie geht's?

*Danke. Guten Tag, Herr Hubertus, freut mich.*
Kommen Sie, wir nehmen ein Taxi.

### Im Taxi

Zum Europa-Hotel, bitte. Und fahren Sie durch die Stadt! … Sind Sie zum ersten Mal in Frankfurt?
*Ja, ich kenne Hamburg, Berlin, Stuttgart und München natürlich. Aber Frankfurt nicht. Das ist neu.*

Wir fahren durch das Zentrum. Sie sehen dann
etwas.
*Sind Sie auch Ingenieur, Herr Hubertus?*
Ja, ich bin der Elektro-Ingenieur von Otto. Wir
arbeiten zusammen. Kommen Sie aus Wien?
*Nein, ich bin Schweizer, aber ich wohne in Wien.*

—

Wir sind jetzt in Sachsenhausen, das hier ist
der Main.
*Wohnen Sie in Frankfurt?*
Nein, wir wohnen in Mainz. Ich nehme die S-
Bahn und fahre dreißig Minuten. Hier ist übri-
gens der Bahnhof … Und da – das Theater.
*Treffen wir uns morgen?*
Ja, um neun Uhr. Ich habe drei Karten für heute
Abend. Wir gehen in die Alte Oper. Es gibt ein
Konzert. Meine Frau kommt auch.
*Schön … .*

—

Ah, wir sind da. Das ist das Europa-Hotel.
Doktor Köckritz, ich komme um sieben Uhr
dreißig. Das Konzert ist um acht …
*Ja, danke, bis dann.*
Auf Wiedersehen.


### Im Hotel
*Ich bin Herr Köckritz aus Wien.*
Moment … für Firma Otto?
*Ja. Ich bleibe fünf Tage.*
Sie haben Zimmer Nummer vierhundertachtzehn.
Hier ist der Schlüssel. Ihren Pass, bitte. Hier,

bitte … eine Unterschrift. Essen Sie heute
Abend hier?
*Nein, danke.*
Frühstück gibt es ab sieben Uhr. Nehmen Sie
Tee oder Kaffee?
*Kaffee natürlich, aber keinen deutschen, bitte!*
*Ich trinke Espresso.*

e: Hotels in Frankfurt. Search a Hotel in Frankfurt and make reservat

|  Reload |  Home |  Search |  Netscape |  Images |  Print |  Security |  Shop |  Stop |

://www.hotel-in-frankfurt.com/

# Hotels in Frankfurt

## Book a Hotel in Frankfurt

## Réservez un Hôtel en Francfort

## Buchen Sie ein Hotel in Frankfurt

ANKUNFT

# HÖR ZU

## 1.
### Was ist richtig?

C   B   A

Ja ☐   Nein ☐

B   C   A

Ja ☐   Nein ☐

## 2.
### Was hören Sie? Welche Stadt?

1. Frankfurt ☐
2. Kiel ☐
3. Hamburg ☐
4. Berlin ☐
5. Stuttgart ☐
6. München ☐
7. Paris ☐
8. Wien ☐

## 3.
### Ja oder Nein?

1. Herr Köckritz und Herr Hubertus sind im Flughafen.

Ja ☐   Nein ☐

2. Herr Köckritz kennt Frankfurt nicht.

Ja ☐   Nein ☐

3. Herr Hubertus wohnt in Frankfurt.

Ja ☐   Nein ☐

4. Frühstück gibt es ab sieben Uhr.

Ja ☐   Nein ☐

5. Herr Köckritz trinkt Tee.

Ja ☐   Nein ☐

# ANKUNFT

*Im Flughafen*

der Flughafen

.............................

sind Sie

.............................

und

.............................

nein

.............................

ist krank

.............................

mein Name ist

.............................

Guten Tag

.............................

wie geht's

.............................

danke

.............................

Herr

.............................

freut mich

.............................

ANKUNFT

kommen

.............................

wir nehmen

.............................

das Taxi

.............................

*Im Taxi*

bitte

.............................

fahren

.............................

durch die Stadt

.............................

die Stadt

.............................

zum ersten Mal

.............................

.............................

in

.............................

ich kenne

.............................

aber

.............................

neu

.............................

für mich

.............................

das Zentrum

.............................

dann sehen Sie etwas

.............................

.............................

auch

.............................

der Ingenieur

.............................

ich bin

.............................

von Otto

.............................

wir arbeiten zusammen

.............................

aus Wien

.............................

der Schweizer

....................

ich wohne

....................

wir sind jetzt

....................

Sachsenhausen

....................

das hier ist der Main

....................

....................

ich nehme

....................

die S-Bahn

....................

hier ist

....................

übrigens

....................

der Bahnhof

....................

da

....................

das Theater

....................

wann treffen wir uns

....................

....................

morgen

....................

um neun Uhr

....................

für heute Abend

....................

drei

....................

die Karte

....................

gehen

....................

die Alte Oper

....................

es gibt

....................

das Konzert

....................

mein, meine

....................

die Frau

....................

schön

....................

wir sind da

....................

auf Wiedersehen

....................

um sieben Uhr dreißig

....................

....................

um acht

....................

bis dann

....................

*Im Hotel*

das Hotel

....................

die Firma

....................

ich bleibe

....................

fünf Tage

....................

das Zimmer

....................

die Nummer

...........................

der Schlüssel

...........................

Ihr

...........................

der Pass

...........................

die Unterschrift

...........................

essen

...........................

das Frühstück

...........................

ab

...........................

nehmen Sie Tee oder
Kaffee ?

...........................

...........................

keinen

...........................

deutsch

...........................

aber keinen deutschen,
bitte

...........................

...........................

der Espresso

...........................

trinken

...........................

*Theorie und Praxis*

die Zahl

...........................

die Telefonnummer

...........................

der Artikel

...........................

das Verb

...........................

genauso

...........................

fragen

...........................

das Steak

...........................

das Bier

...........................

was

...........................

fehlen

...........................

# THEORIE

## Artikel

| | | |
|---|---|---|
| **der** Bahnhof | **die** Stadt | **das** Theater |
| **ein** Bahnhof | **eine** Stadt | **ein** Theater |

| Maskulinum | Femininum | Neutrum |
|---|---|---|
| der | die | das |
| ↕ | ↕ | ↕ |
| ein | eine | ein |

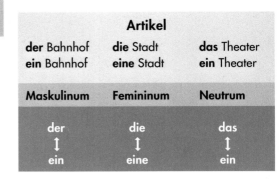

## Zahlen

**0** null

| | | | |
|---|---|---|---|
| **1** eins | **11** elf | **21** einundzwanzig | **40** vierzig |
| **2** zwei | **12** zwölf | **22** zweiundzwanzig | **50** fünfzig |
| **3** drei | **13** dreizehn | **23** dreiundzwanzig | **60** sechzig |
| **4** vier | **14** vierzehn | **24** vierundzwanzig | **70** siebzig |
| **5** fünf | **15** fünfzehn | **25** fünfundzwanzig | **80** achtzig |
| **6** sechs | **16** sechzehn | **26** sechsundzwanzig | **90** neunzig |
| **7** sieben | **17** siebzehn | **27** siebenundzwanzig | **100** hundert |
| **8** acht | **18** achtzehn | **28** achtundzwanzig | **200** zweihundert |
| **9** neun | **19** neunzehn | **29** neunundzwanzig | **300** dreihundert |
| **10** zehn | **20** zwanzig | **30** dreißig | **1000** tausend |

# 1. Ihre Telefonnummer, bitte?

**1.** 8 – 5 – 9 – 6 – 6

*acht – fünf – neun – sechs – sechs*

**2.** 2 – 7 – 4 – 1 – 0 – 3

...............................................

**3.** 4 – 1 – 9 – 8 – 5

...............................................

**4.** 5 – 8 – 8 – 6 – 2 – 3

...............................................

**5.** 7 – 8 – 3 – 2 – 5 – 9

...............................................

**6.** 8 – 59 – 66

...............................................

**7.** 27 – 41 – 03

...............................................

**8.** 4 – 19 – 85

...............................................

**9.** 58 – 86 – 23

...............................................

**10.** 78 – 32 – 59

...............................................

## 2. der/die/das?

............*das*.... Taxi
................. Konzert
...................... Frau
................. Doktor
.................... Hotel
.................... Stadt
.............. Zentrum
.................S-Bahn
................. Minute
................... Karte
.......................Tag
...................Oper
............. Flughafen
............. Schlüssel
................. Zimmer
...................... Pass
........... Unterschrift
....................... Tee
................. Kaffee
.............. Problem
.............. Ingenieur
............Frühstück

## 3. ein/ eine/ ein?

*eine* Karte, ...... Oper, ...... Flughafen, ...... Schlüssel, ...... Frühstück,
...... Zimmer, ...... Pass, ...... Unterschrift, ...... Tee, ...... Kaffee, ...... Problem,
...... Taxi, ...... Konzert, ...... Frau, ...... Doktor, ...... Hotel, ...... Stadt,
...... Zentrum, ...... S-Bahn, ...... Minute, ...... Ingenieur, ...... Tag.

# THEORIE

## Verben

### kennen

| ich | kenne | wir | kennen |
|-----|-------|-----|--------|
| er/sie/es | kennt | Sie | kennen |

Genauso: **kommen, gehen, wohnen, bleiben**

### geben

| ich | gebe | wir | geben |
|-----|------|-----|-------|
| er/sie/es | **gibt** | Sie | geben |

| er/sie/es | **trifft** |
|-----------|------------|
| | **isst** |
| | **nimmt** |
| | **sieht** |

Genauso: **treffen, essen (nehmen, sehen)**

### sein

| ich | bin | wir | sind |
|-----|-----|-----|------|
| er/sie/es | ist | Sie | sind |

| Fragen | | | | | | |
|--------|--------|-----------|-----|--------|------|-----------|
| **Kommt** | Herr Köckritz | aus Wien? | Ja. | **Herr Köckritz** | kommt | aus Wien. |
| Verb | Subjekt | | | Subjekt | Verb | |
| **Ist** | er | Schweizer? | Ja. | **Er** | ist | Schweizer. |
| **Kennen** | wir | Hamburg? | Ja. | **Wir** | kennen | Hamburg. |

Thema 1

## 4. ich ? – er/sie/es ?

**1.** Herr Köckritz bleib...*t*. fünf Tage. **2.** Gib...... es ein Telefon hier? **3.** Ich fahr...... dreißig Minuten. **4.** Ich kenn....... Rio de Janeiro. **5.** Frau Köckritz wohn...... in Wien. **6.** Sie komm...... aus Salzburg. **7.** Ich nehm....... ein Taxi. **8.** Herr Uri ...... (sein) Schweizer.

## 5. wir ? – Sie ?

**1.** Wir wohn.*en*. in Berlin. **2.** Sie komm...... aus Wien? **3.** Wir nehm...... Kaffee. **4.** Wir arbeit...... zusammen. **5.** Geb...... Sie Max eine Quittung! **6.** Wir treff...... uns morgen. **7.** Wir ess...... ein Steak. **8.** Nehm...... Sie ein Bier?

## 6. ich? – er/sie/es? – wir ? – Sie?

**1.** Komm.*en*. Sie, wir nehm...... ein Taxi. **2.** Gib...... es ein Hotel hier? **3.** Meine Frau komm...... auch. **4.** Da ...... (sein) das Theater. **5.** Wir geh...... in die Oper. **6.** Ich nehm...... Kaffee. **7.** Ich komm...... um sieben. **8.** Sie bleib...... acht Tage.

## 8. Was fehlt?

**1.** Ich habe drei K.*arten* für die Alte Oper.
**2.** Es gibt ein K........... .
**3.** Meine Frau k......... auch.
**4.** Sie haben Z............ Nummer 418?
**5.** Für heute .............. habe ich drei Karten.
**6.** Ich komme morgen um acht U......... .
**7.** F.................... gibt es ab sieben Uhr.
**8.** Herr Hubertus ist E............ - I............ .
**9.** Wir g............ in die Alte Oper.
**10.** Köckritz k............ Hamburg, Berlin, Stuttgart und München.

## 7. Fragen Sie bitte!

**1.** *Kommen Sie aus Hamburg*..? Ja, ich komme aus Hamburg.
**2.** ......................................................? Ja, ich bin Schweizer.
**3.** ...................................................? Ja, ich nehme Kaffee.
**4.** ...............................................? Ja, ich wohne in Frankfurt.
**5.** ...............................................? Ja, ich bleibe im Hotel.
**6.** ............................................? Ja, ich fahre durch die Stadt.

# THEORIE

**Achtung:**

Guten Tag
Guten Abend
Freut mich

Auf Wiedersehen

Wie geht's?

Bis dann

Hallo

Tschüs

Einzelfahrt Erwachsene

DATUM 29.05.02          UHRZEIT 18:38
LINIE 14(93014)         RICHTUNG R
VON PAUL-EHRLICH-STR.   HST.-NR.65051
NACH TARIFGEBIET 6500   MODUL-NR.09755
ÜBER ohne Umweg         GER.NR.01880
PREIS€ 1,90 PREISST. 13 LFD.NR. 020
INCL.7% MW.ST.

ESWE Verkehrs GmbH

in die Gemeinsamen Beförderungs- Es gelten die Gemeinsamen Beförderungs- Es gelten die Gem
gen und Tarifbestimmungen  bedingungen und Tarifbestimmungen  bedingungen und

## 9. Mini-Dialog

### Modell a:

**A:** Sind Sie **Frau Zöllner**?
**B:** Nein, mein Name ist **Wiesengrün**. Guten Tag.
**A:** Guten Tag, **Frau Wiesengrün**. Freut mich.

**1.** Frau Zöllner, Frau Wiesengrün **2.** Frau Gorbatschowa, Frau Thatcher **3.** Herr Jackson, Herr Brandt **4.** Frau Lollobrigida, Herr Iglesias **5.** Frau Marilyn Monroe, Frau Venus Ramazzotti.

### Modell b:

**A:** Kommen Sie aus **Hamburg**?
**B:** Ja, ich komme aus **Hamburg**. Und Sie?
**A:** Ich bin aus **Frankfurt**, aber ich wohne in **Berlin**.

**1.** Hamburg, Frankfurt, Berlin **2.** Wien, München, Stuttgart **3.** Paris, London, Sachsenhausen **4.** Moskau, Rio, Dortmund **5.** Teheran, Warschau, Tokio

### Modell c:

**A:** Wo wohnen Sie?
**B:** Ich wohne in **Frankfurt**. Und Sie?
**A:** Ich auch, aber ich arbeite in **Wiesbaden**.

**1.** Frankfurt, Wiesbaden **2.** Nürnberg, Fürth **3.** Köln, Bonn **4.** Düsseldorf, Wuppertal **5.** Marburg, Gießen

## 10. Maxi-Dialog

Herr A kommt aus Frankfurt.
Herr B kommt aus Wien.
Sie treffen sich am Flughafen.

### Modell d:

**A:** Wann treffen wir uns?
**B:** **Um sieben Uhr**. Und wo treffen wir uns?
**A:** In **Frankfurt**.

**1.** 7 Uhr, Frankfurt **2.** 9 Uhr, Paris **3.** 5 Uhr, Duisburg **4.** 8 Uhr, Sachsenhausen **5.** 10 Uhr, Rom.

# *HELMUT KOMMT HEUTE*

Maria Kohl wohnt in Köln. Sie kommt aus München. Sie arbeitet im Theater. Sie arbeitet heute nicht – Helmut Brandenburger kommt heute. Maria nimmt die S-Bahn. Sie fährt zum Flughafen. Um 7.30 Uhr (sieben Uhr dreißig) kommt

Helmut. Er kommt aus Wien. Maria: «Schön, dass du da bist.» Helmut: «Guten Tag. Freut mich, Maria.» Maria: «Wir nehmen ein Taxi. Wir trinken Kaffee im Zentrum.» Helmut kennt Köln nicht. Er fragt: «Ist das der Dom?» Maria: «Nein, das ist das Theater. Ich arbeite hier. Da ist das Café!» Helmut: «Gibt es hier Bier?»

## Ja oder Nein?

**1.** Kommt Maria Kohl aus München?

Ja ☐     Nein ☐

**2.** Arbeitet sie in der Oper?

Ja ☐     Nein ☐

**3.** Arbeitet sie heute?

Ja ☐     Nein ☐

**4.** Nimmt sie die S-Bahn?

Ja ☐     Nein ☐

**5.** Fährt sie zum Bahnhof?

Ja ☐     Nein ☐

**6.** Kommt Helmut Brandenburger um 7.30 Uhr?

Ja ☐     Nein ☐

**7.** Kommt er aus Hamburg?

Ja ☐     Nein ☐

**8.** Nimmt er ein Taxi?

Ja ☐     Nein ☐

**9.** Kennt er Köln?

Ja ☐     Nein ☐

**10.** Trinkt er Bier?

Ja ☐     Nein ☐

 ③ ③

# *ZU HAUSE UND IM HOTEL*

### *Bei Hubertus' zu Hause*

Woher kommst du um halb drei? Das Essen ist kalt.

*Vom Flughafen. Heute ist der vierte März. Heute kommt doch Köckritz aus Wien. Er wohnt im Europa-Hotel, und er hat kein Auto.*

Warum rufst du nicht an? Ich warte schon anderthalb (1 1/2) Stunden.

*Wie lange?*

Seit einer Stunde und dreißig Minuten!

*Entschuldigung! Was gibt es zum Essen? Ich habe Hunger.*

Ich nicht. Ich bin sauer!

*Och ..., komm, meine kleine Köchin.*

Okay, du großer Zuspätkommer.

Was machen wir heute Abend?

*Wir gehen ins Konzert.*

Oohh neee! Gehen wir mit Köckritz?

*Ja, natürlich!*

Wo treffen wir Köckritz? Wann ist das Konzert?

*Um halb acht im Hotel. Das Konzert beginnt um acht.*

Hast du schon Karten?

*Ja, es ist alles geregelt. Das Konzert ist um Viertel vor zehn (9 h 45) vorbei. Dann gehen wir in eine Kneipe.*

Du, Hansi! Ich glaube, ich bleibe heute Abend zu Hause.

*Waaaaas? Was machst du?*

Ja! Ich habe keine Lust. Immer diese langweiligen Geschäftspartner.

*Pfffh ... das ist mein Job.*

Warum gehst du nicht allein? Du hörst doch gerne Musik.

*Komm, Köckritz ist doch nett ...*

Heute Köckritz, morgen Lichtenfeld, dann

Rademann, Kreinarz und Derwall ... Nein, ich
gehe nicht ins Konzert. Ich bleibe zu Hause.
*Ich habe doch drei Karten. Was mache ich*
*damit? ... Und Herr Köckritz freut sich ...*
Das ist mir egal. Ich bleibe zu Hause.

### Im Hotel

düdeldüdeldüdeldüdelüt ...
Europa-Hotel Frankfurt. Guten Abend.
*Guten Abend. Hier ist Frau Köckritz aus Wien.*
Verzeihung, wie ist Ihr Name?
*Köckritz! Ist mein Mann da, bitte?*
Ja, Moment, ich verbinde.

—

Hallo, wer ist da?
*Hallo Schatz, ich bin's. Wie geht's dir?*
Danke, ich bin ein bisschen müde. Wie spät ist es?
*Viertel vor sieben. Was machst du heute Abend?*
Ich gehe in die Alte Oper. Aber ich habe keine
Lust.
*Warum bleibst du nicht im Hotel? Du bist doch*
*müde!*
Ich bin eingeladen. Das ist mein Job.
*Du Armer!*
Und wie geht es dir?
*Danke, alles in Ordnung.*
Dann bis morgen um acht. Ich rufe dich an.
Tschüs.
*Tschüü-hüüs.*

**ZU HAUSE UND IM HOTEL**

# HÖR ZU

## 1.
### Welches Bild ist richtig?

**A 1.**

Ja ☐
Nein ☐

**A 2.**

Ja ☐
Nein ☐

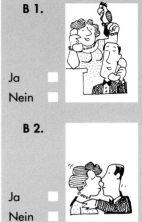

**B 1.**

Ja ☐
Nein ☐

**B 2.**

Ja ☐
Nein ☐

## 2.
### Ja oder Nein?

#### A. Bei Hubertus' zu Hause

**1.** Herr Hubertus kommt um halb drei.
Ja ☐     Nein ☐

**2.** Frau Hubertus ist nicht sauer.
Ja ☐     Nein ☐

**3.** Herr Hubertus geht mit Herrn Köckritz ins Konzert.
Ja ☐     Nein ☐

**4.** Das Konzert beginnt um zehn.
Ja ☐     Nein ☐

**5.** Frau Hubertus bleibt zu Hause.
Ja ☐     Nein ☐

#### B. Im Hotel

**1.** Herr Köckritz ist müde.
Ja ☐     Nein ☐

**2.** Er geht heute Abend in die Alte Oper.
Ja ☐     Nein ☐

**3.** Er bleibt heute Abend im Hotel.
Ja ☐     Nein ☐

# ZU HAUSE UND IM HOTEL

## Bei Hubertus' zu Hause

bei

.............................

zu Hause

.............................

woher?

.............................

du

.............................

halb drei

.............................

das Essen

.............................

kalt

.............................

der vierte März

.............................

doch

.............................

er

.............................

das Auto, die Autos

.............................

kein

.............................

warum

.............................

anrufen

.............................

warten

.............................

schon

.............................

anderthalb

.............................

die Stunde, die Stunden

.............................

wie lange?

.............................

seit

.............................

die Minute, die Minuten

.............................

Hunger haben

.............................

sauer sein

.............................

klein

.............................

# WÖRTER

die Köchin, die Köchin-
nen

.............................

groß

.............................

der Zuspätkommer

.............................

mit

.............................

um halb acht

.............................

beginnen

.............................

alles

.............................

geregelt

.............................

um Viertel vor zehn

.............................

die Kneipe, die Kneipen

.............................

glauben

.............................

bleiben

...................................

Lust haben

...................................

diese

...................................

langweilig

...................................

der Geschäftspartner,
die Geschäftspartner

...................................

der Job, die Jobs

...................................

allein

...................................

hören

...................................

die Musik

...................................

nett

...................................

damit

...................................

das ist mir egal

...................................

*Im Hotel*

Guten Abend

...................................

Verzeihung

...................................

wie

...................................

verbinden

...................................

Hallo

...................................

wer?

...................................

der Schatz

...................................

ich bin's

...................................

wie geht's dir?

...................................

ein bisschen

...................................

müde

...................................

wie spät ist es?

...................................

eingeladen

...................................

arm

...................................

in Ordnung

...................................

Tschüs

...................................

*Theorie und Praxis*
Wie viel Uhr ist es?

...................................

der Morgen, die
Morgen

...................................

der Vormittag, die
Vormittage

...................................

die Uhr

...................................

nach

...................................

vor

...................................

Viertel

...................................

halb

.................................

der Mittag, die Mittage

.................................

der Nachmittag, die
Nachmittage

.................................

der Abend, die Abende

.................................

die Nacht, die Nächte

.................................

die Mitternacht

.................................

rufen

.................................

machen

.................................

die Uhrzeit

.................................

ihr

.................................

das Wort, die Wörter

.................................

die Frage, die Fragen

.................................

der Satz, die Sätze

.................................

wo

.................................

wohin

.................................

wie viel

.................................

das Subjekt, die
Subjekte

.................................

das Fragewort, die
Fragewörter

.................................

die Katastrophe, die
Katastrophen

.................................

der Singular

.................................

**ZU HAUSE UND IM HOTEL**

# THEORIE

 **Uhrzeit**

**Wie viel Uhr ist es?**

| | 0 – 24 | 1 – 12 |
|---|---|---|
| **Morgen / Vormittag:** | | |
| **6:00 Uhr** | Es ist sechs Uhr. | |
| **6:15 Uhr** | Es ist sechs Uhr fünfzehn. | Viertel nach sechs. |
| **7:20 Uhr** | Sieben Uhr zwanzig. | Zwanzig nach sieben. |
| **9:30 Uhr** | Neun Uhr dreißig. | Halb zehn. |
| **11:45 Uhr** | Elf Uhr fünfundvierzig. | Viertel vor zwölf. |
| **11:55 Uhr** | Elf Uhr fünfundfünfzig. | Fünf vor zwölf. |

## 1. Wann treffen wir uns?

1. 8:45 ...... *um Viertel vor neun*
2. 18:45 ...............................................
3. 14:45 ...............................................
4. 15:40 ...............................................
5. 09:20 ...............................................
6. 20:40 ...............................................
7. 21:25 ...............................................
8. 21:35 ...............................................
9. 23:10 ...............................................
10. 00:30 ...............................................
11. 11:55 ...............................................
12. 07:15 ...............................................
13. 13:57 ...............................................
14. 17:22 ...............................................
15. 12:00 ...............................................

# THEORIE

| | 0 – 24 | 1 –12 |
|---|---|---|
| **Mittag / Nachmittag:** | | |
| | **12:00 Uhr** | Zwölf Uhr | Mittag |
| | **14:30 Uhr** | Vierzehn Uhr dreißig | Halb drei |
| | **16:25 Uhr** | Sechzehn Uhr fünfund- zwanzig | Fünf vor halb fünf |
| **Abend:** | | |
| | **18:55 Uhr** | Achtzehn Uhr fünfundfünfzig | Fünf vor sieben |
| **Nacht:** | | |
| | **23:45 Uhr** | Dreiund- zwanzig Uhr fünfundvierzig | Viertel vor zwölf |
| **Mitternacht:** | | |
| | **00:00 Uhr** | Null Uhr null | Zwölf Uhr nachts |

## 2. Hören Sie und schreiben Sie die Uhrzeit!

Es ist ...

1. ........*elf*.......... Uhr  ⊚ 4
2. ............................ Uhr
3. ............................ Uhr
4. ............................ Uhr ..............................Minuten
5. ............................ Uhr
6. ............................ Uhr ..............................Minuten
7. ............................ Uhr ..............................Minuten
8. ............................ Uhr
9. ............................ Uhr
10. ........................... Uhr
11. ........................... Uhr ..............................Minuten
12. ........................... Uhr .............................. Minuten

## 3. Wie spät ist es?

1. Viertel vor sieben ..........6 : 45..........
2. halb drei ............................
3. zwanzig vor elf ............................
4. Viertel nach zwölf ............................
5. fünf nach fünf ............................
6. sechs nach halb sechs............................
7. zehn nach eins ............................
8. Viertel vor vier ............................
9. halb sechs ............................
10. Punkt sechs ............................

# THEORIE

## kommen

| ich | komme | wir | kommen |
|-----|-------|-----|--------|
| du | kommst | ihr | kommt |
| er | kommt | sie | kommen |

Genauso: **rufen, machen, glauben, hören, beginnen**

## warten

| ich | warte | wir | warten |
|-----|-------|-----|--------|
| du | wartest | ihr | wartet |
| er | wartet | sie | warten |

Genauso: **arbeiten, verbinden**

**fahren**

du fährst
er fährt

## treffen

| ich | treffe | wir | treffen |
|-----|--------|-----|---------|
| du | triffst | ihr | trefft |
| er | trifft | sie | treffen |

## haben

| ich | habe | wir | haben |
|-----|------|-----|-------|
| du | hast | ihr | habt |
| er | hat | sie | haben |

## sein

| ich | bin | wir | sind |
|-----|-----|-----|------|
| du | bist | ihr | seid |
| er | ist | sie | sind |

## 4. Wie heißt das Verb?

**1.** Frau Müller _ist_ sauer. (sein) **2.** Ihr ...............

doch klassische Musik. (hören) **3.** Er ......... kein

Auto. (haben) **4.** Ich ............ heute Abend um

acht. (kommen) **5.** Eva .............. seit vier Stunden

am Bahnhof. (warten) **6.** Wir ............... uns im

Asia-Hotel. (treffen) **7.** Das Konzert ..............

heute Abend um neun. (beginnen) **8.** Du ..............

in Frankfurt und .............. in Mainz. (arbeiten /

wohnen) **9.** Ich ......... zum Konzert eingeladen.

(sein) **10.** ......... es ein Telefon hier? (geben)

## 5. Bilden Sie Sätze!

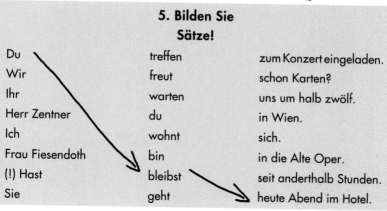

| | | |
|---|---|---|
| Du | treffen | zum Konzert eingeladen. |
| Wir | freut | schon Karten? |
| Ihr | warten | uns um halb zwölf. |
| Herr Zentner | du | in Wien. |
| Ich | wohnt | sich. |
| Frau Fiesendoth | bin | in die Alte Oper. |
| (!) Hast | bleibst | seit anderthalb Stunden. |
| Sie | geht | heute Abend im Hotel. |

# THEORIE
**Fragen**

| Satz: | | | Frage: | | |
|---|---|---|---|---|---|
| **Er** | **kommt** | um sieben Uhr. | **Wann** | **kommt** | **er?** |
| 1. Subjekt | 2. *Verb* | 3. ... | 1. Fragewort | 2. *Verb* | 3. Subjekt |
| Sie | wohnt | im Hotel. | Wo | wohnt | sie? |
| Ich | komme | aus Frankfurt. | Woher | kommst | du? |
| Wir | gehen | ins Theater. | Wohin | geht | ihr? |

**Die Bahn** [DB]

# Hamburg Hbf → **Mainz Hbf**
Fahrplanauszug – Angaben ohne Gewähr –
Gültig vom 16.06.2002 bis 14.12.2002

574 km

| Ab | Zug | | Umsteigen | An | Ab | Zug | | | An | Verkehrstage |
|---|---|---|---|---|---|---|---|---|---|---|
| 4.42 | EC | 103 | | | | | | | 10.36 | Mo - Sa |
| 5.08 | ICE | 581 | ¶¶ | KS-Wilhelmsh. | 7.26 | 7.34 | IR | 2475 | ☕ | | täglich |
| | | | | Frankfurt(M)Hbf | 9.37 | 9.45 | IC | 620 | ☕ | 10.13 | |
| 5.21 | ICE | 571 | ¶¶ | Frankfurt(M)Hbf | 9.01 | 9.26 | RE | 3306 | | 9.57 | Mo - Sa |
| 5.47 | EC | 9 | ¶¶ | | | | | | | 11.36 | täglich |
| 6.20 | ICE | 775 | ¶¶ | Frankfurt(M)Hbf | 10.01 | 10.08 | RB | 15520 | | 10.48 | `01` |
| 6.20 | ICE | 775 | ¶¶ | Frankfurt(M)Hbf | 10.01 | | | | | | täglich |
| | | | | Frankf Hbf (tief) | | 10.12 | Ⓢ 1 | | | | |
| | | | | Wiesbaden Hbf | 10.52 | 10.58 | RB | 15519 | | 11.08 | |
| 6.20 | ICE | 775 | ¶¶ | Frankfurt(M)Hbf | 10.01 | | | | | | `02` |
| | | | | Frankf Hbf (tief) | | 10.32 | Ⓢ 8 | | | 11.10 | |
| 6.20 | ICE | 775 | ¶¶ | Frankfurt(M)Hbf | 10.01 | 10.45 | ICE | 920 | ¶¶ | 11.13 | täglich |
| 6.29 | IR | 2477 | ☕ | Frankfurt(M)Hbf | 11.37 | 11.45 | IC | 528 | ☕ | 12.13 | Mo - Sa |
| 6.47 | IC | 703 | ☕ | Köln Hbf | 10.50 | 10.54 | EC | 3 | ¶¶ | 12.36 | Mo - Sa |
| 7.24 | ICE | 573 | ¶¶ | Frankfurt(M)Hbf | 11.01 | 11.26 | RE | 3308 | | 11.57 | Mo - Sa |
| 7.24 | ICE | 973 | ¶¶ | Frankfurt(M)Hbf | 11.01 | 11.26 | RE | 3308 | | 11.57 | So |
| 7.29 | IC | 1081 | ¶¶ | KS-Wilhelmsh. | 10.01 | 10.19 | ICE | 793 | ¶¶ | | täglich |
| | | | | Frankfurt(M)Hbf | 11.44 | | | | | | |
| | | | | Frankf Hbf (tief) | | 12.02 | Ⓢ 8 | | | 12.40 | |

## 6. Wo? Wohin? Woher?

1. Das Konzert ist **in der Alten Oper**. ....*Wo ist das Konzert*.... ?
2. Sie kommt **aus Wien**. .................................... ?
3. Ich gehe **ins Konzert**. .................................... ?
4. Ich bin **zu Hause**. .................................... ?
5. Sie kommt **aus Frankreich**. .................................... ?
6. Ich bin **aus Brüssel**. .................................... ?
7. Ich fahre **zum Flughafen**. .................................... ?
8. Er bleibt **im Hotel**. .................................... ?
9. Wir gehen **zum Bahnhof**. .................................... ?
10. Udo Lindenberg ist **aus Hamburg**. .................................... ?
11. Wir gehen **in eine Kneipe**. .................................... ?
12. Ihr wohnt **im Amerika-Hotel**. .................................... ?
13. Ich gehe **zu McDonald's**. (igitt!!) .................................... ?

## 7. Wann? Wie lange? Warum? Wie viel? Was? Wer?

1. Ich bin schon **seit zwei Stunden da**. ....*Wie lange sind sie schon da*.... ?
2. Ich bin so spät, **ich komme vom Flughafen**. .................................... ?
3. **Herr Watanabe** ist am Telefon. .................................... ?
4. Es ist **sieben Uhr**. .................................... ?
5. Er hört gerne **Rock-Musik**. .................................... ?
6. Ich bleibe **fünf Stunden**. .................................... ?
7. **Egon Krenz** ist der Chef. .................................... ?
8. Wir kommen um **sieben Uhr**. .................................... ?
9. Ihr fahrt **morgen** nach Monaco. .................................... ?
10. **Du** arbeitest nicht. .................................... ?

# THEORIE

## Verneinung: kein

### Singular:

Das ist **kein** Bahnhof, das ist **ein** Flughafen.
Das ist **keine** Köchin, das ist **eine** Katastrophe.
Das ist **kein** Taxi, das ist **ein** Privat-Auto.

### Plural:

Das sind **keine** Konzert-Karten, das sind Theater-Karten.

|  | Singular |  |  | Plural |  |  |
|---|---|---|---|---|---|---|
| **Maskulinum**: | ein | → | kein | ......... |  |  |
| **Femininum**: | eine | → | keine | ......... | → | keine |
| **Neutrum**: | ein | → | kein | ......... |  |  |

## Verneinung: nicht

Ich gehe **nicht** ins Konzert. Ich bleibe zu Hause.

Kommst du aus Berlin? Nein, ich komme **nicht** aus Berlin.

Ist er krank? Nein, er ist **nicht** krank.

---

Hotter

**Wiesbaden** .......... **(06 11)**

Hotter GmbH Bau- u. Brennstoffe
  Hagenauer Str. 29                **69 03 - 0**
  Baustoffe                **0 17 11 94 69 70**
  Fliesen                **0 17 13 31 69 70**
Hotter GmbH Kohlen Baustoffe
  Hagenauer Str. 29          **Fax 69 03 - 69**
Hotter Klaus Heinrich-Heine-Str. 25    **2 56 97**
– R. Heinrich-Heine-Str. 7        **2 17 16**
Hottmann Johann (Nor) Junkernstr. 91
                **(0 61 22) 84 15**

HPS Haustechnikplanung Schreiber GmbH
  Berliner Str. 224          **9 76 97 - 0**

**HQ Interaktive**
  **Mediensysteme GmbH**
  **Wilhelmstr. 34      9 92 12 - 0**
  **Telefax 9 92 12 - 99**

**hr Hessischer Rundfunk**
  Studio Wiesbaden
  Schlossplatz 3          **1 69 - 0**

---

## 8. Sagen Sie «Nein»!

Ist das eine Kneipe? *Nein*, das ist *keine* Kneipe, das ist *ein* Theater.

**0.** Kneipe, Theater  **1.** Tee, Kaffee  **2.** Tür, Telefon
**3.** Hotel, Taxi  **4.** Köchin, Taxifahrer  **5.** Flughafen,
Pass  **6.** Schlüssel, Konzert-Karte.

## 9. Sagen Sie «Nein»!

**1.** Ist das Essen kalt? *Nein, das Essen ist nicht kalt.*

**2.** Bist du sauer?

**3.** Ruft Frau Köckritz aus Rom an?

**4.** Hörst du gerne Musik?

**5.** Beginnt das Konzert um halb acht?

**6.** Kommt Köckritz heute?

**7.** Ist Köckritz nett?

**8.** Gehst du ins Konzert?

**9.** Wohnst du in Frankfurt?

**10.** Bleiben Sie im Hotel?

| | | | |
|---|---|---|---|
| – Erna Zehntenhofstr. 9 | 2 24 68 | Erich-Ollenhauer-Str. 270 | 7 94 96 66 |
| – Gudrun Bingertstr. 69 | 1 87 51 - 13 | – Klaus (Del) Taunusring 6a | |
| – Gudrun Bingertstr. 69 | 0 17 55 21 73 38 | | (0 61 22) 5 17 96 |
| – Harald u. Tont Sabine Reichsapfelstr. 4 | | – L. Albrecht-Dürer-Str. 30 | 40 66 94 |
| | 2 33 00 | – L. Ernst-v.-Harnack-Str. 15 | 46 32 89 |
| – Hermann Gärtnerei Saarstr. 118 | 2 52 50 | – Liesel Krusestr. 4 | 40 24 30 |
| – Horst | 52 48 26 | – Minna Hasengartenstr. 13 | 71 14 59 |
| – Ingeborg Immobilien Im Gebück | | – Ralf Giselherstr. 7 | 70 21 49 |
| | (0 61 27) 96 81 18 | – Rolf Kastellstr. 7 | 52 79 16 |
| | Fax (0 61 27) 96 81 19 | – Sigrid Zaberner Str. 10 | 6 62 36 |
| Huber Ingrid Dresdener Ring 71 | 50 04 86 | – Waldemar Erich-Ollenhauer-Str. 32e | |
| – Irina Nansenstr. 5 | 6 09 89 98 | | 80 72 63 |
| – Johann Emil-Krag-Str. 9 | 71 91 19 | – Waldemar Waldstr. 65 | 0 17 95 36 96 22 |
| | | – Waldemar Waldstr. 65 | 81 29 84 |

# THEORIE

**ACHTUNG: doch**

| | |
|---|---|
| **Warum gehst du nicht allein ins Konzert?** | Du hörst **doch** gern Musik. |
| | Heute kommt **doch** Köckritz. |
| | Er ist **doch** nett. |
| | Du bist **doch** müde. |
| | Ich habe **doch** drei Karten. |

MU 13.43

**30** MONTAG

frei

**31** DIENSTAG Silvester

10⁰⁰ G. Volkinsfeld

**1** MITTWOCH Neujahr ☺ ☺ ☺

17⁰⁰ Flughafen

**2** DONNERSTAG Berchtoldstag ☺ ●

**3** FREITAG

8³⁰ Frühstück Firma OHO
13⁰⁰ Essen mit H. Hubertus

**4** SAMSTAG
8⁰⁰ Eva ruft an (aus Wien) ♡

20⁰⁰ Alte Oper

**5** SONNTAG

Offenbach, Berliner Straße 210,
Reservierung tägl. 9–22 Uhr: 01805 / 24 63 62 99
(0,12 €/Min., 0,50 € AUFSCHLAG PRO TICKET)
Gratis-Online-Reservierung: www.cinemaxx.de
Parken an der Tiefgarage des
„Off"-City-Centers direkt am Kino.

**Der Schuh des Manitu**
- Extra Large
13.00, 15.15, 17.45, 20.15 Uhr,
Fr., Sa. & Mi. 22.45 Uhr          FSK 6

**Good Advice**
15.15, 17.30, 20.00 Uhr
Fr., Sa. & Mi. 22.30 Uhr          FSK 6

**Lilo & Stitch**
13.00, 15.15, 17.45, 20.15 Uhr,
Fr., Sa. & Mi. 22.45 Uhr          FSK 0

**Wir waren Helden**
20.00, 23.15 Uhr Fr. + Mi., nicht Sa. FSK 16

**Mord nach Plan**
17.15, 20.00, 23.00 Uhr (Fr./Sa./Mi.),
nicht Di. um 20.00 Uhr            FSK 16

**Spider Man**
14.15, 17.15, 20.15, 23.15 Uhr, nicht So. um
20.15 Uhr, 23.15 Uhr (Fr./Sa.)    FSK 12

**Erkan & Stefan gegen die
Mächte der Finsternis**
13.00 Uhr                          FSK 12

STARKE FILME - GÜNSTIGE PREISE

## 10. Mini-Dialog

**A**: Was machst du heute Abend?
**B**: Ich **gehe ins Konzert.**
**A**: Wann **gehst** du ins Konzert?
**B**: **Um acht.**

**1.** ins Konzert gehen, 8 Uhr  **2.** Maria treffen, 6.30 Uhr
**3.** Musik hören, 19.00 Uhr  **4.** in eine Kneipe gehen,
21.45 Uhr  **5.** in die Oper gehen, 19.30 Uhr  **6.** in die
Stadt fahren, 20.15 Uhr  **7.** im Restaurant essen, 20.50
Uhr

**ZU HAUSE UND IM HOTEL**

### 11. Maxi-Dialog

**1.** Herr A hat Karten
für das Theater.
Frau A hat keine
Lust.

**2.** Herr B ist im Hotel in
Hamburg.
Frau B ruft an aus
Rom.

# EINE KATASTROPHE

August Trist ist Ingenieur in Frankfurt. Er ist nicht zu Hause. Er ist für die Firma in London. Er wohnt im Hotel. Das Hotel ist nicht gut. Warum ist das Hotel nicht gut? Das Essen ist langweilig und immer kalt. Das Hotel ist am Bahnhof, es gibt viele Autos und Taxis. In der Nacht hört August Musik. Die Musik kommt aus der Hotel-Bar.

August bleibt vier Tage. Heute Abend ist er eingeladen, aber der Geschäftspartner ist langweilig. August ist ein bisschen müde und hat

keine Lust. Er bleibt im Hotel. Er trinkt ein Bier, aber das Bier ist nicht kalt. Er ruft zu Hause an: «Schatz, ich bin's, August. Wie geht es dir?» Das Telefon ist nicht gut. August hört seine Frau nicht.

Am Morgen fährt August zum Flughafen. Aber die S-Bahn fährt nicht, und es gibt kein Taxi. Er kommt spät zum Flughafen: Kein Flugzeug! Er bleibt heute Nacht in London. Armer August: Katastrophe!

## Ja oder Nein?

**1.** Ist August Trist Ingenieur?
Ja ☐      Nein ☐

**2.** Ist er heute zu Hause?
Ja ☐      Nein ☐

**3.** Wohnt er im Hotel?
Ja ☐      Nein ☐

**4.** Ist das Essen gut?
Ja ☐      Nein ☐

**5.** Ist das Hotel am Flughafen?
Ja ☐      Nein ☐

**6.** Kommt Musik aus der Hotel-Bar?
Ja ☐      Nein ☐

**7.** Ist der Geschäftspartner nett?
Ja ☐      Nein ☐

**8.** Geht August heute Abend ins Konzert?
Ja ☐      Nein ☐

**9.** Ruft er Frau Trist an?
Ja ☐      Nein ☐

**10.** Trinkt August Kaffee?
Ja ☐      Nein ☐

**11.** Fährt die S-Bahn zum Flughafen?
Ja ☐      Nein ☐

**12.** Nimmt er heute ein Flugzeug nach Frankfurt?
Ja ☐      Nein ☐

# TEST 1

## 1. Hörverständnis:
### Hören und schreiben Sie!

 5

1. Mein ................................... ist Hubertus.

2. Kommen Sie. Wir ....................... ein Taxi.

3. Ich bin Schweizer, aber ich ........... in Wien.

4. Ich habe drei .................... für heute Abend.

5. ............................... gibt es ab sieben Uhr.

6. Ich .......................................... Espresso.

7. Was gibt es zum Essen? Ich habe .............. .

8. Das Konzert .......................... um acht Uhr.

9. Hansi, ich bleibe ....................... zu Hause.

10. Wie ............................................. ist es?

11. Es ist ..................................... nach fünf.

12. Dann bis morgen. .............................

6

## 2. Hörverständnis:
### Hören und schreiben Sie die Zahlen!

| 1. ..................... | 2. ..................... | 3. ..................... |
|---|---|---|
| 4. ..................... | 5. ..................... | 6. ..................... |
| 7. ..................... | 8. ..................... | 9. ..................... |
| 10. ..................... | 11. ..................... | 12. ..................... |

7

## 3. Hörverständnis:
### Schreiben Sie die Uhrzeit in Zahlen!

| 1. ..................... | 2. ..................... | 3. ..................... |
|---|---|---|
| 4. ..................... | 5. ..................... | 6. ..................... |
| 7. ..................... | 8. ..................... | 9. ..................... |
| 10. ..................... | 11. ..................... | 12. ..................... |

**Deutsch Eins**

# 4. Wie heißt das Verb?

**1.** Mein Name ... Hubertus.
    **a** bin
    **b** sind
    **c** ist

**2.** Meine Frau ... aus München.
    **a** kommt
    **b** kommen
    **c** kommst

**3.** Wir ... zusammen.
    **a** arbeitest
    **b** arbeite
    **c** arbeiten

**4.** Das Konzert ... um acht Uhr.
    **a** beginne
    **b** beginnen
    **c** beginnt

**5.** Warum ... du nicht allein?
    **a** gehen
    **b** gehst
    **c** geht

**6.** Das ... mir egal.
    **a** bin
    **b** bist
    **c** ist

**7.** Ich ... dich an.
    **a** rufen
    **b** rufst
    **c** rufe

**8.** Herr Hubertus ... drei Karten.
    **a** hat
    **b** habt
    **c** haben

**9.** Wir ... in eine Kneipe.
    **a** gehen
    **b** geht
    **c** gehe

**10.** Was ... es zum Essen?
    **a** gibt
    **b** gebt
    **c** gibst

## 5. Fragen Sie!

**1.** Ich komme aus Wien.

    **a** Woher kommen Sie?

    **b** Fahren Sie nach Wien?

    **c** Kennen Sie Frankfurt?

**2.** Wir wohnen in Mainz.

    **a** Wie viel Uhr ist es?

    **b** Treffen wir uns morgen?

    **c** Wo wohnen Sie?

**3.** Das Konzert beginnt um acht.

    **a** Wann gibt es Frühstück?

    **b** Essen Sie heute Abend hier?

    **c** Wann beginnt das Konzert?

**4.** Mein Name ist Wieczorek-Zeul.

    **a** Wie spät ist es?

    **b** Wie ist Ihr Name?

    **c** Wer kommt heute?

**5.** Ich gehe in die Alte Oper,
aber ich habe keine Lust.

    **a** Was machst du heute Abend?

    **b** Warum rufst du nicht an?

    **c** Woher kommst du um halb drei?

**6.** Wir treffen uns morgen um neun Uhr.

    **a** Wann essen Sie morgen?

    **b** Woher kommen Sie?

    **c** Wann treffen wir uns?

# 6. Was fehlt?

**1.** Herr Rademann ist ...

   **a** Elektro-Ingenieur

   **b** Frühstück

   **c** Schlüssel

**2.** Ich habe ... fürs Konzert.

   **a** Hunger

   **b** Karten

   **c** Alte Oper

**3.** Du hörst gerne ...

   **a** S-Bahn

   **b** Theater

   **c** Musik

**4.** Kommen Sie aus ... ?

   **a** Flughafen

   **b** Wien

   **c** Entschuldigung

**5.** Was machen ... heute Abend.

   **a** wir

   **b** das Konzert

   **c** zu Hause

**6.** Guten Abend, hier ist ... aus Wien.

   **a** düdeldüdeldüt

   **b** Frau Köckritz

   **c** mir egal

# ESSEN UND TRINKEN 🔊 📠

### Nach dem Konzert

Ein schönes Konzert, nicht?

*Ja, toll!*

Kommen Sie mit, Herr Köckritz? Wir gehen etwas trinken.

*Gerne, Herr Hubertus, ich habe auch Hunger.*

Möchten Sie eine Kleinigkeit oder ein Abendessen?

*Ein Käsebrot oder eine Gulaschsuppe ist genug.*

Gehen wir in die Henninger-Stubb. Das ist eine echte Frankfurter Kneipe. Der Koch ist gut, er ist übrigens mein Freund. Ich lade Sie ein, Herr Köckritz.

—

Hallo, wir möchten bestellen.

**Kellner:** Einen Moment, die Herren.

—

Wo bleibt denn der Kellner? Jetzt warten wir schon eine halbe Stunde, und ich kriege langsam Hunger.

—

Hallo, denken Sie an uns?

**Kellner:** Ja, ich komme sofort.

—

Was nehmen Sie, Herr Köckritz? Hier ist die Karte.

*Ich nehme Frankfurter Würstchen und Kartof-*

*felsalat. Ich bin doch in Frankfurt.*

Ich nehme dann ein Wiener Schnitzel und Pommes frites. Was trinken Sie?

*Ich nehme natürlich einen Apfelwein.*

—

Hallo, kann ich bezahlen?

**Kellner:** Ja, einen Moment, ich komme sofort.

—

Hallo, die Rechnung, bitte.

**Kellner:** Ja, ja, ich komme ja schon. Zahlen Sie zusammen oder getrennt?

Zusammen, und geben Sie mir eine Quittung, bitte.

**Kellner:** Ein Wiener, eine Portion Frankfurter, vier Bier – das macht € 22.90.

Hier, bitte, geben Sie mir auf 25 heraus.

**Kellner:** Danke, der Herr …

—

*Danke für die Einladung, das Essen hier ist wirklich gut.*

Kommen Sie doch übermorgen zu uns. Ich

koche etwas ganz Besonderes.

*Oh ja, gerne.*

### Bei Hubertus' zu Hause

Klingelingeling, Klingelingeling ...

—

**Frau Hubertus:** Schatz, das ist bestimmt Herr Köckritz.

**Herr Hubertus:** Ja, ja, ich gehe schon.

—

**Herr Hubertus:** Guten Abend, Herr Köckritz.

**Herr Köckritz:** *Guten Abend, ich bin leider ein bisschen spät, das Taxi ...*

**Herr Hubertus:** Das macht doch nichts. Kommen Sie herein!

**Herr Köckritz:** *Schön haben Sie es hier.*

**Herr Hubertus:** Das ist meine Frau. Gaby, zeig Herrn Köckritz doch bitte mal die Wohnung. Ich gehe in die Küche und mach die Vorspeise fertig.

**Herr Köckritz:** *Übrigens: hier habe ich ein paar Blumen.*

**Frau Hubertus:** Aber das ist doch nicht nötig! Trotzdem, vielen Dank. Was trinken Sie, einen Portwein?

**Herr Köckritz:** *Lieber ein Bier ... Wohnen Sie schon lange in Mainz?*

**Frau Hubertus:** Ja, schon drei Jahre, ich arbeite an der Universität hier.

**Herr Köckritz:** *Sind Sie Sekretärin?*

**Frau Hubertus:** Nein, Professorin.

**ESSEN UND TRINKEN**

**Herr Köckritz:** *Oh, entschuldigen Sie!*

—

**Herr Hubertus:** Das Essen ist fertig. Kommt bitte!

**Frau Hubertus:** Ja, sofort ... Herr Köckritz findet die Wohnung gemütlich.

**Herr Hubertus:** Nehmt doch Platz, bitte! Was trinken wir?

**Herr Köckritz:** *Ich bleibe bei Bier.*

**Frau Hubertus:** Ich möchte einen Rotwein. Du auch?

**Herr Hubertus:** Ja. Guten Appetit.

**Herr Köckritz:** *Mmhh, die Zwiebelsuppe schmeckt ja köstlich, was ist da drin?*

**Herr Hubertus:** Ein bisschen Weißwein und Schweizer Käse ... Warum sagen wir nicht «du» zueinander, ich bin der Hans.

**Herr Köckritz:** *Ich bin Georg.*

**Frau Hubertus:** Und ich die Gaby, prost! Prost!

*Prost!*

(Klirrr)

—

**Herr Hubertus:** Ich hole jetzt den Rehrücken.

**Frau Hubertus:** Was machst du abends, Georg, ganz allein in Frankfurt?

**Herr Köckritz:** *Oh, da gibt es viel zu sehen. Morgen geh ich ins Kommunale Kino, da läuft «Paris Texas» von Wim Wenders.*

**Frau Hubertus:** Interessant, wann fängt der Film an?

**Herr Köckritz:** *Um sechs Uhr, kommt doch mit!*
**Frau Hubertus:** Ja, gerne, ich frage mal Hans.

—

**Herr Hubertus:** Hier ist der Rehbraten mit Rotkohl, dazu Kartoffeln.
**Herr Köckritz:** *Oh, mh, wie gut!*
**Frau Hubertus:** Schatz, Georg geht morgen in «Paris Texas», gehen wir mit?
**Herr Hubertus:** Ich habe keine Zeit, und ich mache mir nichts aus Wim Wenders. Aber geh doch allein!
**Frau Hubertus:** Ja, gut. Also Georg, um Viertel vor sechs vor dem Kino?
**Herr Hubertus:** Hier, als Nachtisch habe ich eine kleine Überraschung, eine Weinschaumcreme. Georg, nimm doch bitte … !

# HÖR ZU

## 1.
### Welches Bild ist richtig?

| B | | A | |
|---|---|---|---|
| Ja | ☐ | Ja | ☐ |
| Nein | ☐ | Nein | ☐ |

| A | | B | |
|---|---|---|---|
| Ja | ☐ | Ja | ☐ |
| Nein | ☐ | Nein | ☐ |

## 2.
### Ja oder Nein?

**A. Nach dem Konzert**

**1.** Herr Köckritz und Herr Hubertus gehen nach dem Konzert ins Hotel.
Ja ☐    Nein ☐

**2.** Der Koch ist ein Freund.
Ja ☐    Nein ☐

**3.** Der Kellner wartet schon eine halbe Stunde.
Ja ☐    Nein ☐

**4.** Herr Köckritz nimmt Wiener Würstchen und Kartoffelsalat.
Ja ☐    Nein ☐

**5.** Herr Hubertus nimmt Frankfurter Schnitzel mit Pommes frites.
Ja ☐    Nein ☐

**B. Bei Hubertus' zu Hause**

**1.** Herr Köckritz ist müde.
Ja ☐    Nein ☐

**2.** Herr Hubertus macht keine Vorspeise.
Ja ☐    Nein ☐

**3.** Frau Hubertus arbeitet an der Universität.
Ja ☐    Nein ☐

**4.** Sie trinken Kaffee.
Ja ☐    Nein ☐

**5.** Herr Hubertus geht morgen ins Kino.
Ja ☐    Nein ☐

# ESSEN UND TRINKEN

## Nach dem Konzert

toll

..............................

kommen Sie mit

..............................

die Kleinigkeit, – en

..............................

das Abendessen, –

..............................

das Käsebrot, – e

..............................

die Gulaschsuppe, – n

..............................

genug

..............................

echt

..............................

der Koch, Köche

..............................

der Freund, – e

..............................

kochen

..............................

bestellen

..............................

denn

..............................

der Kellner, –

..............................

kriegen

..............................

langsam

..............................

denken

..............................

sofort

..............................

die Speisekarte, – n

..............................

das Würstchen, –

..............................

der Kartoffelsalat, – e

..............................

das Wiener Würstchen

..............................

..............................

Pommes frites

..............................

der Apfelwein

..............................

bezahlen

..............................

die Rechnung, – en

..............................

getrennt

..............................

die Quittung, – en

..............................

herausgeben

..............................

die Einladung, – en

..............................

wirklich

..............................

übermorgen

..............................

ganz

..............................

etwas ganz Besonderes

..............................

..............................

*Bei Hubertus' zu Hause*

bestimmt

...............................

leider

...............................

nichts

...............................

das macht nichts

...............................

hereinkommen

...............................

zeigen

...............................

die Wohnung, – en

...............................

die Küche, – n

...............................

die Vorspeise, – n

...............................

fertig

...............................

paar

...............................

die Blume, – n

...............................

nötig

...............................

trotzdem

...............................

der Portwein

...............................

lieber

...............................

lange

...............................

das Jahr, – e

...............................

die Universität, – en

...............................

die Sekretärin, – nen

...............................

die Professorin, – nen

...............................

entschuldigen

...............................

finden

...............................

gemütlich

...............................

der Platz, – Plätze

...............................

dazu

...............................

der Rotwein

...............................

der Appetit

...............................

die Zwiebelsuppe, – n

...............................

schmecken

...............................

köstlich

...............................

drin

...............................

der Weißwein

...............................

der Käse, –

...............................

zueinander

...............................

Prost

...............................

der Rehrücken, –

...............................

holen

...............................

abends

...............................

das Kommunale Kino

...............................

laufen

....................................

interessant

....................................

anfangen

....................................

der Rehbraten, –

....................................

der Rotkohl

....................................

die Kartoffel, – n

....................................

die Zeit

....................................

ich mache mir nichts aus

....................................

....................................

der Nachtisch, – e

....................................

noch

....................................

die Überraschung, – en

....................................

die Weinschaumcreme,
– s

....................................

....................................

**ESSEN UND TRINKEN**

*Theorie und Praxis*

der Zitronentee, – s

....................................

das Wasser

....................................

die Limonade, – n

....................................

der Orangensaft, – säfte

....................................

....................................

die Milch

....................................

der Kakao

....................................

der Hamburger

....................................

der Toast

....................................

die Bratwurst, – würste

....................................

die Butter

....................................

die Gulaschsuppe, – n

....................................

der Scheck, – s

....................................

wieder

....................................

das Kleingeld

....................................

also

....................................

vielleicht

....................................

gern

....................................

die Kasse, – n

....................................

der Euro

....................................

das Interesse, – n

....................................

der Plural

....................................

ich kann Deutsch nicht
leiden

....................................

....................................

aufhören

....................................

# THEORIE

## AKKUSATIV

| | | |
|---|---|---|
| | **einen** | Wein. |
| Möchten Sie | **eine** | Kleinigkeit. |
| | **ein** | Abendessen. |
| | | |
| | **den** | Rehbraten. |
| Ich hole | **die** | Zwiebelsuppe. |
| | **das** | Bier. |

| | Singular | | | Plural |
|---|---|---|---|---|
| **Nominativ** | **der** Wein | **die** Suppe | **das** Bier | **die** Biere |
| | **ein** Wein | **eine** Suppe | **ein** Bier | Biere |
| **Akkusativ** | **den** Wein | **die** Suppe | **das** Bier | **die** Biere |
| | **einen** Wein | **eine** Suppe | **ein** Bier | Biere |

## SATZSTELLUNG

| Nominativ (Subjekt) | Verb | Akkusativ (direktes Objekt) | |
|---|---|---|---|
| Herr Köckritz | findet | die Wohnung | gemütlich |
| Gaby | holt | den Portwein | |
| Sie | essen | das Würstchen | |
| Er | nimmt | ein Bier | |
| Er | bestellt | eine Zwiebelsuppe | |
| Er möchte | einen | Kartoffelsalat | |

## 1. Was trinken Sie? Was möchten Sie?

**PRAXIS**

**1.** Was trinken Sie? Ich nehme *einen Weißwein.*

**1.** Weißwein **2.** Bier **3.** Zitronentee **4.** Coca-Cola (die) **5.** Pepsi-Cola **6.** Kaffee **7.** Cognac (der) **8.** Sherry **9.** Apfelwein **10.** Wasser **11.** Limonade (die) **12.** Orangensaft (der) **13.** Milch (die) **14.** Kakao **15.** Whisky

## 2. Was essen Sie? Was möchten Sie?

**1.** Hamburger ................ *Ich nehme einen Hamburger.*
**2.** Rehbraten ..........................................................
**3.** Toast ................................................................
**4.** Käsebrot ...........................................................
**5.** Pizza ...............................................................
**6.** Bratwurst (die) ....................................................
**7.** Zwiebelsuppe ......................................................
**8.** Kartoffelsalat .....................................................
**9.** Pommes frites (Plural) ............................................
**10.** Spaghetti (Plural) ...............................................
**11.** Wiener Schnitzel .................................................
**12.** Schweizer Käse ...................................................
**13.** Kartoffeln (Plural) ..............................................
**14.** Gulaschsuppe .....................................................
**15.** Frankfurter Würstchen ............................................
**16.** Kebab (der) .......................................................

## 3. Fragen Sie Ihren Nachbarn!

**1.** Was holst du? – Ich hole ....... *den Sherry aus Spanien.*

**1.** Was holst du? (Sherry aus Spanien) **2.** Was bestellt ihr? (Pariser Zwiebelsuppe) **3.** Was kaufst du? (Kinokarte für heute Abend) **4.** Was hört Fritz? (Kassette mit Musik von Prince) **5.** Was kocht Karla? (Rehbraten für Frau Stratmann) **6.** Was sucht ihr? (Bahnhof) **7.** Was nehmt ihr? (Weinschaumcreme von Hansi Hubertus) **8.** Was wollen Sie? (Schlüssel für Zimmer 15) **9.** Was bestellen Sie? (Wiener Schnitzel) **10.** Was sucht ihr? (Pass von Hansi) **11.** Was bezahlst du? (Wein) **12.** Was isst du? (Hamburger aus Moskau)

# THEORIE

## Imperativ

Gehen Sie mit, etwas trinken!

Gehen wir in die Henninger-Stubb!

Geben Sie mir eine Quittung!

Kommen Sie doch übermorgen zu uns!

Gaby, zeig Herrn Köckritz doch bitte mal die Wohnung!

Entschuldigen Sie!

Kommt, bitte!

Aber geh doch allein!

Georg, nimm doch, bitte!

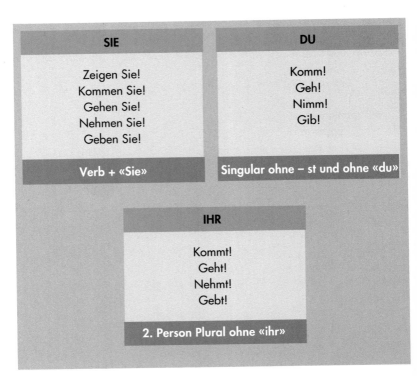

| SIE | DU |
|---|---|
| Zeigen Sie! | Komm! |
| Kommen Sie! | Geh! |
| Gehen Sie! | Nimm! |
| Nehmen Sie! | Gib! |
| Geben Sie! | |
| **Verb + «Sie»** | **Singular ohne – st und ohne «du»** |

| IHR |
|---|
| Kommt! |
| Geht! |
| Nehmt! |
| Gebt! |
| **2. Person Plural ohne «ihr»** |

## 4. Sie sind der Chef:

**PRAXIS**

1. a ............ *Hol bitte Kaffee!* ............ (du)
   b ............ *Holt bitte Kaffee!* ............ (ihr)
   c ............ *Holen Sie bitte Kaffee!* ............ (Sie)

**1.** bitte Kaffee holen **2.** bitte Platz nehmen **3.** zum Essen kommen **4.** bitte das Haus zeigen **5.** zu uns kommen **6.** nach Hause gehen **7.** Coca-Cola trinken **8.** bitte einen Wein bestellen **9.** mit dem Taxi fahren **10.** bitte im Hotel bleiben **11.** bitte Karten kaufen **12.** mit einem Scheck bezahlen **13.** am Bahnhof warten **14.** die Suppe essen **15.** an uns denken

---

# Reisevebindungen

VON   *München Hbf*
NACH  *Berlin Zoolg. Garten*

```
BAHNHOF/HALTESTELLE                              UHR
München Hbf                                   ab 07:47
 Göttingen                                    an 11:55
                                              ab 12:02
Berlin Zoolg. Garten                          an 14:21

Bitte beachten Sie mögliche Gleisänderungen vor Ort

Sa 14.12.02, Dauer: 6:34, nicht täglich; 13. Sep bi
Normalfahrpreis einfache Fahrt (ohne Ermäßigung):
      über:(ICE:M*WUE*SDL*B)
Auskunft durch: DBAG


Bemerkungen:
a) BordRestaurant

ReiseZentrum Mainz Hbf
Anfrage vom 09.07.02,10:19 KO7484
```

**ESSEN UND TRINKEN**

# THEORIE

 **Trennbare Verben**

| anrufen: | an/rufen | Ich **rufe** Fritz um zwei Uhr **an**. |
| herausgeben: | heraus/geben | Du **gibst** mir auf 50 Euro **heraus**. |
| anfangen: | an/fangen | Das Konzert **fängt** um 20 Uhr **an**. |
| einladen: | ein/laden | Wir **laden** Gaby in die Oper **ein**. |
| mitgehen: | mit/gehen | Wir gehen ins Kino. **Geht** ihr **mit**? |

## Nicht trennbare Verben

| bestellen: | Ich **bestelle** einen Wein. |
| bezahlen: | Er **bezahlt** ein Brot. |

**genauso**: beginnen, verbinden, sich entschuldigen

Tisch 14

| Wiener | 8.70 |
| Frankfurter | 5.40 |
| Bier //// | 8.80 |
| | 22.90 |

## 5. Trennen Sie das Verb!

**1.** Das Kino ..*fängt*.. um 19 Uhr ..*an*.. (anfangen). **2.** Herr Klein ...........
Frau Groß ......... (einladen). **3.** Herr Müller .................. ins Büro ...........
und ........... Platz (hereinkommen – Platz nehmen). **4.** Christof .............. um
acht Uhr in Mainz ...... (ankommen). **5.** .................. Sie in die Alte Oper
......... (mitkommen)? **6.** Jetzt ........... du schon wieder ......... (anrufen). **7.**
Ich habe kein Kleingeld. .............. Sie mir auf 30 Euro ........... (herausgeben). **8.** Wir ................. Sie zum Essen ........ (einladen). **9.** Der Bus
......... um 19 Uhr 30 ...... (abfahren). **10.** Herr Meier ........... seinen Vater
......... (anrufen).

## 6. Trennbar oder nicht trennbar? Bilden Sie Sätze!

**1.** Er – ein Bier – bestellen

.......................... *Er bestellt ein Bier.* ..............................

**2.** Hans – eine Freundin – anrufen

.......................... *Hans ruft eine Freundin an.* ..............................

**3.** Thomas – seine Eltern – einladen

......................................................................................

**4.** Der Kellner – mir auf 50 Euro – herausgeben

......................................................................................

**5.** Ich – am Flughafen um 21 Uhr – ankommen

......................................................................................

**6.** Die Schule – um acht Uhr – anfangen

......................................................................................

**7.** Ihr – mit dem Kurs – beginnen

......................................................................................

**8.** Der Telefonist – mich mit Wien – verbinden

......................................................................................

**9.** Herr Schulze – den Rehbraten – bestellen

......................................................................................

**10.** Du – um 22 Uhr 45 – abfahren

......................................................................................

**11.** Herr und Frau Pauli – Platz nehmen

......................................................................................

**12.** Emil – ein Bier bezahlen

......................................................................................

**ESSEN UND TRINKEN**

# THEORIE

### Inversion

| Er | kommt | heute um sieben Uhr. |
|---|---|---|
| **1.** | **2.** | **3.** |
| **Subjekt +** | **Verb +** | **...** |

| Heute | kommt | er um sieben Uhr. |
|---|---|---|
| Um sieben Uhr | kommt | er heute. |
| **1.** | **2.** | **3.** |
| **...** + | **Verb +** | **Subjekt** |

**Normale Satzstellung:**   **Subjekt + Verb + ...**
**Inversion:**   **... + Verb + Subjekt**

**Das Verb steht immer an der 2. Stelle.**

**Inversion auch nach:**
Dann ... Jetzt ... Also ... Vielleicht ... Übrigens ...
Leider ... Gerne ...

| **Wir** | warten jetzt schon eine halbe Stunde. | **Wer?** |
|---|---|---|
| **Jetzt** | warten wir schon eine halbe Stunde. | **Wann?** |
| **Schon eine halbe Stunde** | warten wir jetzt. | **Wie lange?** |

| **Herr X** | lädt | Frau Y heute zu einem Konzert ein. | **Wer?** |
|---|---|---|---|
| **Heute** | lädt | Herr X Frau Y zu einem Konzert ein. | **Wann?** |
| **Zu einem Konzert** | lädt | Herr X Frau Y heute ein. | **Wozu?** |
| **Frau Y** | lädt | Herrn X heute zu einem Konzert ein. | **Wen?** |

## 7. Trennbare/ nicht trennbare Verben?

### a.

(bezàhlen, ànrufen, mìtkommen, èinladen, herèinkommen, beginnen, verbìnden, entschùldigen, heràusgeben, ànfangen, bestèllen)

Ich ....*bezahle*...., ich ....*rufe an*,......

### b. Wie heißt das Verb?

Fritz und Maria gehen ins Kino: **1.** Düdeldüdeldütt.
Fritz ...*ruft*... Maria *an*.. . **2.** Maria ............
gerne ins Kino ...... **3.** Das Kino ................. um
20 Uhr. **4.** Fritz ......... Maria ...... . **5.** Er
.............. die Karten mit 20 Euro . **6.** Die Frau an
der Kasse ......... zwei Euro .............. . **7.** Das
Kino ............ um zehn Uhr ......... .

(Die Verben: **herausgeben**, **aufhören**, **beginnen**, **bezahlen**, **anrufen**, **einladen**, **mitkommen**)

### 8. Anworten Sie!

**1.** Wo wartest du? Am Bahnhof ......*warte ich.*.... **2.** Wann kommt Herr
Schulze? (Morgen ...) **3.** Wann fängt der Film an? (Um 20 Uhr ...) **4.** Wie lange
dauert das Konzert? (Zwei Stunden ...) **5.** Wo bleibt Herr Lindenberg? (Im Hotel ...)
**6.** Was möchtest du? (Einen Hamburger ...) **7.** Woher sind Sie? (Aus Brüssel ...)
**8.** Wohin fährst du? (Nach England ...) **9.** Wo isst du? (Bei McDonald's ...) **10.**
Wo wohnen Sie? (In Köln ...) **11.** Wann kommt ihr? (Um 19 Uhr ...) **12.** Wohin
gehst du? (Ins Kino ...)

**ESSEN UND TRINKEN**

# THEORIE

## Achtung:

### 1. Schon

(= auf dem Weg)
Der Kellner sagt: «Ich komme ja schon.»
Herr Hubertus sagt: «Ich gehe schon.»

### 2. Übrigens

(= weißt du schon)

Er ist übrigens mein Freund.
Hier ist übrigens der Bahnhof.
Übrigens – hier sind ein paar Blumen für Sie.

### 3. Kein Interesse – viel Interesse – lieber

| Kein Interesse | | |
|---|---|---|
| Ich kann | Klassik | nicht leiden. |
| | Rockmusik | |
| | Deutsch | |
| | Kino | |

| Wenig Interesse | | |
|---|---|---|
| Ich mache mir | nichts aus | Klassik. |
| | wenig | Theater. |
| | nicht so viel | Fastfood. |

| Mehr Interesse | | |
|---|---|---|
| Ich höre | lieber | Rockmusik. |
| Ich habe | lieber die Filme von Spielberg. | |

| Viel Interesse | | |
|---|---|---|
| Ich finde | die Frau | schön. |
| | den Mann | elegant. |
| | den Film | interessant. |
| | | toll. |
| | | nett. |

### 9. Mini-Dialog

#### 1. Essen und Trinken

**a)**

**A**: Was isst du?
**B**: Ich esse …
**A**: Was trinkst du?
**B**: Ich trinke …

**b)**

**A**: Was esst ihr?
**B**: Wir essen …
**A**: Was trinkt ihr?
**B**: Wir trinken …

**c)**

**A**: Was essen Sie?
**B**: Ich/wir …
**A**: Was trinken Sie
**B**: Ich/wir …

**d)**

**A**: Was möchtest du?
**B**: Ich möchte …

#### 2.

Wer ist das? / Was ist das?

      Das ist Picasso.

Wie findest du Picasso?

      Ich finde Picasso sehr interessant.
      Ich mache mir nichts aus Picasso.
      Ich kann Picasso nicht leiden.

**1.** Picasso **2.** Einstein **3.** Michael Jackson **4.** Arnold Schwarzenegger **5.** Mickey Mouse **6.** Edmund Stoiber **7.** Hamburger **8.** französischer Rotwein **8.** Rambo **9.** eine Bratwurst **10.** ein Porsche (mask.) **11.** Barbie- Puppe **12.** Putin

#### 10. Maxi-Dialog

**1.** Essen im Restaurant «Goldene Pfanne» **A** und **B** wählen, bestellen, essen, bezahlen – **C** serviert und kassiert.

**2.** Essen bei Familie Hausmann **A** kommt an, begrüßt **B** und **C**. Sie sprechen, essen zusammen, verabschieden sich.

**ESSEN UND TRINKEN**

# *EIN ESSEN BEIM PROFESSOR*

Eva Schäfer ist Sekretärin an der Universität. Heute Abend ist sie eingeladen. Der Professor gibt ein Essen im Restaurant «Au Gourmet». Das Restaurant ist sehr nett und gemütlich. Das Essen beginnt um acht Uhr.

Eva findet den Schlüssel für das Auto nicht. Sie kommt ein bisschen spät. Es ist jetzt Viertel nach acht. Frau Professor ist etwas sauer: «Schön, dass Sie hier sind. Trinken Sie noch schnell einen Portwein? Wir essen schon die Vorspeise.» Die Zwiebelsuppe schmeckt köst-

lich, und der Rotwein ist auch sehr gut. Dann gibt es Rehrücken mit Käsekartoffeln. Der Professor findet das Essen köstlich: «Mmh, das schmeckt gut!» Eva findet das nicht gut: «Ich mache mir nichts aus Rehbraten. Ich esse lieber Würstchen und Pommes frites.» Der Professor ist sauer: «Eva, warum essen Sie nicht bei McDonald's?» Eva findet das gut: «Da schmeckt es mir. Das ist doch etwas ganz Besonderes!»

Frau Professor bestellt den Nachtisch. Sie ruft den Kellner: «Entschuldigen Sie – noch vier Weinschaumcreme bitte, und dann Kaffee.» Mhm, der Kaffee ist jetzt gut. «Kellner! Die Rechnung, bitte! Alles zusammen!»
Das macht 156 Euro 80. Aber der Professor hat nicht so viel Geld hier: «Kann ich morgen bezahlen?» Das geht leider nicht. «Was machen wir jetzt?» Eva sagt: «Ich habe auch kein Geld, ich bin doch eingeladen!»

## Ja oder Nein?

**1.** Eva arbeitet an der Universität.
Ja ☐    Nein ☐

**2.** Heute Morgen ist sie eingeladen.
Ja ☐    Nein ☐

**3.** Eva kommt um acht Uhr ins Restaurant.
Ja ☐    Nein ☐

**4.** Die Frau Professor isst schon die Vorspeise.
Ja ☐    Nein ☐

**5.** Der Professor trinkt Weißwein.
Ja ☐    Nein ☐

**6.** Der Professor macht sich nichts aus Rehbraten.
Ja ☐    Nein ☐

**7.** Eva findet das Essen köstlich.
Ja ☐    Nein ☐

**8.** Sie trinken Weinschaumcreme und essen Kaffee.
Ja ☐    Nein ☐

**9.** Das Essen macht einhundertsechsundfünfzig Euro achtzig.
Ja ☐    Nein ☐

**10.** Eva bezahlt die Rechnung am Ende.
Ja ☐    Nein ☐

**11.** Der Professor trinkt viel Wein und Cognac.
Ja ☐    Nein ☐

**ESSEN UND TRINKEN**

# *KAUFEN UND KONSUM*

### *Im Auto*

Mensch, jetzt fahre ich schon zehn Minuten durch die Stadt. Es gibt hier absolut keinen Parkplatz.

*Warum fährst du nicht hier ins Parkhaus, Gaby?* Siehst du nicht das Schild «Besetzt»?

*Ich habe kein Auto. Ich nehme immer die Straßenbahn.*

Hattest du denn nie ein Auto?

*Doch, doch, aber jetzt habe ich keine Probleme mehr mit dem Parkplatz.*

Mir reicht es jetzt, Susi. Komm, wir fahren zu Kill Anders. Das ist eine schicke Boutique. Ich

war letzte Woche dort. Die hatten prima Sachen,
und außerdem gibt es Parkplätze vor der Tür.
*Ist das nicht ein bisschen teuer in der Boutique?*
Wir fahren nachher nochmal beim Kaufhof
vorbei.

### In der Boutique

Guck mal – das rote Kleid. Ist es nicht entzü-
ckend?
*Ja, das ist toll. Ich hatte auch mal so ein Kleid.*
Gehen wir doch mal rein und fragen nach dem
Preis.

—

*Guten Tag. Suchen Sie etwas Bestimmtes?*
Zeigen Sie mir bitte das rote Kleid im Fenster.
Haben Sie es in Größe 38?
*Ja, natürlich. Kommen Sie bitte mit ... Hier ist*
*es. Leider haben wir es nur noch in Größe 40.*
*Aber probieren Sie es ruhig mal an. Das Kleid*
*ist eng geschnitten.*
Ja gut, ich gehe in die Kabine hier.

Susi, kommst du mit mir? ... Wie findest du das?
*Oh, das steht dir aber gut, so elegant!*
Wirklich, soll ich das nehmen?
*Kommt drauf an. Was kostet es denn?*
Das ist doch egal. Ich bezahle mit der Kredit-
karte. Frag mal den Verkäufer.

—

Was kostet das rote Kleid denn, bitte?
*Das ist ein Einzelstück, ein Modellkleid. Es ist
heruntergesetzt von 380 auf 180 Euro.*

—

*Hier habe ich übrigens noch eine Jacke dazu.
Ist die nichts für Sie?*
Geben Sie her, ich probiere sie mal. ... Mmh,
die gefällt mir.
*Sieht echt schick aus.*
Wie teuer kommt die Jacke denn?
*Auch heruntergesetzt. Nur noch 200 Euro. Diese
Modelle bekomme ich direkt aus Italien.*
Ich finde die Sachen ja ganz schön – das passt
gut zusammen.

**KAUFEN UND KONSUM**

*Steht Ihnen auch ausgezeichnet.*

Ja, aber der Preis: eigentlich ist das ein bisschen zu viel. Ich geb Ihnen 300 für beide.

*Aber nein, das ist nicht möglich, das ist viel zu wenig.*

Entweder Sie verkaufen mir beide für 300, oder ich nehme gar nichts. Schließlich sind es Einzelstücke, Modelle von der letzten Saison.

*Ja, also – ich gehe mal die Chefin fragen ... Okay, Sie können die beiden Stücke für den Preis haben.*

### Wieder im Auto

*Das war aber clever! Von 380 auf 300 heruntergehandelt. Das sind 80 Euro, etwa 20 Prozent.*

Ja, machst du das nicht? Ich mach das überall. Kill Anders verdient genug mit ihrer Boutiquen-Kette. Außerdem hatten sie das Kleid nur noch einmal.

*Fahr doch nochmal am Kaufhof vorbei.*

Ist es nicht ein schönes Kleid? Das ziehe ich heute Abend an. Ich gehe ins Kino, in einen Film von Wim Wenders.

### Bei Hubertus' zu Hause

Hallo, Liebling, ich bin wieder da.

*Hallo, Gaby, wo warst du so lange?*

Einkaufen mit Susi. Du, ich habe mir ein Kleid gekauft. Susi findet es auch ganz toll.

*Zeig mal her. ... Schöne Farbe, zieh es doch mal an!*

Ja, sofort, ich ziehe gleich die roten Pumps dazu an … Na, Hans, wie findest du mich?

*Gut siehst du aus. Das passt dir wirklich gut. Hattest du nicht beim ersten Rendezvous mit mir auch so ein Kleid?*

Nein, das war doch grün!

*War das teuer?*

Nein, für mich waren es sogar 80 Euro weniger.

*Ja, wie teuer war es denn jetzt?*

Kleid und Jacke zusammen nur 300 Euro.

*Waas?! Wir brauchen das Geld doch für den Urlaub!*

Den bezahlen wir dann halt in Raten.

*Und heute Abend ziehst du das an und gehst mit Köckritz ins Kino …*

### *Beim Bezahlen*

*Das macht 398 Euro. Zahlen Sie bar?*

Nein, kann ich mit einer Karte bezahlen?

*Ja, natürlich. Hier haben Sie einen Kugelschreiber.*

Welchen Tag haben wir heute, den vierten oder den fünften?

*Heute ist schon der sechste Februar.*

Was? Dann haben wir morgen Hochzeitstag.

*Wann war die Hochzeit denn?*

Am siebten zweiten zweitausendzwei.

**KAUFEN UND KONSUM**

# HÖR ZU

## 2.

### A. Im Auto: Ja oder Nein?

1. Gaby findet keinen Parkplatz in der Stadt.

Ja ☐          Nein ☐

2. Das Parkhaus ist nicht besetzt.

Ja ☐          Nein ☐

3. Susi hat auch ein Auto.

Ja ☐          Nein ☐

4. Sie fahren zu Kill Anders. Das ist eine schicke Boutique.

Ja ☐          Nein ☐

### B. In der Boutique: Was ist richtig?

1. Gaby kauft

a eine Hose.

b eine Kabine.

c ein Kleid und eine Jacke.

2. Gaby

a probiert das Kleid an.

b findet die Jacke nicht schön.

c isst das Kleid.

### 1.

### A. Wer spricht hier? (4 Personen!)

1. ........................

2. ........................

3. ........................

4. ........................

### B. Ja oder Nein?

1. Susi und Gaby gehen einkaufen.

Ja ☐          Nein ☐

3. Sie bezahlt

a 1000 €

b 200 €

c 300 €

### C. Wieder im Auto: Ja oder Nein?

1. Gaby ist clever. Sie hat nur 300 Euro bezahlt.

Ja ☐          Nein ☐

2. Gaby geht heute Abend ins Kino.

Ja ☐          Nein ☐

3. Susi geht mit Kill Anders ins Kino.

Ja ☐          Nein ☐

2. Sie gehen in einen Supermarkt.

Ja ☐          Nein ☐

3. Sie gehen in eine Boutique.

Ja ☐          Nein ☐

4. Gaby kauft ein Kleid.

Ja ☐          Nein ☐

5. Dann fährt Gaby zum Flughafen.

Ja ☐          Nein ☐

### D. Bei Hubertus' zu Hause: Was ist richtig?

1. Hans findet das neue Kleid

a schlecht.

b nicht teuer.

c gut.

2. Hans und Gaby brauchen das Geld

a für ein Auto.

b für den Urlaub.

c für die Boutique

# KAUFEN UND KONSUM

## Im Auto

das Auto, – s

...................................

absolut

...................................

der Parkplatz, – plätze

...................................

das Parkhaus, – häuser

...................................

das Schild, – er

...................................

besetzt

...................................

nie

...................................

mehr

...................................

mir reicht es

...................................

die Straßenbahn, – en

...................................

schick

...................................

die Boutique, – n

...................................

prima

...................................

die Sache, – n

...................................

außerdem

...................................

teuer

...................................

nachher

...................................

nochmal

...................................

vorbeifahren

...................................

wollen

...................................

wenn du willst

...................................

## In der Boutique

guck mal

...................................

gucken

...................................

rot

...................................

das Kleid, – er

...................................

entzückend

...................................

reingehen

...................................

fragen nach (+ Dativ)

...................................

der Preis, – e

...................................

das Fenster, –

...................................

die Größe, – n

...................................

anprobieren

...................................

ruhig

...................................

eng geschnitten

...................................

die Kabine, – n

..........................

das steht dir gut

..........................

..........................

elegant

..........................

kommt drauf an

..........................

..........................

die Kreditkarte, – n

..........................

die Verkäuferin, – nen

..........................

das Einzelstück, – e

..........................

das Modellkleid, – er

..........................

heruntergesetzt

..........................

die Jacke, – n

..........................

der/die/das gefällt mir

..........................

gefallen

..........................

sieht echt schick aus!

..........................

aussehen

..........................

wie teuer kommt die
Jacke denn?

..........................

..........................

direkt

..........................

Italien

..........................

passen

..........................

das passt gut zusammen

..........................

ausgezeichnet

..........................

eigentlich

..........................

zu viel

..........................

beide

..........................

möglich

..........................

zu

..........................

wenig

..........................

entweder … oder

..........................

verkaufen

..........................

gar nichts

..........................

letzte

..........................

die Saison

..........................

die Chefin, – nen

..........................

das Stück, – e

..........................

schreiben

..........................

*Wieder im Auto*

clever

..........................

heruntergehandelt

..........................

etwa

..........................

das Prozent, – e

.............................

überall

.............................

verdienen

.............................

nur noch

.............................

ihr, ihre

.............................

die Boutiquen-Kette, – n

.............................

anziehen

.............................

## Bei Hubertus' zu Hause

der Liebling, – e

.............................

ich habe gekauft

.............................

die Farbe, – n

.............................

gleich

.............................

der Pumps, –

.............................

das Rendezvous, –

.............................

sogar

.............................

weniger

.............................

brauchen

.............................

der Urlaub, – e

.............................

halt

.............................

in Raten zahlen

.............................

die Rate

.............................

## Beim Bezahlen

bar zahlen

.............................

der Kugelschreiber, –

.............................

Welchen Tag haben wir heute?

.............................

die Hochzeit, – en

.............................

## Theorie und Praxis

die Ordinalzahl, – en

.............................

der Wochentag, – e

.............................

der Monat, – e

.............................

das Datum, Daten

.............................

welcher

.............................

heute ist der

.............................

.............................

wir haben den

.............................

.............................

gestern

.............................

vorgestern

.............................

ich bin geboren

.............................

ihn

..............................

sie

..............................

euch

..............................

Sie

..............................

ihm

..............................

ihr

..............................

ihnen

..............................

der Nachbar, – n

..............................

der Buchstabe, – n

..............................

die Adresse, – n

..............................

das Geschenk, – e

..............................

das Pronomen, –

..............................

richtig

..............................

intelligent

..............................

schwierig

..............................

einsetzen

..............................

die Eltern (immer Plural!)

..............................

der Brief, – e

..............................

### Aus dem Mode-katalog

der Pullover, –

..............................

die Hose, – n

..............................

der Schuh, – e

..............................

das Hemd, – en

..............................

der Stiefel, –

..............................

der Mantel, Mäntel

..............................

der Strumpf, Strümpfe

..............................

die Jeans, –

..............................

der Rock, Röcke

..............................

die Sandale, – n

..............................

der Hut, Hüte

..............................

das Kopftuch, – tücher

..............................

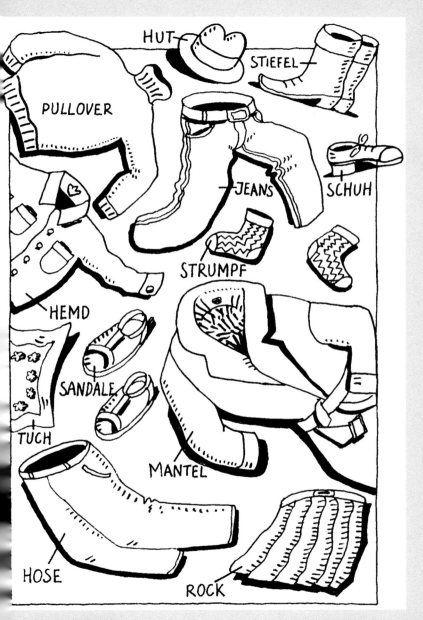

# THEORIE

### Ordinalzahlen

| | | | | | | | |
|---|---|---|---|---|---|---|---|
| 1 | **erste** | 11 | elfte | 21 | einundzwanzig**ste** | 40 | vierzig**ste** |
| 2 | zweite | 12 | zwölfte | 22 | zweiundzwanzig**ste** | 50 | fünfzig**ste** |
| 3 | **dritte** | 13 | dreizehnte | 23 | dreiundzwanzig**ste** | 60 | sechzig**ste** |
| 4 | vierte | 14 | vierzehnte | 24 | vierundzwanzig**ste** | 70 | siebzig**ste** |
| 5 | fünfte | 15 | fünfzehnte | 25 | fünfundzwanzig**ste** | 80 | achtzig**ste** |
| 6 | sechste | 16 | sechzehnte | 26 | sechsundzwanzig**ste** | 90 | neunzig**ste** |
| 7 | **siebte** | 17 | siebzehnte | 27 | siebenundzwanzig**ste** | 100 | hundert**ste** |
| 8 | achte | 18 | achtzehnte | 28 | achtundzwanzig**ste** | 200 | zweihundert**ste** |
| 9 | neunte | 19 | neunzehnte | 29 | neunundzwanzig**ste** | 300 | dreihundert**ste** |
| 10 | zehnte | 20 | zwanzig**ste** | 30 | dreißig**ste** | 1000 | tausend**ste** |

| Wochentage: | | Monate: | |
|---|---|---|---|
| 1. | (der) Montag | 1. | (der) Januar |
| 2. | Dienstag | 2. | Februar |
| 3. | Mittwoch | 3. | März |
| 4. | Donnerstag | 4. | April |
| 5. | Freitag | 5. | Mai |
| 6. | Samstag | 6. | Juni |
| 7. | Sonntag | 7. | Juli |
| | | 8. | August |
| | | 9. | September |
| | | 10. | Oktober |
| | | 11. | November |
| | | 12. | Dezember |

## 1. Welcher Tag ist heute?

**1.** 4.7.1992 ...... *der vierte siebte neunzehnhundertzweiundneunzig*

**2.** 7.4.1929 **3.** 9.8.2001 **4.** 13.11.1949 **5.** 17.6.1953 **6.** 26.2.1813
**7.** 14.7.1789 **8.** 1.9.1939 **9.** 13.8.1961 **10.** 2.7.1970

## 2. Welchen Tag haben wir heute?

**1.** 21.2.1613 *den einundzwanzigsten zweiten sechzehnhundertdreizehn*
**2.** 27.10.1918 **3.** 6.4.1746 **4.** 11.11.1111 **5.** 16.3.1920 **6.** 9.11.1989
**7.** 19.6.2003 **8.** 30.2.1998 **9.** 31.8.1817 **10.** 25.12.2004

### 4. Datum in Zahlen schreiben

**1.** am ersten elften siebzehnhundertsechsundfünfzig
W. A. Mozart

W. A. Mozart ist am ...... 1.11.1756 ...... in
Salzburg geboren.

**2.** am einundzwanzigsten zwölften neunzehn-
hundertsiebzehn H. Böll

H. Böll ist am ...... ...... ............ in Köln geboren.

**3.** am siebzehnten zwölften siebzehnhundertsiebzig
L. v. Beethoven

L. v. Beethoven ist am ...... ...... ............ in Bonn
geboren.

**4.** am dreizehnten neunten neunzehnhundertacht-
unddreißig Romy Schneider

Romy Schneider ist am ...... . ...... . ............ in
Wien geboren.

> ### 3. Wann und wo bist du geboren?
> Frage deinen Freund, Nachbarn etc.

**KAUFEN UND KONSUM**

# THEORIE

*Welcher Tag ist heute?*

**Der – e – e …**
**(Nominativ)**

*Welchen Tag haben wir heute?*

**Den – en – en …**
**(Akkusativ)**

*Wann?*

**Am – en – en …**
**(Dativ)**

## Datum: 1. 1. 2004

### Nominativ

| | |
|---|---|
| **Welcher Tag ist heute?** | Heute ist **der** erste erste zweitausendvier. |

### Akkusativ

| | |
|---|---|
| **Welchen Tag haben wir heute?** | Heute haben wir **den** ersten ersten zweitausendvier. |

### Dativ

| | |
|---|---|
| **Wann kommt er?** | Er kommt **am** ersten ersten zweitausendvier |

### gestern – heute – morgen

**Heute** ist Montag, der 1.1.
**Gestern** war Sonntag, der 31.12.
**Morgen** ist Dienstag, der 02.01.
**Vorgestern** war Samstag, der 30.12.
**Übermorgen** ist Mittwoch, der 03.01.

30.12. – **vorgestern**
31.12. – **gestern**
01.01. – **heute**
02.01. – **morgen**
03.01. – **übermorgen**

## 5. Datum in Buchstaben schreiben

**1.** Johann Sebastian Bach ist am 21.03.1685 in Eisenach geboren.

am ...... *einundzwanzigsten März sechzehnhundertfünfundachtzig* ......

**2.** Marlene Dietrich ist am 27.12.1901 in Berlin geboren.

am ...........................................................................................................

**3.** Clara Schumann ist am 13.09.1819 in Frankfurt geboren.

am ...........................................................................................................

**4.** Rosa Luxemburg ist am 05.03.1870 in Zamosc geboren.

am ...........................................................................................................

**5.** Anne Frank ist am 12.06.1929 in Frankfurt geboren.

am ...........................................................................................................

## 6. Wann ist wer geboren?
### Verbinden Sie!

**1.** Am 18.12.1913     **a** J. W. v. Goethe

**2.** Am 10.11.1483     **b** Karl Marx

**3.** Am 15.06.1969     **c** Martin Luther

**4.** Am 05.05.1818     **d** Willy Brandt

**5.** Am 28.08.1749     **e** Oliver Kahn

**KAUFEN UND KONSUM**

# THEORIE

## Dativ

Das passt **dir** aber gut!
Das steht **Ihnen** gut!
Das gefällt **mir** gut.
Von **der** letzten Saison
Nach **dem** Preis
Mit **dem** Auto

|      | Maskulin | | Feminin | | Neutrum | | Plural |
|------|------|------|------|------|------|------|------|
| Nom. | der | Preis | die | Karte | das | Kleid | die Preise |
|      | ein | … | eine | … | ein | … | |
| Akk. | den | Preis | die | Karte | das | Kleid | die Preise |
|      | einen | … | eine | … | ein | … | |
| Dat. | **dem** | Preis | **der** | Karte | **dem** | Kleid | **den** Preisen |
|      | **einem** … | | **einer** … | | **einem** … | | |

| Pronomen in | | |
|------|------|------|
| Nominativ | Akkusativ | Dativ |
| ich | für mich | mit mir |
| du | für dich | mit dir |
| er | für ihn | mit ihm |
| sie | für sie | mit ihr |
| es | für es | mit ihm |
| wir | für uns | mit uns |
| ihr | für euch | mit euch |
| sie | für sie | mit ihnen |

## 7. Setzen Sie den bestimmten Artikel im Dativ ein!

**1.** Wir fahren mit *dem* Auto in die Stadt. **2.** Nein, ich fahre lieber mit ........ Straßenbahn, mit ........ Taxi ist es sehr teuer. **3.** Gern fahre ich mit ........ Zug. **4.** Kinder fahren lieber mit ........ Bus (der Bus). **5.** Er fragt den Taxifahrer nach ........ Preis, nach ........ Schillerplatz, nach ........ Weg, nach ........ Adresse. **6.** Der Verkäufer zeigt ........ Frau das rote Kleid. **7.** Gaby gibt ........ Verkäufer das Kleid zurück. **8.** Er schenkt ........ Kind ein Auto. **9.** Das Auto gefällt ........ Frau nicht. **10.** Heinrich kauft ........ Mädchen Schokolade (die Schokolade). **11.** Das Mädchen kauft ........ Freund Schokolade.

## 8. Setzen Sie das Dativpronomen ein!

**1.** Das Buch gehört... *mir* .......... . (ich)
.................. . (wir)
.................. . (du)
.................. . (ihr)
.................. . (er)
.................. . (es)
.................. . (sie)

**2.** Die Hose passt .................. gut. (ich)
.................. (du)
.................. (er)
.................. (es)
.................. (sie)

**3.** Der Film gefällt ............... nicht. (wir)
............... (ich)
............... (sie)
............... (ihr)
............... (er)
............... (es)
............... (du)

## 9. Setzen Sie das richtige Akkusativ-Pronomen ein!

**1.** Hier ist ein Buch für *ihn* .     (er)
.............. .     (ich)
.............. .     (sie)
.............. .     (ihr)
.............. .     (es)
.............. .     (du)

**2.** Für ............ ist das kein Problem     (wir)
............     (ich)
............     (sie)
............     (ihr)
............     (es)
............     (du)

## 10. Setzen Sie das Akkusativ-Pronomen ein!

**1.** Ist das Buch für mich? – Ja, es ist für *dich* .

**2.** Das ist aber ein schönes Geschenk. Ist das für mich? – Nein, es ist nicht für
............ (du), es ist für ............ (ich).

**3.** Rufst du Peter an? – Ja, ich rufe ............ an.

**4.** Kaufst du das Kleid für deine Frau? – Ja, ich kaufe es für ............ .

**5.** Sind die Cognacs für uns? – Ja, sie sind für ............ .

**6.** Hier ist ein Geschenk für euch. – Ist das wirklich für ............ ?

**7.** Ist Hans sehr intelligent? – Natürlich, für ............ ist das kein Problem!

**8.** Ist das schwierig für dich? – Nein, das ist kein Problem für ............ .

**9.** Gibst du Rolf und Lotte dein Auto? – Nein, ich gebe ............ ihnen nicht.

**10.** Ist Maria da? – Warum? Ist da ein Freund für ............ ?

**11.** Herr Schulz, ist das Telegramm für ............ ? – Nein, ich glaube, es ist nicht
für ............ .

**KAUFEN UND KONSUM**         Neunundneunzig   **99**

**Nackensteaks**
in unterschiedlichen Geschmacksrichtungen

1 kg
**4.⁹⁹**

Steak Senf

AKTION
**.99**

**Thomy Feinkostcremes**
Grill & Steak Senf, Snack Creme Koblauch Kräuter,
Snack Creme Tomate Kräuter, Sandwich Creme
je 250 ml-Flasche (100 ml = € 0.40)

AKTION
**.69**

**.34**

**Kräuterbutterbaguettes**
175 g-Packung (100 g = € 0.19)
(regional unterschiedliche Hersteller)

**el mocho's Caipirinha Limette + Beer**
0,33 l-Flasche (1 l = € 2.09)

**1.⁰²**

ossos Zaziki
g-Becher
0 g = € 0.41)

NEU
**1.⁴⁹**

**Paprika geröstet**\*\*
660/720 ml-Glas
(1 kg = € 4.03/3.73)

**Kraft Feinkostsaucen**
versch. Sorten,
je 250 ml-
Flasche
(100 ml
= € 0.32)

**.79**

**El Tiempo Cabernet Sauvignon, Chile**
passt zu Fleisch-
und Käsegerichten
oder auch für sich
genossen,
Trinktemperatur:
ca. 18 Grad.
0,75 l-Flasche
(1 l = € 3.99)

**Pilsner Urquell**
0,5 l-Dose
(1 l = € 0.98)

**.49**

NEU
**2.⁹⁹**

**Frisches Obst und Gemüse**

**Kirschen**
aus Spanien
Sorte Piccota,
stillos, HKL. II,
500 g-Schale
(1 kg = € 2.98)

AKTI
**1**

**Nektarinen**
aus
Spanien,
HKL. II,
1 kg-Schale

AKTIO
**.8**

## 11. Setzen Sie das richtige Dativ-Pronomen ein!

1. Gehört der Schlüssel dir, Christof? – Nein, der gehört *mir* .......... nicht.

2. Passt die Hose Gaby?– Nein, sie passt ........... nicht.

3. Gefällt der Film euch? – Nein, er gefällt ........... nicht.

4. Schatz, kaufst du mir ein Auto? – Nein, ich kaufe ........... kein Auto.

5. Gehört das Haus deinen Eltern? – Nein, es gehört ........... nicht.

6. Wie gefällt dir der Film? – Er kommt ........... ein bisschen komisch vor.

7. Schreibst du Gaby und Peter einen Brief? – Nein, ich schreibe ........... nicht.

8. Sagst du mir jetzt, was du willst? – Nein, ich sage es ........... nicht.

9. Gibst du mir deine Telefonnummer? – Ja, ich gebe sie ........... gerne. Rufe mich doch mal an.

10. Schenkst du deiner Freundin ein Cabriolet ? – Nein, ich schenke ........... kein Auto. Wir brauchen das Geld für den Urlaub.

11. Gehört das Auto auf dem Parkplatz Ihnen? – Ja, es gehört ........... .

## 12. Verbinden Sie Frage und Antwort!

1. Wie geht's dir?            a Uns geht es wunderbar.

2. Wie geht es euch?          b Nein, wir sind beide ein bisschen krank.

3. Wie geht es Petra?         c Mir ist nicht gut. Ich bin krank.

4. Geht es euch nicht gut?    d Ihm geht es gut. Er hat jetzt eine Freundin.

5. Was macht Karl?            e Schlecht. Ich bin müde.

6. Wie geht es Ihnen?         f Nicht gut. Die Arbeit gefällt ihr nicht.

# THEORIE

## Präteritum: war / hatte

Ich **war** letzte Woche bei Kill Anders, die **hatten** prima Sachen.
Ich **war** in der Stadt.

| Präteritum von sein: | | Präteritum von haben: | |
|---|---|---|---|
| ich | war | ich | hatte |
| du | warst | du | hattest |
| er/sie | war | er | hatte |
| wir | waren | wir | hatten |
| ihr | wart | ihr | hattet |
| sie | waren | sie | hatten |

| Präteritum | Präsens |
|---|---|
| letzte Woche / gestern / früher | heute / jetzt |

Ich **hatte** früher ein Auto.

Gestern **war** ich in der Stadt.
Letzte Woche **war** ich krank.
Ich **hatte** Fieber. (39,2° C)

Heute **habe** ich kein Auto. (Ich fahre mit dem Bus.)
Heute **bin** ich zu Hause.
Jetzt **bin** ich nicht mehr krank.
Jetzt **habe** ich kein Fieber. (36,9° C)

## 13. Setzen Sie ins Präteritum!

Ich bin zu Hause.

*Ich war zu Hause.*

Meine Frau und die Kinder sind im Kino.

..............................................................

Ich habe keine Lust.

..............................................................

Ich habe Hunger.

..............................................................

Es ist keine Wurst da.

..............................................................

Und ich habe Durst.

..............................................................

Es ist auch kein Bier da.

..............................................................

Das ist mir egal.

..............................................................

Brot und Wasser sind da.

..............................................................

## 14. War oder hatte?

**1.** Früher *hatte* ich kein Auto. Jetzt fahre ich einen schicken, weißen Mercedes. **2.** Gestern ............ du krank. Jetzt geht es dir wieder gut. **3.** Letztes Jahr ............ Gaby kein Geld. Heute kauft sie sich ein teures Kleid. **4.** Letzte Woche ............ wir in Rom. Jetzt sind wir in Paris. **5.** Vor dem Konzert ............ ich keinen Hunger. Jetzt möchte ich drei Hamburger essen. **6.** Heute morgen ............ wir keine Zeit. Jetzt haben wir drei Stunden frei. **7.** Sie ............ gestern nicht da. Heute ist es zu spät. **8.** Gestern ............ ihr im Kino. Heute bleibt ihr zu Hause. **9.** Gestern............ ihr keine Zeit, heute habe ich keine: ich bleibe im Büro. **10.** Ich bin nicht normal: gestern ............ ich Napoleon, heute bin ich Kingkong.

# THEORIE

## Achtung

### Geld:
Euro – Franken – Dollar – Pound – Zloty – Rubel – Yen

| | |
|---|---|
| das Geld | kosten |
| die Kreditkarte | bar zahlen |
| der Scheck | bezahlen |
| der Preis | heruntersetzen |
| | herunterhandeln |
| | verdienen |
| | kaufen |
| | einkaufen |
| | verkaufen |

### Ansprechen:

**Mensch**    **Mensch**, jetzt fahre ich schon zehn Minuten durch die Stadt.

**Komm**    **Komm**, wir fahren zu Kill Anders.

**Guck mal**    **Guck** mal – das rote Kleid.

**Oh!**    **Oh**, das steht dir aber gut.

**Mmh**    **Mmh**, die gefällt mir.

**Okay**    **Okay**, Sie können die beiden Stücke für den Preis haben.

**Na**    **Na**, wie findest du mich?

     **Thema 4**

## 15. Mini-Dialog

### 1.

**A**: Guten Tag, ich möchte einen **Pullover** in Größe 40.

**B**: Wie gefällt Ihnen dieser **Pullover**?

**A**: Sehr gut. Ich nehme **ihn**. / Gar nicht. Ich nehme **ihn** nicht.

**1.** Pullover, (Größe:) 40   **2.** Jacke, 38   **3.** Rock, 42
**4.** Schuhe, 46 **5.** Strümpfe, 5 **6.** Bluse, 36 **7.** Kleid, 44
**8.** Mantel, 46 **9.** Stiefel, 39 **10.** Hemd, 41

### 2.

**A**: Wann fährst du nach **München**?

**B**: Am **dreizehnten März**.

**A**: Um wie viel Uhr fährst du?

**B**: Um **Viertel nach sieben**.

1. München, 13. 3., 7:15 Uhr
2. Rom, 7. 7., 12:30 Uhr
3. Rostock, 4.6., 15:45 Uhr
4. Berlin, 29. 2., 9:25 Uhr
5. Leipzig, 1. 11., 17:35 Uhr
6. Moskau, 16. 8., 0:30 Uhr
7. Krefeld, 20. 4., 21:10 Uhr
8. Hannover, 31. 12., 14:30 Uhr
9. Rio de Janeiro, 10. 10., 23:00 Uhr
10. Paris, 15. 5., 3:50 Uhr

## 16. Maxi-Dialog

1. In der Modeboutique: **A** möchte ein Kleid kaufen, **B** ist der Verkäufer.

2. Im Schuhgeschäft: **A** ist der Verkäufer, **B** sucht schicke Schuhe.

**KAUFEN UND KONSUM**

# LEKTÜRE

# *RUDI RUBEL*

Rudi Rubel ist Verkäufer. Rudi verkauft schnelle und teure Autos: Porsche, Ferrari, Jaguar ...
Rudi braucht einen Anzug. Er fährt also in die Stadt. Es gibt eine schicke neue Boutique: Kleidermann.

Rudi fährt bei Kleidermann vorbei. Aber er findet keinen Parkplatz. Rudi parkt den Porsche direkt vor der Boutique. Da steht ein Schild: «Kein Parkplatz!» Rudi denkt: «Das ist mir egal.»

Er geht in die Boutique: «Haben Sie einen eleganten Anzug?» Der Verkäufer gibt Rudi einen Anzug. Der ist rot und gut geschnitten.

Aber Rudi gefällt die Farbe nicht. Der Verkäufer sagt: «Der passt Ihnen gut!» «Nein, nein», sagt Rudi, «Rot steht mir nicht. Mein Porsche ist doch grün.» «Kein Problem», sagt der Verkäufer, «ich habe den Anzug auch in Grün.» Prima – Rudi nimmt den Anzug. Er kostet 400 Euro.

«Kann ich mit Kreditkarte bezahlen?», fragt Rudi. Nein, aber hier in der Straße steht ein Bankautomat. Rudi will 500 Euro. Aber der Automat gibt kein Geld, und die Kreditkarte bleibt im Automaten! Die Polizei steht beim Porsche: Rudi bezahlt 40 Euro. (Kein Parkplatz!) Rudi hat Schecks, er bezahlt den Anzug mit einem Scheck. Er kommt nach Hause. Karla Kopeke, die Freundin von Rudi, hat ein Geschenk für ihn: «Ich war bei Kleidermann. Guck mal! Hier ist ein grüner Anzug für dich – er hat nur 400 Euro gekostet.»

## Ja oder Nein?

1. Rudi Rubel verkauft schicke Anzüge.
Ja ☐      Nein ☐

2. Er parkt den Porsche in der Boutique.
Ja ☐      Nein ☐

3. Er findet immer einen Parkplatz.
Ja ☐      Nein ☐

4. Rudi braucht einen Anzug.
Ja ☐      Nein ☐

5. Rudi findet Rot gut.
Ja ☐      Nein ☐

6. Rudi hat ein grünes Auto.
Ja ☐      Nein ☐

7. Rudi bezahlt mit der Kreditkarte.
Ja ☐      Nein ☐

8. Rudi holt 500 € aus dem Bankautomaten.
Ja ☐      Nein ☐

9. Rudi bezahlt der Polizei vierzig Euro.
Ja ☐      Nein ☐

10. Karla hat einen Anzug für Rudi.
Ja ☐      Nein ☐

11. Rudi hat den Anzug jetzt zweimal.
Ja ☐      Nein ☐

# TEST 2

**1. Hörverständnis:**
**Hören und schreiben Sie!**

Eva Schäfer ist Sekretärin an der ................................... . Heute

Abend ist sie ........................... Der Professor gibt ein ........................

im Restaurant «Au Gourmet». Das Restaurant ist ................. .................

und gemütlich. Das Essen ..................... um 8.00 Uhr. Eva findet den

Schlüssel für das ..................... nicht. Sie kommt ein bisschen ............ .

Es ist ............... Viertel nach acht. Frau Professor ist etwas ............ :

«Schön, dass Sie hier sind. Trinken Sie noch ............ einen Portwein? Wir

essen schon die ......................... .» Die Zwiebelsuppe schmeckt köstlich,

und der ........................... ist auch sehr gut.

## 2. Hörverständnis: Wie heißt die Antwort?

**1. ... ?**
- a Heute Abend gehe ich ins Theater.
- b Es ist schon halb acht.
- c Ich trinke am Morgen kein Bier.

**2. ... ?**
- a Zum Frühstück gibt es Tee.
- b Ich nehme natürlich einen Apfelwein.
- c Ich koche etwas ganz Besonderes.

**3. ... ?**
- a Ich zahle mit der Kreditkarte.
- b Zeigen Sie mir das rote Kleid, bitte.
- c Mmh, das gefällt mir.

**4. ... ?**
- a Die Jacke kommt aus Paris.
- b Die Frau ist entzückend.
- c Nur 420 Euro.

**5. ... ?**
- a Gut siehst du aus.
- b Das passt mir wirklich gut.
- c Wir bezahlen den Urlaub in Raten.

**6. ... ?**
- a Ich habe kein Auto.
- b Hier ist der Rehbraten mit Rotkohl.
- c Ja, ich habe aber nur 500 Euro.

## 3. Hörverständnis:
## Schreiben Sie das Datum!

1. .................... 2. .................... 3. ....................

4. .................... 5. .................... 6. ....................

7. .................... 8. .................... 9. ....................

10. ....................

## 4. Wie heißt der Artikel?

1. Ich nehme … Apfelwein.
   a eine
   b einen
   c der

2. Ich suche … Hotel.
   a einen
   b der
   c ein

3. Ich nehme … S-Bahn.
   a die
   b dem
   c einen

4. Geben Sie mir … Quittung.
   a der
   b eine
   c das

5. Ich hole jetzt … Rehrücken.
   a einer
   b eine
   c den

6. Georg wartet vor … Kino.
   a dem
   b der
   c das

7. Ich bezahle mit … Kreditkarte.
   a einem
   b der
   c ein

8. Kann ich mit … Scheck bezahlen?
   a einem
   b der
   c ein

## 5. Welches Wort passt?

(gemütlich, die Straßenbahn, fertig, Scheck, Kartoffelsalat, dir, übermorgen, Kino)

1. Ich bezahle mit einem ............................... .
2. Gaby geht mit Georg ins ........................... .
3. Kommen Sie doch ........................... zu uns.
4. Ich nehme Frankfurter Würstchen und ............
   ...................................... .
5. Ich finde die Wohnung wirklich ................... .
6. Ich nehme immer ................................, ich
   habe kein Auto.
7. Das rote Kleid passt ................. wirklich gut.
8. Das Essen ist ....................... , kommt bitte.

## 6. Wie heißt das Pronomen?

1. Da kommt Hans. Zeig ............ doch mal die
   Wohnung.
2. Wie findest du Herrn Müller? – Oh, ich finde
   ......... sehr, sehr nett.
3. Wie findest du unsere Wohnung? – Ich finde
   ......... sehr gemütlich.
4. Ich habe das Kleid auch in Größe 40. Probieren
   Sie ......... ruhig mal an!
5. Eva hat Geburtstag. Ich habe ......... ein Kleid
   gekauft.
6. Herr Scheuermann, ich gebe ......... 400 Euro.
   Den Rest bezahle ich morgen.

# 7. Was ist richtig?

1. **a** Ich rufe dich morgen an.
   **b** Ich anrufe dich morgen.

2. **a** Gaby kauft bei Kill Anders ein.
   **b** Gaby einkauft bei Kill Anders.

3. **a** Sie zahlt sofort be.
   **b** Sie bezahlt sofort.

4. **a** Morgen ich gehe ins Kino.
   **b** Morgen gehe ich ins Kino.

5. **a** Hier ist der Rehbraten mit Rotkohl.
   **b** Hier der Rehbraten ist mit Rotkohl.

6. **a** Jetzt fahre ich schon zehn Minuten durch die Stadt.
   **b** Jetzt ich fahre schon zehn Minuten durch die Stadt.

7. **a** Nach dem Konzert sie gehen ins Restaurant.
   **b** Nach dem Konzert gehen sie ins Restaurant.

8. **a** Anprobieren Sie es ruhig mal.
   **b** Probieren Sie es ruhig mal an.

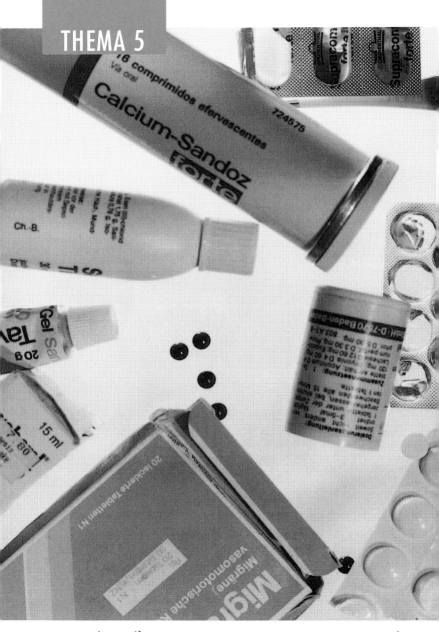

# DIALOG

## *KÖRPER UND GESUNDHEIT*

### *Im Bett*

Eva, kommst du mal?

*Was ist denn los, Theo?*

Schau mal, mir tut der Hals so weh.

*Mann, ich bin doch kein Doktor!*

Schau doch mal nach … Siehst du was?

*Keine Ahnung, muss ich den Notarzt rufen?*

Nein, nein, aber vielleicht kannst du mal in die
Apotheke gehen und …

*Also ich rufe jetzt bei Dr. Brinkmann an, und
dann fahre ich dich hin.*

Ich möchte aber nicht zwei Stunden warten.

*Deswegen rufe ich ja an!*

### *Am Telefon*

Praxis Dr. Brinkmann. Ja bitte?

*Guten Tag, hier ist Eva Sauer. Ich rufe an, weil
mein Mann starke Halsschmerzen hat. Er kann
nicht schlucken, und seine Stimme ist ganz heiser.*

*Kann Dr. Brinkmann bei uns vorbeikommen?*
Das geht leider nicht. Wissen Sie nicht, dass der Herr Doktor heute keine Hausbesuche macht? War Ihr Mann schon bei uns?
*Ja, natürlich, Dr. Brinkmann ist doch unser Hausarzt.*
Kann Ihr Mann jetzt am Anfang von der Sprechstunde kommen, um halb neun?
*Ja, in Ordnung.*

### An der Anmeldung

Guten Tag. Mein Name ist Theo Sauer.
*Haben Sie einen Termin?*
Ja, um halb neun.
*In welcher Krankenkasse sind Sie?*
In der BEK, hier ist mein Krankenschein.
*Danke, nehmen Sie bitte noch einen Moment im Wartezimmer Platz.*
Muss ich lange warten?
*Nein, keine Sorge, Sie kommen gleich dran.*

### Im Sprechzimmer

*Der nächste bitte ... Herr Sauer. Bitte kommen
Sie mit in mein Sprechzimmer. Ja, Herr Sauer,
wie geht es uns denn?*

Ganz schlecht, ich glaube, ich habe die Grippe.
Ich kann nicht schlucken, weil mein Hals so
weh tut.

*Machen Sie mal den Mund auf ...*

Ahhhhhh ...

*Ja, Ihr Hals ist etwas rot. Bitte machen Sie sich
frei, ich möchte Ihre Lunge abhören ...*

Brrrr, ist das kalt!

*Bitte tief einatmen ... ausatmen ... einatmen ...
ausatmen ... jetzt die Luft anhalten. Ihre Lunge
ist in Ordnung. Rauchen Sie viel?*

Nein, nur nach dem Essen und abends bei
einem Glas Wein.

*Sie können aber auf keinen Fall rauchen! ...
Jetzt können Sie sich wieder anziehen.*

Können Sie mir Novalhexolaringomed Plus
verschreiben?

**KÖRPER UND GESUNDHEIT**

*Nein, Sie brauchen das nicht. Trinken Sie hei-
ße Milch mit Honig oder einen leichten Tee,
und bleiben Sie zu Hause im Bett. Ich schreibe
Sie für diese Woche krank. Hier haben Sie Ihre
Krankmeldung.*

Danke schön, Herr Doktor.

*Und kommen Sie wieder, wenn es bis Freitag
nicht besser wird. Gute Besserung.*

### Im Treppenhaus

Ja, Egon, was machst du denn hier?

*Das frage ich dich. So ein Zufall, dass wir uns
hier treffen. Ich war beim Sportarzt.*

Du hast ja einen Gips am Bein, warum denn das?

*Weil ich vor zwei Wochen einen Unfall mit dem
Fahrrad hatte. Ich habe mir dabei das Bein
gebrochen. Und du, was machst du hier?*

Ich war auch beim Arzt, ich bin nämlich erkältet.

*Also musst du jetzt auch nicht arbeiten.*

Nee, Gott sei Dank nicht. Wir können ja ins
Café gehen, wenn du Zeit hast.

*Ja, aber du musst mir helfen, weil ich mit dem
Gips so schlecht gehen kann.*

Natürlich! Wie geht es deiner Freundin?

*Ach, die hat keine Zeit mehr für mich, weil sie
gerade ihr Diplom macht ...*

### Wieder zu Hause

*Wie war's beim Arzt?*

Er sagt, dass ich eine Grippe habe und dass es

nicht so schlimm ist. Ich soll diese Woche zu Hause bleiben.

*Gut, dann hast du ja Zeit für unsere Steuererklärung. Die müssen wir unbedingt machen. Wir müssen sie noch diese Woche abgeben.*

O nein, ich fühle mich doch nicht gut, ich bin krank.

*Und wo warst du so lange?*

Es war voll im Wartezimmer, da waren so viele Patienten. Und stell dir vor, Egon war auch beim Arzt, weil er einen Unfall mit dem Fahrrad hatte. Er muss zwei Monate mit einem Gips herumlaufen. Wir waren zusammen im Café.

*Dafür fühlst du dich nicht zu krank!*

# HÖR ZU

2.

**A. Im Bett: Was ist richtig?**

Theo tut
a der Hals weh.
b der Fuß weh.
c der Kopf weh.

**B. Am Telefon: Ja oder Nein?**

1. Doktor Brinkmann kommt zu Theo Sauer.
Ja ▢       Nein ▢
2. Theo Sauer kommt zu Doktor Brinkmann in die Sprechstunde.
Ja ▢       Nein ▢
3. Theo Sauer kommt gleich um halb neun.
Ja ▢       Nein ▢

**C. An der Anmeldung: Was ist richtig?**

Theo Sauer wartet
a drei Stunden.
b nicht lange.
c anderthalb Stunden.

## 1.

**A. Was ist hier los?**

Theo
a ist krank.
b geht einkaufen.
c arbeitet.

**B. Welche Namen hören Sie?**

Eva, Anna, Theo, Brinkmann, Sauer, Egon.

**D. Im Sprechzimmer: Was sagt der Arzt?**

1. Machen Sie mal den Mund auf … .
Ja ▢       Nein ▢
2. Ja, Ihr Hals ist etwas rot.
Ja ▢       Nein ▢
3. Brrrr, ist das kalt!
Ja ▢       Nein ▢
4. Bitte jetzt tief einatmen …
Ja ▢       Nein ▢
5. Danke schön, Herr Doktor.
Ja ▢       Nein ▢

**E. Im Treppenhaus: Ja oder Nein?**

1. Egon hatte einen Unfall.
Ja ▢       Nein ▢
2. Theo war vor zwei Wochen erkältet.
Ja ▢       Nein ▢

3. Egon hat einen Gips.
Ja ▢       Nein ▢
4. Sie gehen zusammen ins Café.
Ja ▢       Nein ▢

**F. Wieder zu Hause: Was sagt Theo?**

1. Wie war's beim Arzt?
Ja ▢       Nein ▢
2. Ich soll diese Woche zu Hause bleiben.
Ja ▢       Nein ▢
3. Ich bin krank.
Ja ▢       Nein ▢
4. Und wo warst du so lange?
Ja ▢       Nein ▢
5. Wir waren zusammen im Café.
Ja ▢       Nein ▢

# KÖRPER UND GESUNDHEIT

## Im Bett

das Bett, – en

......................................

was ist los?

......................................

schauen

......................................

der Hals tut mir weh

......................................

weh tun

......................................

der Doktor, – en

......................................

nachschauen

......................................

die Ahnung, – en

......................................

müssen

......................................

der Arzt, Ärzte

......................................

der Notarzt, – ärzte

......................................

können

......................................

die Apotheke, – n

......................................

hinfahren

......................................

möchte (mögen)

......................................

deswegen

......................................

## Am Telefon

die Praxis, Praxen

......................................

weil

......................................

stark

......................................

der Schmerz, – en

......................................

die Halsschmerzen

......................................

schlucken

......................................

die Stimme, – n

......................................

# WÖRTER

heiser

......................................

vorbeikommen

......................................

das geht nicht

......................................

der Hausbesuch, – e

......................................

der Hausarzt, – ärzte

......................................

der Anfang, Anfänge

......................................

die Sprechstunde

......................................

die Ordnung

......................................

## An der Anmeldung

die Anmeldung, – en

......................................

der Termin, – e

......................................

die Krankenkasse, – n

......................................

**KÖRPER UND GESUNDHEIT**

die BEK (Barmer
Ersatzkasse, Name
einer Krankenkasse)

.............................

.............................

die Chipkarte, – en

.............................

Platz nehmen

.............................

das Wartezimmer, –

.............................

die Sorge, – n

.............................

drankommen

.............................

Sie kommen gleich dran

.............................

.............................

*Im Sprechzimmer*

das Sprechzimmer, –

.............................

wie geht es uns denn?

.............................

schlecht

.............................

die Grippe

.............................

aufmachen

.............................

sich frei machen

.............................

.............................

die Lunge, – n

.............................

abhören

.............................

tief

.............................

einatmen

.............................

ausatmen

.............................

die Luft, Lüfte

.............................

anhalten

.............................

rauchen

.............................

abends

.............................

auf keinen Fall

.............................

das Novalhexolaringo-
med Plus

.............................

.............................

verschreiben

.............................

heiß

.............................

die Milch

.............................

der Honig

.............................

leicht

.............................

krankschreiben

.............................

die Krankmeldung, – en

.............................

wenn

.............................

werden

.............................

gute Besserung

.............................

## Im Treppenhaus

das Treppenhaus,
– häuser

..............................

der Zufall, Zufälle

..............................

dass

..............................

der Sportarzt, – ärzte

..............................

der Gips

..............................

die Woche, – n

..............................

der Unfall, Unfälle

..............................

das Fahrrad, Fahrräder

..............................

gebrochen

..............................

nämlich

..............................

erkältet

..............................

Gott sei Dank

..............................

das Café, Cafés

..............................

helfen

..............................

die Freundin, – nen

..............................

gerade

..............................

das Diplom, – e

..............................

## Wieder zu Hause

schlimm

..............................

die Steuererklärung, – en

..............................

unbedingt

..............................

abgeben

..............................

fühle

..............................

so lange

..............................

voll

..............................

der Patient, – en

..............................

sich vorstellen

..............................

herumlaufen

..............................

dafür

..............................

zu (viel)

..............................

## Theorie und Praxis

das Modalverb, – en

..............................

die Endung, – en

..............................

die Satzstellung, – en

..............................

Leute

..............................

spanisch

..............................

bringen

..............................

chinesisch

..............................

das Possessivprono-
men, –

..............................

dein

.............................

sein

.............................

euer

.............................

der Nebensatz, – sätze

.............................

das Ende, – n

.............................

russisch

.............................

kaputt

.............................

bar (zahlen)

.............................

der Reifen, –

.............................

der Koffer, –

.............................

ergänzen

.............................

der Rollschuh, – e

.............................

die Mittagspause, – n

.............................

schießen

.............................

der Text, – e

.............................

insgesamt

.............................

## Die Körperteile

das Auge, – n

.............................

der Arm, – e

.............................

das Bein, – e

.............................

der Bauch, Bäuche

.............................

die Brust, Brüste

.............................

der Finger, –

.............................

der Fuß, Füße

.............................

das Haar, – e

.............................

der Hals, Hälse

.............................

die Hand, Hände

.............................

der Kopf, Köpfe

.............................

das Knie, –

.............................

der Mund, Münder

.............................

die Nase, – n

.............................

das Ohr, – en

.............................

der Po, – s

.............................

der Zahn, Zähne

.............................

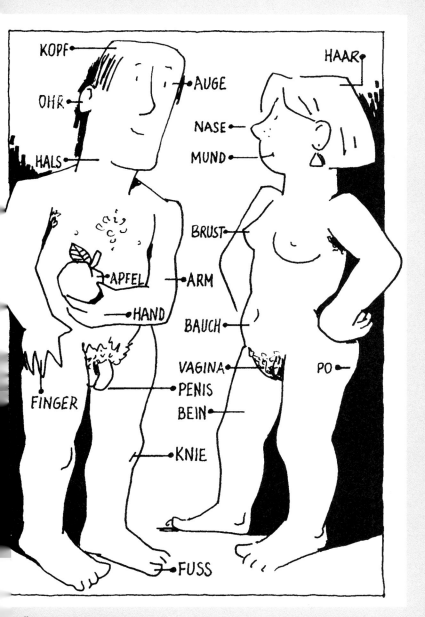

KOPF · AUGE · OHR · NASE · MUND · HALS · HAAR · BRUST · APFEL · ARM · HAND · BAUCH · VAGINA · PENIS · BEIN · FINGER · KNIE · PO · FUSS

# THEORIE  Modalverben

| Ich | **möchte** | aber nicht zwei Stunden | **warten.** |
| Mein Mann | **kann** | nicht | **schlucken.** |
| Ich | **möchte** | Ihre Lunge | **abhören.** |
| Sie | **können** | aber auf keinen Fall | **rauchen.** |

| können | müssen | Endung der Modalverben |
|---|---|---|
| ich kann- | ich muss- | – |
| du kann-st | du muss-t | -st |
| er kann- | er muss- | – |
| wir könn-en | wir müss-en | -en |
| ihr könn-t | ihr müss-t | -t |
| sie könn-en | sie müss-en | -en |

| möchten<br>(Konjunktiv 2 von mögen) |
|---|
| ich möcht-e |
| du möchte-st |
| er möcht-e |
| wir möcht-en |
| ihr möcht-et |
| sie möcht-en |

| Die Satzstellung beim Modalverb | | | |
|---|---|---|---|
| Ich | **möchte** | Ihre Lunge | **abhören.** | Aussagesatz |
| | **Muss** | ich den Notarzt | **rufen?** | Satzfrage |
| Wo | **kann** | ich Brot | **kaufen?** | Wortfrage |
| Wer | **kann** | mir | **helfen?** | Wortfrage |

## 1. Suchen Sie alle Modalverben im Dialog!

(Es sind insgesamt zwanzig!)

## 2. Müssen oder können?

**1.** Ich habe keine Zeit, ich *muss* nach Frankfurt fahren. **2.** Der Arzt sagt: Ihre Lunge ist in Ordnung. Sie .............. wieder rauchen. **3.** Egons Bein ist gebrochen. Er ......... mit einem Gips herumlaufen. **4.** .............. Sie mir mal helfen? Ich weiß den Weg nicht. **5.** Sie sind krank und haben Fieber. Sie .............. im Bett bleiben. **6.** Ich habe in Paris keine Probleme. Ich ............ Französisch sprechen. **7.** Ich ......... Russisch lernen, weil ich nächstes Jahr in Moskau arbeite. **8.** Ich ........ mit dem Fahrrad fahren. Mein Auto ist kaputt. **9.** Ich habe großen Hunger. ............ ich mir ein Brot machen? **10.** Herr Ober, .............. Sie mir das «Tournedos Rossini Chateaubriand Giscard d'Estaing» bringen?

## 3. Können oder möchten?

**1.** Ich habe Hunger. Ich *möchte*... eine Pizza San Marco essen. **2.** ............ ich mit einem Scheck bezahlen? **3.** Ich .............. die neuen Hosen anziehen. Ich ............ sie aber nicht finden. **4.** Herr Genscher, wir .............. Sie zu uns einladen. .............. Sie morgen Abend kommen? **5.** Ich bin krank. Ich .............. morgen nicht arbeiten. **6.** Herr Doktor, ............ ich um sieben Uhr kommen? Ich .............. nicht zwei Stunden warten. **7.** Er ist erkältet, er ............ nicht schlucken. **8.** Übrigens, meine Freundin ............ chinesisch kochen. **9.** Andrea .............. in Berlin arbeiten. Sie findet aber keinen Job. **10.** Ich ............ nicht bar bezahlen. Ich habe nicht so viel Geld bei mir.

**KÖRPER UND GESUNDHEIT**

**HABAUCH VÖLLEGEFÜHL BLUTFETTE**

**cholesterinbewusste Ernährung:**

# So geht's leichter

Jeder, der kocht, kennt das Problem: Das Essen soll schmackhaft und trotzdem leicht und bekömmlich sein. Doch leider enthalten viele Lebensmittel verste...

## Optovit für Aktivität und Lebensfreude

### Vitamin-E-Mangel und die Folgen

Vitamin-E-Mangel kann d... sache entzündlicher Besc...

# Im Leben voll dabei mit Omega-3

Beste Voraussetzung für Vitalität und Schaffenskraft ist eine starke Durchblutung. Nur dann können unse... gesättigten Omega-3-Fettsäuren. Diese natürlichen "Adernbefreier" halten Cholesterin und Blutfette im Normbereich, machen die ...

### 4. Modalverb-Cocktail

**1.** mit meinem Freund – möchte – nach Berlin – ich
– morgen fahren.

*Ich möchte morgen mit meinem Freund nach Berlin fahren.*

**2.** wir – mit dem Auto – fahren – können – nicht.

.................................................................................

**3.** müssen – neue Reifen – erst – kaufen – wir.

.................................................................................

**4.** mit dem Flugzeug – fliegen – er – von Frankfurt
– möchte.

.................................................................................

**5.** die Tickets – bezahlen – können – nicht – wir.

.................................................................................

**6.** sparen – müssen – wir.

.................................................................................

**7.** Ich finde: mit dem Zug – wir – fahren – nach Berlin
– können.

.................................................................................

**8.** von Berlin nach Rügen – fahren – will – mein
Freund – mit dem Fahrrad.

.................................................................................

**9.** wir – mit dem Fahrrad – fahren – können – nicht.

.................................................................................

**10.** müssen – wir – neue Reifen – kaufen.

.................................................................................

## THEORIE

### Possessiv-Pronomen

**Mein** Mann hat Halsschmerzen.
**Seine** Stimme ist ganz heiser.
Doktor Brinkmann ist **unser** Hausarzt.
**Mein** Name ist Sauer.
**Meine** Milch auch.
Hier ist **meine** Chipkarte.

| Nominativ | | Possessiv-Pronomen |
|---|---|---|
| **Singular** | | |
| 1. | ich | mein |
| 2. | du | dein |
| 3. | er | sein |
| | sie | ihr |
| | es | sein |
| **Plural** | | |
| 1. | wir | unser |
| 2. | ihr | euer |
| 3. | sie | ihr |
| | Sie | Ihr |

### 5. Setzen Sie das Possessiv-Pronomen ein!

1. Ich hole ...*mein*... Auto. (ich)

2. Ist das ............ Koffer? (er)

3. Gib mir bitte ............ Schlüssel! (du)

4. Petra, kommt ............ Bruder auch? (du)

5. Herr Ober, wo bleibt ............ Bier? (ich)

6. ............ Telefonnummer ist neun fünf drei vier vier. (wir)

7. Marie Christine, ............... Champagner schmeckt ja exzellent. (du)

8. Ist ............ Vater noch krank? (ihr)

9. Kommt ............ Mutter auch? (Sie)

10. Christof darf 80 Zigaretten am Tag rauchen. ............ Lunge ist in Ordnung. (er)

# THEORIE

Das **Possessiv-Pronomen** verändert sich wie die Artikel im **Nominativ**, **Dativ** und **Akkusativ**.

## Beispiel:

### Mask. unser Mann in Havanna — unsere Männer in Havanna

| | | | | | |
|---|---|---|---|---|---|
| **Nom.** | Das ist | unser- Mann. | Das sind | unsere | Männer. |
| **Akk.** | Ich sehe | unseren Mann. | Ich sehe | unsere | Männer. |
| **Dat.** | Ich spreche mit | unserem Mann. | Ich spreche mit | unseren | Männern. |

### Fem. unsere Frau in Moskau — unsere Frauen in Moskau

| | | | | | |
|---|---|---|---|---|---|
| **Nom.** | Das ist | unsere Frau. | Das sind | unsere | Frauen. |
| **Akk.** | Ich sehe | unsere Frau. | Ich sehe | unsere | Frauen. |
| **Dat.** | Ich spreche mit | unserer Frau. | Ich spreche mit | unseren | Frauen. |

### Neu. unser Kind in Disneyland — unsere Kinder in Disneyland

| | | | | | |
|---|---|---|---|---|---|
| **Nom.** | Das ist | unser- Kind. | Das sind | unsere | Kinder. |
| **Akk.** | Ich sehe | unser- Kind. | Ich sehe | unsere | Kinder. |
| **Dat.** | Ich spreche mit | unserem Kind. | Ich spreche mit | unseren | Kindern. |

| Possessiv-Pronomen | | | | |
|---|---|---|---|---|
| | Singular | | | Plural: |
| | Maskulin | Feminin | Neutrum | |
| **Nom.** | – | – e | – | – e |
| **Akk.** | – en | – e | – | – e |
| **Dat.** | – em | – er | – em | – en |

## 6. Ergänzen Sie!

### mein und dein

**1.** Ich komme mit mein*em* Fahrrad. Und du, fährst du auch mit dein......
Fahrrad? **2.** Mein...... Fahrrad ist kaputt. Ich komme mit mein......... Rollschu-
hen. (Plural!)   **3.** Wenn du willst, kann ich dein...... Fahrrad reparieren.

### sein und ihr

**4.** Egon geht zum Arzt. Sein...... Hals tut weh.   **5.** Die Arzthelferin fragt nach
seine...... Chipkarte.   **6.** Sie tippt Egons Namen in ihr...... Computer und sagt
zu ihm: Gehen Sie bitte ins Wartezimmer. **7.** Dann ruft sie ihr......... Freund an.
**8.** Der Freund trifft sie in ihr...... Mittagspause. **9.** Er holt sie mit sein...... Auto ab.

### unser und euer

**10.** Bitte parkt euer...... Auto nicht vor unser...... Garage. Wir können dann
nämlich mit unser...... Mercedes nicht herausfahren. **11.** Dann kauft euch doch
auch einen kleinen Fiat, unser...... Fiat hat überall Platz. **12.** Ich finde euer......
Fiat aber nicht schön. Unser...... Mercedes ist viel schöner!

### ihr oder Ihr?

**13.** Gaby geht mit ............ Mann spazieren. **14.** Frau Tetzlaff, Sie sind ja
allein. Wo ist denn ......... Mann heute? **15.** Ulli und Peter fahren mit ............
Volkswagen nach Hamburg. **16.** Herr Tetzlaff, ist ............ Frau heute nicht
da? Sie sind ja ganz alleine! **17.** Gloria von Thurn und Silvia von Taxis fahren
mit ............ Männern auf ............ Inseln in der Südsee. **18.** Meine Damen
und Herren, geben Sie mir ............ Geld, oder ich schieße! **19.** Nasrin möchte
Deutsch lernen, ............ Kurs fängt am Montag an. **20.** Meine Damen, Sie
müssen noch ............ Karten bezahlen!

**KÖRPER UND GESUNDHEIT**

## THEORIE

### Satzstellung

### Nebensätze

| | |
|---|---|
| ..., **weil** mein Mann starke Halsschmerzen | **hat.** |
| ..., **weil** mein Hals so | **weh tut.** |
| ..., **dass** der Herr Doktor heute keine Hausbesuche | **macht.** |
| ..., **wenn** es bis Freitag nicht besser | **wird.** |

**Nebensatz:**

..., **Konjunktion** (weil, dass, wenn)　　→　　**Verb am Ende**

## 7. Suchen Sie im Text alle Nebensätze, und unterstreichen Sie die Sätze!

(insgesamt 11)

## 8. Machen Sie Sätze mit «dass»!

**1.** Ich glaube, ich habe die Grippe.

*Ich glaube, dass ich die Grippe habe.*

**2.** Er sagt, er hat Halsschmerzen.

.................................................................................

**3.** Ich denke, das ist so richtig.

.................................................................................

**4.** Du sagst, du hast keine Zeit.

.................................................................................

**5.** Du sagst, es schmeckt gut.

.................................................................................

**6.** Der Doktor sagt, ich bin nicht krank.

.................................................................................

**7.** Ich sehe, es ist schon acht Uhr.

.................................................................................

**8.** Ich weiß, er kommt um acht Uhr.

.................................................................................

**9.** Wissen Sie, das Konzert beginnt um acht Uhr.

.................................................................................

**10.** Du siehst, es ist ganz einfach.

.................................................................................

# Christian Gretzler

Allgemeinmedizin/Homöopathie

55262 Heidesheim · Kreuzstraße 31
Tel. (06132) 58862 · Fax (06132) 58863

**Sprechzeiten:**
Mo.-Fr. 9-11 u. 16-18 Uhr, Do. 9-11 u. 16-19 Uhr
Mittwochnachmittag geschlossen

Für _____Herrn Sauer_____

## Nächster Termin

| Datum | Uhrzeit |
|-------|---------|
| 14. 7 | 9.00 |
| | |
| | |
| | |
| | |

Bitte diese Karte und die Versichertenkarte
stets mitbringen.
Im Verhinderungsfall rechtzeitige Absage erbeten.

## 9. Antworten Sie mit «weil»!

1. Warum ist deine Lunge nicht in Ordnung? (Viele Zigaretten rauchen)

   ........... *Weil ich viele Zigaretten rauche.* ...........

2. Warum kommst du mit der S-Bahn? (Mein Audi, kaputt sein)
3. Warum essen Sie nichts? (Keinen Hunger haben)
4. Warum gehst du auf die Bank? (Kein Geld mehr haben)
5. Warum triffst du dich mit Udo? (Ihn noch lieben)
6. Warum kommst du nicht mit ins Kino? (Den Film schon kennen)
7. Warum geht ihr immer ins Restaurant? (Wir nicht gerne kochen)
8. Warum bleibst du zu Hause? (Krank sein)
9. Warum rufst du nicht an? (Kein Kleingeld haben)
10. Warum isst du keinen Hamburger? (McDonald's nicht gut finden)

## 10. Was gehört zusammen? Verbinden mit «wenn»!

1. Ich gehe ins Kino, …

   **a** Sie hat ein Rendezvous.

   ..............................................

2. Ich lade dich ins Restaurant ein, …

   **b** Wir haben Freunde zu Besuch.

   ..............................................

3. Wir trinken Wein, …

   **c** Ich habe kein Bargeld.

   ..............................................

4. Ich bezahle mit einem Scheck, …

   **d** Du hast Geburtstag.

   ..............................................

5. Man sagt du, …

   **e** Ihr habt nicht genug Geld auf der Bank.

   ..............................................

6. Sie zieht das neue Kleid an, …

   **f** Man kennt sich ein bisschen besser.

   ..............................................

7. Du hast Halsschmerzen, …

   **g** Es gibt Rambo VI.

   ..............................................

8. Sie möchte nicht arbeiten gehen, …

   **h** Du rauchst viel.

   ..............................................

9. Ihr bezahlt das Auto in Raten, …

   **i** Sie hat Probleme mit ihrem Chef.

   ..............................................

**KÖRPER UND GESUNDHEIT**

# THEORIE

| Die Leute sagen: | Das heißt: |
|---|---|
| Ich **möchte** nach Hause. | Ich **möchte** nach Hause **gehen**. |
| Ich **möchte** ein Brot. | Ich **möchte** ein Brot **essen**. |
| Ich **möchte** ein Bier. | Ich **möchte** ein Bier **trinken**. |
| Ich **möchte** ein Kind von dir. | Ich **möchte** ein Kind von dir **haben**. |
| | |
| Ich **muss** nach Frankfurt. | Ich **muss** nach Frankfurt **gehen**. |
| **Musst** du morgen zum Arzt? | **Musst** du morgen zum Arzt **gehen**? |
| | |
| Ich **kann** Spanisch. | Ich **kann** Spanisch **sprechen**. |
| Warum **können** Sie kein Chinesisch? | Warum **können** Sie kein Chinesisch **sprechen**? |

---

## Bestätigung über Arztbesuch

Hiermit bestätige ich, dass
Frau/Herr _Theo Sauer_

am __8 . 7__ 200__ bis __10.40__ Uhr
in der Zeit von__10__
in meiner Praxis behandelt wurde.

Christian Gretzler
Arzt für Allgemeinmedizin
Homöopathie
Kreuzstraße 31
55262 Heidesheim
Tel. (0 61 32) 5 88 62
Fax (0 61 32) 5 88 63
Stempel/Unterschrift

© Bionorica Praxis-Service

__8·7· 2004__
Ort/Datum

---

## 11. Mini-Dialog

### a. Sie rufen beim Arzt an. Sie möchten einen Termin haben.

**A**: Ich rufe an, weil ich **Halsschmerzen** habe.
**B**: Können Sie **heute Nachmittag um vier Uhr** kommen?
**A**: Ja, in Ordnung. Bis um **vier Uhr**.

**1.** Halsschmerzen, heute Nachmittag um 16 Uhr. **2.** Kopfschmerzen, morgen um neun Uhr. **3.** Bauchschmerzen, sofort. **4.** Bein gebrochen, in zehn Minuten. **5.** Erkältet sein, morgen früh um halb acht. **6.** Zahnschmerzen, in drei Monaten. **7.** ..., ... . **8.** ..., ... . **9.** ..., ... . **10.** ..., ... .

### b. einladen, mitkommen

**A**: Möchtest du mit ins **Kino**?
**B**: Nein, ich kann heute nicht, ich muss **zu Hause bleiben**.

**1.** ins Kino, zu Hause bleiben **2.** nach Düsseldorf, zu meiner Oma fahren **3.** zum Flughafen, mit meinem Chef ins Restaurant gehen **4.** in die Stadt, den Film im Fernsehen heute Abend sehen **5.** mit zu Hans und Egon, ins Theater gehen **6.** mit in die Diskothek, zum Ohrenarzt gehen **7.** ..., ... . **8.** ..., ... . **9.** ..., .... . **10.** ..., ... .

## 12. Maxi-Dialog

### 1. Beim Arzt
**A** ist erkältet und hat einen Termin beim Arzt **B**.
Der Arzt **B** untersucht **A**.
**A** möchte nicht arbeiten, **B** möchte **A** nicht krankschreiben.

### 2. Auf der Straße
**A** kommt vom Arzt. **A** trifft auf der Straße seinen alten Freund **B**. **B** kommt auch vom Arzt.
**A** und **B** reden von Ihren Problemen. Sie gehen zusammen in eine Kneipe.

**KÖRPER UND GESUNDHEIT**

# CONNY KATZ WILL NICHT ARBEITEN

Conny Katz ist Sekretärin. Sie arbeitet viel. Sie arbeitet sehr viel, zehn Stunden am Tag, das ist zu viel. Sie hat keine Lust mehr.

Heute möchte sie nicht arbeiten. Es geht ihr nicht gut. Was kann sie machen, wenn sie nicht arbeiten möchte? Sie muss zum Arzt gehen! Vielleicht schreibt der Arzt sie krank?

«Herr Doktor, ich fühle mich nicht gut. Ich habe Kopfschmerzen, meine Ohren tun weh, morgens kann ich nicht schlucken.» Der Arzt findet aber nichts: «Ich kann Sie leider nicht krankschreiben, es geht Ihnen doch gut. Sie sind gesund!»

　　　　　　　　　　　　　　　　　　　　　　　　　　　　　　　　　　　　　　　　　　　　　　　　　　　　　　　　　　　　　　　　　　　　　　　　　　　　　　　　　　　　　　　　　　　　　　　　　　　　　　　　　　　　　　　　　　　　　　　　　　　　　　　　　　　　　　　　　　　　　　　　　　　　　　　　　　　　　　　　　　　　　　　　　　　　　　　　　　　　　　　　　　　　　　　　　　　　　　　　　　　　　　　　　　　　　　　　　　　　　　　　　　　　　　　　　　　　　　　　　　　　　　　　　　　　　　　　　　　　　　　　　　　　　　　　　　　　　　　　　　　　　　　　　　　　　　　　　　　　　　　　　　　　　　　　　　　　　　　　　　　　　　　　　　　　　　　　　　　　　　　　　　　　　　　　　　　　　　　　　　　　　　　　　　　　　　　　　　　　　　　　　　　　　　　　　　　　　　　　　　　　　　　　　　　　　　　　　　　　　　　　　　　　　　　　　　　　　　　　　　　　 **Thema 5**

Conny schluckt. Sie ist sauer, aber sie kann nichts machen. Sie fährt nach Hause und ruft in ihrer Firma an: «Hier ist Conny Katz. Ich kann heute nicht kommen. Ich bin leider krank. Ich komme morgen wieder.»

Jetzt geht es ihr besser. Sie trifft eine Freundin, sie gehen zusammen in die Stadt. Conny kauft ein Kleid, dann gehen sie ins Café. Jetzt geht es ihr sehr gut.

Am Abend geht sie mit ihrem Freund ins Kino. Der Film läuft schon. Sie nehmen Platz. Der Nachbar im Kino sagt: «Guten Abend, Frau Katz. Geht es Ihnen wieder besser?» – «O nein», denkt Conny, «was mach ich jetzt? Das ist mein Chef!!»

## Ja oder Nein?

**1.** Conny Katz arbeitet zehn Stunden am Tag.
Ja ☐ Nein ☐

**2.** Heute möchte sie in die Firma gehen.
Ja ☐ Nein ☐

**3.** Sie geht zum Arzt, weil es ihr nicht gut geht.
Ja ☐ Nein ☐

**4.** Sie hat Bauchschmerzen.
Ja ☐ Nein ☐

**5.** Der Arzt schreibt sie krank.
Ja ☐ Nein ☐

**6.** Dann geht sie in die Firma.
Ja ☐ Nein ☐

**7.** Sie trifft eine Freundin in der Firma.
Ja ☐ Nein ☐

**8.** Es geht ihr besser, weil sie arbeitet.
Ja ☐ Nein ☐

**9.** Sie kauft ein Kleid.
Ja ☐ Nein ☐

**10.** Am Abend gehen sie in die Oper.
Ja ☐ Nein ☐

**11.** Sie kommen ein bisschen zu spät.
Ja ☐ Nein ☐

**12.** Connys Chef ist nicht im Kino.
Ja ☐ Nein ☐

**13.** Jetzt hat sie Probleme.
Ja ☐ Nein ☐

THEMA 6

# *WOHNEN*

### *Wir brauchen eine Wohnung*

Sag mal, Kalli, wie ist diese Geschichte ausgegangen?

*Welche Geschichte?*

Die mit eurer Wohnung.

*Ja, wie diese Geschichten eben ausgehen: Der Hausbesitzer hat uns gekündigt. Es sieht ziemlich schlecht aus.*

Wieso hat er euch gekündigt? Aus welchem Grund?

*Ja, Sabine, wir haben drei Kinder.*

Der kann euch doch nicht vor die Tür setzen, nur weil ihr drei Kinder habt.

*Nein, natürlich nicht. Es stört ihn, dass wir zwei Hunde haben und oft Besuch. Wir sollen nicht rauchen, und außerdem kann er Hard Rock nicht leiden.*

Ich auch nicht. Aber das ist doch kein Grund zu kündigen.

*Ja, und dann hatten wir auch finanzielle Probleme. Ich habe zwei Monate kein Gehalt bekommen,*

*und meine Frau hat das Konto überzogen, weil sie doch immer ins Spielkasino geht.*

Au Mann, ihr seid vielleicht 'ne Familie! Deshalb kündigt er euch?

*Nein, wir haben die Miete ein bisschen spät bezahlt. Na ja – und dann hat er uns die Kündigung gegeben.*

Und jetzt, Kalli?

*Jetzt suchen wir eine neue Wohnung. Weißt du etwas?*

### Beim Makler

*düdeldüdeldüt*

Wucherer Immobilien. Guten Tag. Sie wünschen?

*Guten Tag. Mein Name ist Kalli Lautenschläger. Ich suche eine Vierzimmerwohnung oder ein kleines Haus mit Garten – am Stadtrand.*

Wollen Sie mieten oder kaufen?

*Mieten natürlich. Und es darf nicht so teuer sein.*

Ooooh, das sieht im Moment schlecht aus. Ich

habe da eine Villa mit neun Zimmern und drei
Bädern, aber die kostet …

*Nein, nein, ich kann nicht mehr als 800 Euro
bezahlen.*

Haha. Die kostet ja auch gut zweieinhalb Millionen. Also, Sie suchen eine Wohnung.

*Lieber ein Haus.*

Da müssen Sie aber mehr hinlegen.

*Haben Sie jetzt etwas anzubieten oder nicht?*

Ja, hier z. B.: eine Dreizimmerwohnung, Neubau, Balkon, Garage, ein bisschen außerhalb,
ruhige Lage, fünf Kilometer von der Autobahn. Wenn Sie wollen, können Sie sich die
heute Nachmittag anschauen. 1250 Euro kalt,
dazu kommen noch rund 250 Euro Nebenkosten.

*Und was bekommen Sie?*

Zwei Monatsmieten und eine Monatsmiete
Kaution.

*Was?! Das sind ja 3750 Euro! Woher soll ich
dieses Geld nehmen?*

### Wieder mit der Freundin

Habt ihr inzwischen etwas gefunden?

*Nee, Sabine, ich bin zu drei Wohnungsver-
mittlungen gegangen. Die wollen doch nur Häuser verkaufen. Die Wohnungen, die die haben,
sind zu klein und sauteuer. Die wollen dir eine
winzige Zweizimmerwohnung im sechsten Stock
ohne Aufzug für 850 Euro andrehen! Und das für
eine Familie mit drei Kindern! Und außerdem –*

**WOHNEN**

*die Makler wollen doch nur Häuser verkaufen.*

Ich habe da was gehört.

*Wirklich? Erzähl mal, stark!*

Das ist nicht sicher. Ruf mal den Günter an. Der arbeitet mit einem zusammen, der heißt Rudolf. Dieser Rudolf hat eine Schwägerin, die mit ihrer Familie für zwei Jahre nach Australien geht. Die haben ein Haus mit Garten in Zotzenheim. Und dieses Haus wird frei.

*Das ist vielleicht ein bisschen weit. Aber ich ruf am besten gleich mal an. Vielen Dank, Sabine.*

Zieh dich aber ordentlich an, Kalli, wenn du dich vorstellst!

### Beim Vermieter

*Guten Tag, Herr Häusler. Ich komme wegen dem Haus.*

Sie sind sicher Herr Zimmerling. Guten Tag.

*Nein, Lautenschläger ist mein Name.*

Ach so, da sind nämlich noch zwei andere Interessenten.

Ja, dann kommen Sie mal mit rein! Ich zeige Ihnen kurz das Haus, und dann habe ich einige Fragen an Sie.

Was ist Ihr Beruf, und wo arbeiten Sie?

*Ich bin bei der Landesregierung.*

Sind Sie verheiratet?

*Ja.*

Haben Sie Kinder?

*Ja.*

Wie viele?

*Zwei.*

Rauchen Sie Zigaretten?

*Manchmal. Nach dem Essen eine.*

Nnnn? Bekommen Sie viel Besuch?

*Nein, selten, wir haben wenig Freunde, wir leben sehr ruhig.*

Hören Sie diese moderne Musik?

*Nein, hin und wieder eine Platte mit klassischer Musik.*

Haben Sie Haustiere?

*Mein ältester Sohn hatte mal einen Hamster. Aber den haben wir weggegeben.*

Ach so. Sie haben zwei Jungen und so ein Viech … Ich muss mir das noch überlegen, rufen Sie mich nächste Woche an. Dann geb ich Ihnen Bescheid.

# HÖR ZU

## 1.

### A. Was ist hier los?
1. Kalli sucht eine Wohnung.
2. Kallis Freundin verkauft ihr Haus.
3. Kalli verkauft sein Haus.

## 2.

### A. Wir brauchen eine Wohnung: Was ist richtig?

Der Hausbesitzer

a hat Kallis Familie gekündigt.

b hat zwei Hunde gehabt.

c geht immer ins Spielkasino.

### B. Beim Makler: Ja oder Nein?

1. Kalli möchte eine Villa kaufen.

Ja ▢          Nein ▢

2. Kalli kann nicht mehr als 800 Euro bezahlen.

Ja ▢          Nein ▢

3. Die Villa kostet anderthalb Millionen.

Ja ▢          Nein ▢

4. Der Makler will 3750 Euro haben.

Ja ▢          Nein ▢

### C. Wieder mit der Freundin: Ja oder Nein?

1. Kalli und seine Familie haben eine Wohnung gefunden.

Ja ▢          Nein ▢

2. Die Makler wollen doch nur Häuser verkaufen.

Ja ▢          Nein ▢

3. Sabine weiß ein Haus für Kalli und seine Familie.

Ja ▢          Nein ▢

### D. Beim Vermieter: Was ist richtig?

1. Der Vermieter heißt
a Häusler.
b Zimmerling.
c Lautenschläger.

2. Kalli arbeitet
a an der Universität.
b bei der Landesregierung.
c im Hotel Schottenhof.

# WOHNEN

## Wir brauchen eine Wohnung

die Wohnung, – en

.........................................

die Geschichte, – n

.........................................

ausgehen

.........................................

eben

.........................................

der Hausbesitzer, –

.........................................

wieso

.........................................

kündigen

.........................................

ziemlich

.........................................

der Grund, Gründe

.........................................

aus welchem Grund?

.........................................

das Kind, – er

.........................................

stören

.........................................

der Hund, – e

.........................................

oft

.........................................

sollen

.........................................

der Hard Rock

.........................................

finanziell

.........................................

das Gehalt, Gehälter

.........................................

bekommen

.........................................

das Konto, Konten

.........................................

überziehen

.........................................

das Spielkasino, – s

.........................................

der Mann, Männer

.........................................

# WÖRTER

die Familie, – n

.........................................

deshalb

.........................................

die Miete, – n

.........................................

die Kündigung, – en

.........................................

## Beim Makler

der Makler, –

.........................................

düdeldüdeldüt

.........................................

die Immobilie, – n

.........................................

wünschen

.........................................

die Vierzimmer-
wohnung, – en

.........................................

.........................................

das Haus, die Häuser

.........................................

der Garten, Gärten

....................................

der Stadtrand

....................................

mieten

....................................

dürfen

....................................

aussehen

....................................

die Villa, Villen (!)

....................................

als

....................................

die Million, – en

....................................

hinlegen

....................................

anbieten

....................................

z.B. = zum Beispiel

....................................

der Balkon, – s

....................................

die Garage, – n

....................................

außerhalb

....................................

die Lage, – n

....................................

anschauen

....................................

rund

....................................

die Nebenkosten (Plural)

....................................

die Monatsmiete, – n

....................................

die Kaution, – en

....................................

### *Wieder mit der Freundin*

inzwischen

....................................

nee

....................................

die Wohnungs-
vermittlung, – en

....................................

sauteuer

....................................

winzig

....................................

der Aufzug, Aufzüge

....................................

andrehen ⟨ ⟩

....................................

erzählen

....................................

sicher

....................................

die Schwägerin, – nen

....................................

Australien

....................................

am besten

....................................

vorstellen (sich/Akk.)

....................................

### *Beim Vermieter*

der Vermieter, –

....................................

wegen

....................................

der Interessent, – en

....................................

kurz

......................

einige

......................

der Beruf, – e

......................

die Landesregierung,
– en

......................

verheiratet

......................

die Zigarette, – n

......................

manchmal

......................

selten

......................

leben

......................

sehr

......................

moderne

......................

die Platte, – n

......................

das Haustier, – e

......................

ältest

......................

der Sohn, Söhne

......................

der Hamster, –

......................

weg

......................

weggeben

......................

ach so

......................

der Junge, – n

......................

das Viech, – er

......................

überlegen

......................

der Bescheid, – e

......................

*Theorie und Praxis*

das Perfekt

......................

der Stamm, Stämme
(Verb)

......................

thailändisch

......................

amerikanisch

......................

der Präsident, – en

......................

das Marihuana

......................

polnisch

......................

das Aspirin

......................

bei euch (zu Hause)

......................

verschieden

......................

das Medikament, – e

......................

das Ende, – n

......................

erinnern

......................

der Teil, – e

......................

die Freiheit, – en

......................

**WOHNEN**

die Bildung, – en

..............................

das Glas, Gläser

..............................

das Fremdwort, –
wörter

..............................

der Psychiater, –

..............................

laut

..............................

die Antwort, – en

..............................

erfinden

..............................

die Phantasie, – n

..............................

der Kapitalist, – en

..............................

vor die Tür setzen

..............................

..............................

*Wohnen*
die Mietwohnung,– en

..............................

der Altbau, – bauten (!)

..............................

der Neubau, – bauten

..............................

das Einfamilienhaus,
–häuser

..............................

..............................

der Stock, Stock-
werke (!)

..............................

das Dach, Dächer

..............................

der Keller, –

..............................

die Heizung, – en

..............................

die Küche, – n

..............................

das Bad, Bäder

..............................

die Dusche, – n

..............................

die Toilette, – n

..............................

das Klo, – s

..............................

das Wohnzimmer, –

..............................

das Schlafzimmer, –

..............................

das Kinderzimmer, –

..............................

der Flur, – e

..............................

die Diele, – n

..............................

die Treppe, – n

..............................

die Haustür, – en

..............................

das Fenster, –

..............................

die Klingel, – n

..............................

der Briefkasten, – kästen

..............................

# THEORIE

## Perfekt

| Er | **hat** | ein Haus | **gekauft**. |
|----|---------|----------|--------------|
| Ich | **habe** | kein Gehalt | **bekommen**. |
| Ulla | **hat** | das Konto | **überzogen**. |
| Wir | **haben** | die Miete spät | **bezahlt**. |

| | | |
|----|------|---------|
| ich | habe | gekauft |
| du | hast | gekauft |
| er | hat | gekauft |
| wir | haben | gekauft |
| ihr | habt | gekauft |
| sie | haben | gekauft |

| **Perfekt:** | **haben** + Partizip 2 |
|---|---|

## Die Bildung des Partizips 2:

### 1. Regelmäßige Verben

| Wieso | **hat** | er euch | **gekündigt**? |
|-------|---------|---------|----------------|
| Ich | **habe** | da was | **gehört**. |

| **Infinitiv** | rauchen | holen |
|---------------|---------|-------|
| **Stamm** | rauch – | hol – |
| **Partizip 2** | **ge** – rauch – **t** | **ge** – hol – **t** |

| **ge** – [ … ] – **t** |
|---|

## 1. Setzen Sie das Partizip Perfekt ein!
### Regelmäßige Verben

**1.** Ich kann nicht mehr. Ich bin so müde, ich habe heute elf Stunden *gearbeitet* (arbeiten). **2.** Kommst du mit zum Essen? Gisela hat heute thailändisch ..................... (kochen). **3.** Habt ihr schon ................. (hören)? Der amerikanische Präsident hat Marihuana .................... (rauchen). **4.** Du sprichst so toll polnisch! Wie lange habt ihr in Warschau ................. (leben)?

## 2. Setzen Sie das Partizip Perfekt ein!
### Unregelmäßige Verben

**1.** Ich habe Bauchschmerzen. Ich habe zu viel Weinschaumcreme *gegessen* (essen). **2.** Gestern war Nina Hagen hier. Sie hat ein Konzert ................. (geben). **3.** Au Mann, mein Kopf tut immer noch so weh. Ich habe schon vier Aspirin .................... (nehmen). **4.** Herr Schönig, haben Sie den letzten Film von Woody Allen ................. (sehen)?

## 3. Setzen Sie das Partizip Perfekt ein!
### Trennbare Verben

**1.** Der Arzt hat ihm Brust und Rücken *abgehört* (abhören) und ihn dann nicht ....................... (krankschreiben). **2.** Mann, der Kühlschrank ist ja leer. Hast du nichts ................. (einkaufen)? **3.** Ich habe dich viermal ....................... (anrufen), bei euch ist ja nie einer da.

**WOHNEN**

## 4. Setzen Sie das Partizip Perfekt ein!
### Nicht trennbare Verben

**1.** Hallo, hallo, gehen Sie nicht weg. Sie haben noch nicht *bezahlt* (bezahlen). **2.** Ich habe vor einer halben Stunde ein Bier ..................... (bestellen), und jetzt warte ich noch immer. **3.** Er hat mir den Film ............ ............................... (empfehlen). Der hat mir aber überhaupt nicht ................. (gefallen). **4.** Der Apotheker hat heute viel Geld an mir ............................... (verdienen). Mein Arzt hat mir zwanzig verschiedene Medikamente ............................... (verschreiben).

# THEORIE

## 2. Unregelmäßige Verben

| | | |
|---|---|---|
| | **Habt** ihr inzwischen etwas | **ge**funden? |
| Ich | **bin** zu drei Maklern | **ge**gangen. |

| | | |
|---|---|---|
| **Infinitiv** | treffen | essen |
| **Stamm** | treff – | ess – |
| **Partizip 2** | **ge** – troff – **en** | **ge** – gess – **en** |

**ge – [...] – en**

**genauso:**

| | | | | | |
|---|---|---|---|---|---|
| bleiben | **ge**blieben | fahren | **ge**fahren | geben | **ge**geben |
| gehen | **ge**gangen | helfen | **ge**holfen | kommen | **ge**kommen |
| laufen | **ge**laufen | leiden | **ge**litten | nehmen | **ge**nommen |
| rufen | **ge**rufen | schreiben | **ge**schrieben | sehen | **ge**sehen |
| tun | **ge**tan | werden | **ge**worden | | |

## 3. Trennbare Verben

| | | | |
|---|---|---|---|
| Wie | **ist** | die Geschichte aus**ge**gangen? | |
| Aber den | **haben** wir | | weg**ge**geben. |

| | **Regelmäßig:** | **Unregelmäßig:** |
|---|---|---|
| **Infinitiv** | abhören | ankommen |
| **Stamm** | ab – hör – | an – komm – |
| **Partizip 2** | ab – **ge** – hör – **t** | an – **ge** – komm – **en** |

**[...] – ge – [...] – t**    **[...] – ge – [...] – en**

**genauso:**

| | | | |
|---|---|---|---|
| anhalten | an**ge**halten | aussehen | aus**ge**sehen |
| abgeben | ab**ge**geben | anziehen | an**ge**zogen |
| herausgeben | heraus**ge**geben | einladen | ein**ge**laden |
| reingehen | rein**ge**gangen | vorbeifahren | vorbei**ge**fahren |
| herumlaufen | herum**ge**laufen | | |

## 5. Wie heißt das Partizip 2 ?

### Gruppe 1

| | | | |
|---|---|---|---|
| kaufen | *gekauft* | brauchen | ................ |
| fragen | ................ | glauben | ................ |
| gucken | ................ | haben | ................ |
| holen | ................ | kriegen | ................ |
| stören | ................ | schauen | ................ |
| schlucken | ................ | schmecken | ................ |
| fühlen | ................ | mieten | ................ |
| warten | ................ | zeigen | ................ |

### Gruppe 2

| | | | |
|---|---|---|---|
| bleiben | *geblieben* | fahren | ................ |
| gehen | ................ | helfen | ................ |
| kommen | ................ | laufen | ................ |
| leiden | ................ | rufen | ................ |
| schreiben | ................ | treffen | ................ |
| tun | ................ | werden | ................ |

### Gruppe 3

| | | | |
|---|---|---|---|
| anhalten | *angehalten* | abgeben | ................ |
| ankommen | ................ | anziehen | ................ |
| aufmachen | ................ | ausatmen | ................ |
| aussehen | ................ | drankommen | ................ |
| einkaufen | ................ | einladen | ................ |
| herausgeben | ................ | herumlaufen | ................ |
| herunterhandeln | ................ | heruntersetzen | ................ |
| reingehen | ................ | vorbeifahren | ................ |
| zusammenpassen | ................ | hinlegen | ................ |

### Gruppe 4

| | | | |
|---|---|---|---|
| bestellen | *bestellt* | bekommen | ................ |
| beginnen | ................ | bezahlen | ................ |
| entschuldigen | ................ | verbinden | ................ |
| überziehen | ................ | überlegen | ................ |

**WOHNEN**

# THEORIE

### 4. Nicht trennbare Verben

Ich **habe** zwei Monate kein Gehalt bekomm**en**.
Wir **haben** die Miete ein bisschen spät bezahl**t**.

|  | Regelmäßig: | Unregelmäßig: |
|---|---|---|
| **Infinitiv** | bestellen | überziehen |
| **Stamm** | bestell – | überzieh – |
| **Partizip 2** | bestell – **t** | überz**o**g – **en** |
|  | [...] – t | [...] – en |

bringen → gebracht
denken → gedacht

**genauso:**

| | | | |
|---|---|---|---|
| beginnen | begonn**en** | bekommen | bekomm**en** |
| verbinden | verb**u**nd**en** | empfehlen | empf**o**hl**en** |
| verschreiben | verschr**ie**b**en** | | |

### Achtung: Perfekt mit sein

Herr Meynhard **ist** nach Augsburg gefahren.

| ich | **bin** | gefahren |
|---|---|---|
| du | **bist** | gefahren |
| er | **ist** | gefahren |
| wir | **sind** | gefahren |
| ihr | **seid** | gefahren |
| sie | **sind** | gefahren |

**genauso:**

| sein/bleiben/werden | | Verben der Bewegung | |
|---|---|---|---|
| sein | gewesen | fahren | gefahren |
| bleiben | geblieben | gehen | gegangen |
| werden | geworden | laufen | gelaufen |
| | | kommen | gekommen |

## 6. haben oder sein?

**1.** Egon *ist* nach Frankfurt in die Alte Oper gefahren. **2.** Ich ............ keine Lust gehabt. **3.** Ich ......... zu Hause geblieben. **4.** Egon......... in der Alten Oper eine Freundin getroffen. **5.** Er......... erst sehr spät nach Hause gekommen. **6.** Um halb zwei............ ich mir Sorgen gemacht und die Polizei angerufen. **7.** Ich ............ gesagt: «Mein Mann ......... nach Frankfurt gefahren. **8.** Er......... noch nicht nach Hause gekommen.» **9.** Der Polizist ......... gesagt: «Warten Sie noch ein bisschen! Ihr Mann kommt bestimmt wieder! **10.** Diese Geschichte ............ ich schon oft gehört. Keine Sorge. **11.** Die Männer ......... immer wieder zurückgekommen. **12.** Sie ............ dann bei einer anderen Frau gewesen.» Ein ganz intelligenter Polizist!

## 7. haben oder sein?

### Bitte setzen Sie ins Perfekt!

**1.** Ich bin nicht in Hannover.

................ *Ich bin nicht in Hannover gewesen.* ................

**2.** Er zeigt mir sein neues Auto. **3.** Wir laufen in den Garten. **4.** Wir telefonieren mit Tokio. **5.** Er bestellt immer erst ein Bier und dann einen Schnaps. **6.** Eva bleibt im Bett, sie ist krank. **7.** Mein Kopfweh wird nicht besser, ich gehe zum Arzt. **8.** Ich komme mit dem Zug um 19 Uhr. **9.** Er probiert neue Schuhe an. **10.** Sie fährt mit dem Zug nach Frankfurt.

## 8. Setzen Sie ins Perfekt!

Achtung: Partizip 2 immer am Ende!

**1.** Kalli sucht eine neue Wohnung. *Kalli hat eine neue Wohnung gesucht.* **2.** Er hat Probleme mit dem Hausbesitzer. **3.** Kalli bezahlt die Miete nicht. **4.** Da kündigt der Hausbesitzer ihm. **5.** Kalli hat nämlich finanzielle Probleme. **6.** Er überzieht sein Konto um 4000 Euro. **7.** Seine Frau fährt jede Woche nach Baden-Baden ins Spielkasino. **8.** Sie verliert jedesmal 500 Euro. **9.** Er spricht mit seinem Freund über diese Probleme. **10.** Maxi empfiehlt ihm: «Such dir nicht 'ne neue Wohnung, such dir 'ne neue Frau!»

# THEORIE

## Modalverben
### dürfen – wollen – sollen

| | | |
|---|---|---|
| Und es | **darf** nicht so teuer | sein. |
| Wir | **sollen** nicht | rauchen. |
| Die Makler | **wollen** doch nur Häuser verkaufen. | |

| dürfen | wollen | sollen | Endungen |
|---|---|---|---|
| ich darf – | ich will – | ich soll – | – |
| du darf – **st** | du will – **st** | du soll – **st** | – **st** |
| er darf – | er will – | er soll – | – |
| wir dürf – **en** | wir woll – **en** | wir soll – **en** | – **en** |
| ihr dürf – **t** | ihr woll – **t** | ihr soll – **t** | – **t** |
| sie dürf – **en** | sie woll – **en** | sie soll – **en** | – **en** |

### Erinnern Sie sich:
#### Satzstellung beim Modalverb

| Wir | **sollen** nicht | **rauchen.** | Satz |
|---|---|---|---|
| | **Willst** du eine Pizza | **essen?** | Frage (Antwort: ja – nein) |
| Wann | **kann** ich Sie | **anrufen?** | Frage |
| ..., | weil er keinen Alkohol | **trinken darf.** | Nebensatz |

Thema 6

## 10. wollen und dürfen

**1.** Ich gehe heute Abend in «Indiana Jones Teil fünf.» *Willst* du mitkommen?
– Ich ............ nicht. Ich muss zu Hause bleiben, mein Vater ist krank. **2.**
............ ich mal bei euch telefonieren? – So oft du ............ . Das bezahlt doch
die Firma. **3.** Ich bin sehr hungrig. ............ ich mir ein Brot machen? – Wenn du
............, kannst du auch vom Braten von heute mittag essen. **4.** ............ du eine
Zigarette haben? ... – Nein, ich bin gestern beim Arzt gewesen. Ich ............ nicht
mehr rauchen. **5.** Kommst du mit in die Spielbank? – Nein, ich ............ dort nicht
mehr spielen. Ich habe letzte Woche zwei Millionen Euro gewonnen.

## 11. sollen und wollen

**1.** Mein Chef sagt, ich ... *soll* .... nach München gehen. Ich ............ aber nicht.
**2.** Gut, dann treffen wir uns um fünf. ............ ich dich vorher noch einmal
anrufen? **3.** Christa ............ ihren Freund heiraten, sie darf aber nicht. Ihr
Vater sagt, sie ............ noch zwei Jahre warten, bis sie ihr Diplom hat.
Vielleicht ............ ihr Freund dann nicht mehr. **4.** Wenn er kein Geld hat,
dann ............ er zu Hause bleiben und nicht so teure Reisen machen!

## 12. dürfen und sollen

**1.** *Darf* .... ich Sie zu einem Glas Champagner einladen? – Nein, ich habe
Probleme, ich ............ keinen Alkohol trinken. **2.** Papa, ............ ich mit
deinem Auto fahren? – Nein, Mama hat doch gesagt, du ............ hierbleiben.
**3.** Wenn die Schmerzen nicht weggehen, dann ............ ich zweimal am Tag
zwei Tabletten schlucken. **4.** Freiheit ist , wenn jeder sagen ............ , was er
denkt. **5.** Ich habe dir schon zwanzigmal gesagt, du ............ die Schuhe
ausziehen, wenn du in mein Zimmer gehst. Wenn du das nicht tust, dann
.................. du nicht mehr reinkommen.

# THEORIE

## Plural

Wir haben drei **Kinder**.
Wir haben zwei **Hunde**.
Ich habe zwei **Monate** kein Gehalt bekommen.
Es gibt noch zwei **Interessenten**.
Die Villa hat neun **Zimmer**.
Sie kennt alle **Spielkasinos**.

### Die Bildung des Plurals:

| 1. – n    – en | 2. – e    – [ä,ö,ü] – + e |
|---|---|
| die Geschichte, die Geschichten<br>die Miete, die Mieten<br><br>die Million, die Millionen<br>der Interessent, die Interessenten | das Problem, die Probleme<br>der Hund, die Hunde<br><br>der Zug, die Züge<br>die Stadt, die Städte |

| 3. – er    – [ä,ö,ü] – er | 4. (Singular auf – en und – er): – |
|---|---|
| das Kind, die Kinder<br><br>das Haus, die Häuser<br>das Glas, die Gläser<br>der Mann, die Männer | der Lehrer, die Lehrer –<br>das Zimmer, die Zimmer –<br>das Essen, die Essen –<br>der Braten, die Braten – |

### Achtung:

Ein Haus mit sieben Zimmern.
Ich wohne seit vier Monaten in
Rothenburg.

**Dativ Plural mit – n!**

### 5. (Fremdwörter): – s

das Café, die Cafés
das Auto, die Autos
das Kasino, die Kasinos
das Foto, die Fotos

## 13. Schreiben Sie Singular und Plural in Ihr Heft!

Wenn Sie es nicht wissen, dann suchen Sie in Glossar und Vokabular.

Anfang *der Anfang, die Anfänge*

Abendessen, Arm, Auge, Bauch, Bett, Diplom, Einladung, Farbe, Fuß, Garten, Grund, Heizung, Hut, Jahr, Keller, Kind, Kleinigkeit, Koch, Körper, Küche, Mantel, Minute, Nachmittag, Nase, Ordnung, Patient, Professorin, Quittung, Sache, Schatz, Schweizer, Sprechzimmer, Stimme, Taxi, Theater, Unfall, Verkäuferin, Yuppie, Ankunft, Autobahn, Braten, Fahrrad, Frau, Geschichte, Hose, Karte, Konzert, Liebling, Monat, Platz, Reh, Sorge, Stunde, Tür, Zigarette

## 14. Setzen Sie den Plural ein!

**1.** Maxi hat auch *Probleme* mit dem Vermieter (Problem). **2.** Der Vermieter hat Angst, dass Maxis ............... so laut sind (Kind). **3.** Maxi und seine Frau haben nämlich fünf ............ (Sohn). **4.** Der Vermieter kann ............ nicht leiden (Tier). **5.** Und Maxi hat gestern vier ............... gekauft (Hund). **6.** Der Vermieter kann auch ................. nicht leiden (Zigarette). **7.** Aber Maxi und seine Frau rauchen zusammen sechzig ................. am Tag (Marlboro). **8.** Außerdem hat Maxi schon drei ............ die Miete nicht bezahlt (Monat). **9.** Maxi hört gerne Rock-Musik. Er hat viele alte ............... (Platte). **10.** Maxi muss zum Psychiater gehen. Er hat zu viele ............... (Problem). **11.** Er braucht eine Villa mit acht ............ (Zimmer) für seine Frau und seine ............ (Sohn), einen Park und viele ............ (Baum) im Park für seine ............ (Hund) und vier ............... (Garage) für seine alten ............... (Auto).

**WOHNEN**

# THEORIE

## 15. Mini-Dialog

**Erfinden Sie Fragen im Perfekt, wie zum Beispiel:**

### 1.

**A**: Was hast du gestern Abend gemacht?

**B**: Ich habe vier Bier getrunken und drei Filme im Fernsehen gesehen.

### 2.

**A**: Wo bist du am 14. März 1983 gewesen?

**B**: Keine Ahnung. Wahrscheinlich habe ich gearbeitet.

**Erfinden Sie auch gute Antworten mit viel Phantasie!**

## PRAXIS

## 16. Maxi-Dialog

1. **A** spricht mit dem Makler **B**.
   **B** ist ein großer Kapitalist.

2. **A** hat eine Wohnung an **B** vermietet.
   **A** will **B** vor die Tür setzen.

## LEKTÜRE

# *SO GEHT DAS NICHT!!*

Felix ist gerade 18 Jahre geworden. Er hat sein Abitur gemacht. Er hat Probleme mit seinen Eltern. Er ist gerne mit seiner Freundin Uschi

zusammen. Aber seine Eltern können Uschi nicht leiden. Felix hört gerne Hard Rock. Aber seine Eltern können «diese moderne Musik» nicht leiden.

Wenn seine Freunde kommen, sagt seine Mutter: «Hier dürft ihr nicht rauchen!» Wenn er abends spät nach Hause kommt, sagt sein Vater: «So geht das nicht. Du musst um elf Uhr hier sein!»

Felix sagt: «So geht das nicht! Ich will nicht mehr bei euch wohnen. Ich muss eine Wohnung für Uschi und mich finden. Dann können wir machen, was wir wollen.»

Der Vater meint: «So geht das nicht! ... Wie du dir das vorstellst. Von uns bekommst du kein Geld!»

Felix sucht eine kleine, nicht teure Wohnung. Er geht zum Makler: «Was? Sie sind nicht verheiratet und haben keine Arbeit. Wenn Sie eine Wohnung wollen, dann müssen Sie Geld verdienen und heiraten. So geht das nicht!»

Felix kann nichts machen. Er findet keine Wohnung. Uschi hat ein Zimmer: «Du kannst ja zu mir kommen. Der Hausbesitzer ist in Urlaub. Er kommt in drei Wochen zurück.»

Felix fühlt sich jetzt frei. Er kann bei seiner Freundin wohnen. Spät am Abend kommt der Vermieter. Er ist sauer: «Sie können hier doch nicht wohnen. So geht das nicht!»

Was soll Felix tun? Er nimmt seine Sachen und geht um zwölf Uhr nachts nach Hause. Dort wartet sein Vater: «Ich habe doch gesagt: Du musst um elf Uhr zu Hause sein. So geht das nicht!»

## Ja oder Nein?

**1.** Felix ist mit der Schule fertig.
Ja      Nein

**2.** Sein Vater ist ein Hard-Rock-Musiker.
Ja      Nein

**3.** Seine Mutter und Uschi sind Freundinnen.
Ja      Nein

**4.** Er soll vor Mitternacht zu Hause sein.
Ja      Nein

**5.** Er hat keine Lust mehr. Er will eine Wohnung für sich.
Ja      Nein

**6.** Verheiratete finden leichter eine Wohnung.
Ja      Nein

**7.** Seine Freundin Uschi hat eine Zwei-zimmerwohnung.
Ja      Nein

**8.** Felix wohnt drei Wochen bei Uschi.
Ja      Nein

**9.** Der Vermieter setzt Felix vor die Tür.
Ja      Nein

**10.** Schließlich geht Felix in ein Hotel.
Ja      Nein

# TEST 3

## 1. Hörverständnis:
## Was fehlt? Hören und schreiben Sie!

1. Vielleicht treffen Sie den .......................................... in der Apotheke.

2. Ich rufe an, weil ich starke .............................................. habe.

3. Wissen Sie nicht, dass der Herr Doktor heute keine ..................................
.............................. macht?

4. Kann Ihr Mann am Anfang von der ..........................................
kommen?

5. Nein, keine Sorge, Sie ................................ gleich ................. .

6. Bitte jetzt tief ................................ .

7. Können Sie mir Novalhexolaryngomed Plus ................................ ?

8. Du musst mir helfen, weil ich mit dem ............................... so schlecht
gehen kann.

9. Wir müssen ................................ unsere Steuererklärung machen.

10. Und ..................... dir ......................., Egon war auch beim Arzt,
weil er einen Unfall mit dem Fahrrad hatte.

## 2. Setzen Sie das Partizip-Perfekt ein!

1. Wie ist diese Geschichte ................................ ? (ausgehen)

2. Wir haben finanzielle Probleme ................................ . (haben)

3. Ich habe zwei Monate kein Gehalt ............................... (bekommen)

4. Er hat uns die Kündigung ................................ . (geben)

5. Ich habe vier Jahre bei der Bank ................................ . (arbeiten)

6. Ich habe von einem Haus ................................ . (hören)

7. Haben Sie heute Morgen ................................ ? (anrufen)

8. Ich bin mit Georg zum Arzt ................................ . (fahren)

9. Der Arzt hat mich nicht ................................ . (krankschreiben)

10. Ich bin im Bett ................................ . (bleiben)

11. Egon hat sich das Bein ................................ . (brechen)

12. Eva hat diese Woche ihr Diplom ................................ . (machen)

## 3. Hörverständnis:
## Wie heißt die richtige Antwort?

1. ........................?
   a Ich war einkaufen.
   b Ja, natürlich, er ist Patient von Dr. Brinkmann.
   c Bei uns dürfen Sie nicht rauchen.

2. ........................?
   a Nein, ich habe kein Geld.
   b Er möchte einen Termin.
   c Ja, um Viertel nach zehn.

3. ........................?
   a Brrr, ist das kalt!
   b Nein, nur vier Zigaretten am Tag.
   c Ich brauche Zigaretten.

4. ........................?
   a Gestern warst du im Kino.
   b Es gibt keinen Arzt hier.
   c Ich war beim Arzt, ich bin nämlich erkältet.

5. ........................?
   a Ich möchte zwei Kilo Tomaten.
   b Mir geht es nicht gut.
   c O Mann, ihr seid vielleicht eine Familie!

6. ........................?
   a Mein Haus ist nicht zu verkaufen.
   b Mieten natürlich, und es darf nicht teuer sein.
   c Makler bekommen viel Geld.

7. ........................?
   a Ich arbeite nicht, ich bin Student.
   b Wir arbeiten morgens.
   c Er verkauft Zeitungen am Bahnhof.

8. ........................?
   a Nein, ich höre lieber Hard Rock.
   b Mozart kommt aus Salzburg.
   c Heute Abend gibt es kein Konzert.

## 4. Setzen Sie die Sätze ins Perfekt!

**1.** Kalli sucht eine Wohnung.

..................................................................................................

**2.** Er spricht mit einer Freundin.

..................................................................................................

**3.** Aber sie weiß nichts.

..................................................................................................

**4.** Da geht er zum Makler.

..................................................................................................

**5.** Der Makler findet eine Wohnung für ihn.

..................................................................................................

**6.** Der Makler telefoniert zweimal mit dem Vermieter.

..................................................................................................

**7.** Das dauert zehn Minuten.

..................................................................................................

**8.** Er zeigt Kalli die Wohnung.

..................................................................................................

**9.** Das dauert eine halbe Stunde.

..................................................................................................

**10.** Kalli nimmt die Wohnung.

..................................................................................................

**11.** Der Makler bekommt drei Monatsmieten.

..................................................................................................

**12.** Das sind 5100 Euro.

..................................................................................................

## 5. Wie heißt das Modalverb?

**1.** Hier ist Rauchen verboten. Hier ...... Sie nicht rauchen.

   **a** wollen
   **b** dürfen
   **c** müssen

**2.** Der Chef hat gesagt, du ...... zu ihm kommen.

   **a** sollst
   **b** will
   **c** darf

**3.** Sie gehen zum Arzt. Da ...... Sie Ihren Krankenschein mitnehmen.

   **a** wollen
   **b** müssen
   **c** könnt

**4.** Du hast zu viel Whisky getrunken. Du ...... nicht Auto fahren.

   **a** darfst
   **b** musst
   **c** kann

**5.** Eva geht es nicht gut. Du ...... sie unbedingt anrufen.

   **a** kannst
   **b** musst
   **c** sollen

**6.** Ich habe Hunger. Ich ...... etwas essen.

   **a** möchte
   **b** willst
   **c** darf

**7.** Er hat keine Zeit. Er ...... nicht zwei Stunden warten.

   **a** musst
   **b** möchtest
   **c** kann

**8.** Sie hat keine Zeit. Sie ...... um halb zwei in ihrer Firma sein.

   **a** kann
   **b** darf
   **c** muss

## 6. Welches Possessivpronomen fehlt?

1. Gehören die Hunde Kalli? – Ja, das sind ............ Hunde.

2. Ist das Haus euch? – Nein, das ist nicht ............ Haus.

3. Hast du meinen Mann gesehen? – ............ Mann? Schon lange nicht mehr.

4. Wo haben Sie mein Buch? – Keine Ahnung, ich habe ............... Buch nicht gesehen.

5. Gehört dieses Auto deinen Eltern? – Klar, das ist ............... Wagen.

6. Mein Zug fährt in dreißig Minuten. – Ich habe noch zwei Stunden Zeit. ............ Zug fährt erst um 10 Uhr.

7. Mit wem fährst du in Urlaub? – Dieses Jahr fahre ich mit ............... Freund.

8. Wann beginnt euer Fest? – ............... Fest? Soviel ich weiß, um halb neun. Da musst du mal Egon fragen.

# 7. Verbinden Sie die Sätze mit den Konjunktionen!

**1.** Herr Wehleid geht zum Arzt. Er fühlt sich nicht gut. (weil)

.................................................................

.................................................................

**2.** Wir treffen uns sofort. Ich komme mit dem Zug an. (wenn)

.................................................................

.................................................................

**3.** Ich glaube nicht. Du kannst perfekt Japanisch sprechen. (dass)

.................................................................

.................................................................

**4.** Hast du gehört? Madonna kommt nach Frankfurt. (dass)

.................................................................

.................................................................

**5.** Der Vermieter hat ihm gekündigt. Er hat die Miete ein halbes Jahr nicht bezahlt. (weil)

.................................................................

.................................................................

**6.** Ich bleibe zu Hause. Es regnet. (wenn)

.................................................................

.................................................................

**7.** Ich gehe ins Schwimmbad. Das Wetter ist schön. (wenn)

.................................................................

.................................................................

**8.** Es ist nicht richtig. Heinz hat noch nicht bezahlt. (dass)

.................................................................

.................................................................

**9.** Karl geht ins Restaurant. Er will sich mit Karoline treffen. (weil)

.................................................................

.................................................................

**10.** Er geht ins Restaurant. Er trifft sich mit ihr. (wenn)

.................................................................

.................................................................

THEMA 7

# *ALLTAG*

### *Beim Frühstück*

*Emil, du hast gestern wieder kein Brot gekauft!*

Na, dann gehe ich heute schnell zum Bäcker, wenn ich aus dem Büro komme.

*Und was sollen wir jetzt frühstücken? Kaffee ist auch keiner da!*

Was? Wie soll ich da wach werden ohne meinen Kaffee, Karoline?

*Meine Schuld ist das nicht. Du bist dran mit Einkaufen.*

Aber ich habe doch gestern keine Zeit gehabt. Es hat so lange gedauert im Büro. Das ist bis halb sieben gegangen.

*Ja, Emil, dann musst du halt in der Mittagspause einkaufen.*

Das ist mir zu viel Stress.

*Ich stehe auch jeden Tag früh auf, arbeite die*

*ganzen acht Stunden wie eine Verrückte, komme nach Hause von der Arbeit und wasche, spüle, putze, räume auf ... Da kannst du wenigstens einkaufen gehen und manchmal kochen!*

### Beim Chef

*Herr Teufel, Sie sind heute Morgen schon wieder zu spät gekommen.*

Ja, tut mir Leid, mein Auto ist nicht angesprungen. Und dann habe ich noch im Stau gestanden.

*Warum sind Sie denn nicht mit dem Bus gefahren?*

Sie wissen doch, bei uns im Dorf gibt es keine Haltestelle.

*Sie haben immer eine andere Ausrede. Heute ist es der Motor, letzte Woche hat der Wecker nicht geklingelt, und davor war Ihre Frau krank.*

Ist das so schlimm, wenn ich mal zu spät komme? Ich arbeite doch oft auch länger.

*Das ist Ihre Sache. Wichtig ist, dass in dieser Firma jeder pünktlich zur Arbeit kommt. Und*

*es geht nicht, dass Sie hier eintrudeln, wann*
*Sie Lust haben.*

Was soll ich machen?

*Wie, was sollen Sie machen?*

Na ja, ich schaff' das morgens nicht so früh.
Meine Freundin arbeitet auch, und ich mache den
ganzen Haushalt. Und so schlimm ist das auch
nicht, wenn ich mal fünf Minuten später komme.

*Nein, so geht das einfach nicht!*

Also, jetzt hören Sie mal zu, Herr Zitzelsperger!
In meinem Vertrag steht, dass ich siebenund-
dreißigeinhalb Stunden arbeiten muss!! Keine
Woche gehe ich unter vierzig Stunden raus!!!
Überstunden bezahlen Sie nicht, und jetzt ma-
chen Sie dieses Theater wegen fünf Minuten!!!!

*Das ist ja die Höhe! Wie sprechen Sie eigent-*
*lich mit mir!! Seit zwei Jahren sehe ich zu, wie Sie*
*regelmäßig zu spät kommen!!! Jetzt reicht es!!!!*
*Entweder Sie kommen um halb neun, wie alle,*
*oder ich muss auf Ihre Mitarbeit verzichten!!!!!*

### Mit der Schwester

Hallo, Sigrid, bist du's?

*Ja, Emil. Geht's dir nicht gut?*

Mmmh, hast du mal eine halbe Stunde Zeit?

*Natürlich! Wo bist du denn?*

In der Pinte ... gegenüber vom Dom.

*Gut, in einer viertel Stunde bin ich da.*

—

*Nun, Emil, was is'n los?*

Ach, so ein Scheißtag heute. Da ist wieder alles zusammengekommen.

*Wieso denn?*

Gestern habe ich nichts für das Frühstück besorgt. Heute Morgen habe ich deswegen Krach mit Karoline gehabt. Das Auto ist nicht angesprungen, dann habe ich im Stau gestanden, und mein Chef hat mir beinahe gekündigt, weil ich zu spät in die Firma gekommen bin.

*Ach, komm, nimm's nicht so ernst! Es hat jeder mal einen schlechten Tag.*

Klar, aber es kann schon sein, dass der Ernst macht und mich vor die Tür setzt. Das Geschäft läuft nicht so gut, und der ist froh, wenn er mich loswird. Der hat was gegen mich.

*Du sagst doch immer, dass du dich bei dieser Firma langweilst.*

Ja, aber wo soll ich denn im Moment einen anderen Job herkriegen?

*Und Karoline, was meint die?*

Der muss ich das alles erst noch erzählen.

### Wieder zu Hause

*Emil, hast du eingekauft?*

Oh, Schiet, das habe ich ganz vergessen. Du, bitte schimpf jetzt nicht! Ich muss sowieso mal mit dir reden.

*Mann, hast du vergessen, dass die Krämers heute Abend zum Essen kommen? Du hast doch gesagt, dass du kochst.*

Jetzt setz dich doch bitte mal zu mir! Es geht mir nicht so gut, Karoline.

*Ja, was ist denn los?*

Nnnn, der Zitzelsperger, dieser bürokratische Korinthenkacker ..., der will mich rausschmeißen. Er sagt, dass ich immer so spät komme.

*Wieso denn das? Du machst doch regelmäßig länger!*

Ich weiß nicht, wie das weitergehen soll ...

*Was machen wir denn jetzt mit diesen Krämers?*

Dann gibt es eben Spaghetti mit Tomatensoße.

*O, nein, nicht schon wieder diesen Fraß! Gehen wir lieber essen ...*

# HÖR ZU

## 1.

### A. Was ist hier los?

1. Emils Schwester hat Geburtstag.
2. Emil ist krank.
3. Emil hat heute keinen guten Tag.

## 2.

### A. Beim Frühstück: Was ist richtig?

Karoline ist sauer,

a weil Emil beim Bäcker gefrühstückt hat.

b weil Emil kein Brot gekauft hat.

c weil sie bis um halb sieben im Büro war.

### B. Beim Chef: Was sagt der Chef?

1. Ja, tut mir Leid, mein Auto ist nicht angesprungen.

2. Warum sind Sie denn nicht mit dem Bus gefahren?

3. Sie haben immer eine andere Ausrede.

4. Ist das so schlimm, wenn ich mal zu spät komme?

5. Nein, so geht das einfach nicht!

### C. Mit der Schwester: Was ist richtig?

1. Emil und Sigrid treffen sich

a in der Pinte.

b im Dom.

c in der Firma.

2. Emil hat Angst,

a dass der Chef zu spät in die Firma kommt.

b dass der Chef ihn vor die Tür setzt.

c dass das Auto nicht anspringt.

### D. Wieder zu Hause: Was ist richtig?

Emil hat vergessen,

a dass Zitzelsperger zum Essen kommt.

b dass die Krämers zum Essen kommen.

c dass Karoline Spaghetti essen will.

178 Hundertachtundsiebzig

# ALLTAG

## Beim Frühstück

gestern

....................

wieder

....................

schnell

....................

der Bäcker, –

....................

das Büro, – s

....................

frühstücken

....................

wach

....................

ohne

....................

die Schuld

....................

dran

....................

dauern

....................

die Mittagspause, – n

....................

der Stress

....................

jeder

....................

früh

....................

aufstehen

....................

der/die Verrückte, – n

....................

waschen

....................

spülen

....................

putzen

....................

aufräumen

....................

wenigstens

....................

## Beim Chef

der Chef, – s

....................

anspringen

....................

der Stau, – s

....................

stehen

....................

der Bus, Busse

....................

das Dorf, Dörfer

....................

die Haltestelle, – n

....................

die Ausrede, – n

....................

der Motor, – en

....................

der Wecker, –

....................

klingeln

....................

davor

....................

länger

....................

wichtig

....................

pünktlich

....................

eintrudeln ⟨ ⟩

.....................

schaffen

.....................

morgens

.....................

der Haushalt, – e

.....................

einfach

.....................

zuhören

.....................

der Vertrag, Verträge

.....................

unter

.....................

weniger als

.....................

rausgehen

.....................

die Überstunde, – n

.....................

Theater machen ⟨ ⟩

.....................

die Höhe, – n

.....................

zusehen

.....................

regelmäßig

.....................

reichen

.....................

alle

.....................

die Mitarbeit

.....................

verzichten

.....................

*Mit der Schwester*

die Schwester, – n

.....................

die Pinte, – n

.....................

gegenüber

.....................

der Dom, – e

.....................

los

.....................

der Scheißtag ⟨!⟩

.....................

alles kommt zusammen

.....................

besorgen

.....................

der Krach, Kräche

.....................

beinahe

.....................

ernst nehmen

.....................

klar

.....................

Ernst machen

.....................

das Geschäft, – e

.....................

das Geschäft läuft

.....................

froh

.....................

loswerden

.....................

gegen

.....................

langweilen

.....................

herkriegen

.....................

meinen

.....................

## Wieder zu Hause

Schiet ⟨!⟩

.............................

vergessen

.............................

schimpfen

.............................

reden

.............................

setzen

.............................

bürokratisch

.............................

der Korinthenkacker, –
⟨!⟩

.............................

rausschmeißen ⟨ ⟩

.............................

weitergehen

.............................

die Spaghetti (Plural)

.............................

die Tomatensoße, – n

.............................

der Fraß ⟨!⟩

.............................

### Theorie und Praxis
die Präposition, – en

.............................

bei

.............................

die Tageszeit, – en

.............................

die Zukunft

.............................

die Jahreszahl, – en

.............................

unterstreichen

.............................

die Schule, – n

.............................

die Operation, – en

.............................

die Spielsachen

.............................

der Fußgänger, –

.............................

die Beule, – n

.............................

die Kirche, – n

.............................

das Benzin

.............................

das Fest, – e

.............................

fehlen

.............................

sich kümmern um

.............................

.............................

die Tagesschau

.............................

die BRD (Bundesrepu-
blik Deutschland)

.............................

.............................

die Reise, – n

.............................

die Ferien

.............................

verliebt

.............................

das Adverb, Adverbien

.............................

die Herzattacke, – n

.............................

das Demonstrativpro-
nomen, –

.............................

das Wetter

.............................

die Konjunktion, – en

.............................

sowohl ... als auch

.............................

.............................

weder ... noch

.............................

.............................

jung

.............................

lernen

.............................

die Krankheit, – en

.............................

die Idee, – n

.............................

besuchen

.............................

heiraten

.............................

der Pelzmantel, –
mäntel

.............................

die Übung, – en

.............................

der Angestellte, – n

.............................

*Alltag*

aufwachen

.............................

sich duschen

.............................

Zähne putzen

.............................

der Zahn, Zähne

.............................

sich anziehen

.............................

Zeitung lesen

.............................

die Zeitung, – en

.............................

losfahren

.............................

zur Arbeit kommen

.............................

Kaffeepause machen

.............................

die Kaffeepause, – n

.............................

Feierabend machen

.............................

.............................

der Feierabend, – e

nach Hause fahren

.............................

.............................

Fernsehen gucken

.............................

.............................

das Fernsehen

.............................

im Garten schaffen

.............................

.............................

der Garten, Gärten

.............................

# THEORIE  Präpositionen

### Präpositionen mit Dativ

| | |
|---|---|
| **1.** Ich gehe **zum** Bäcker. **Wohin?** <br> Setz dich bitte **zu mir. Wohin?** | **wohin?** <br> → *zu* + **Dativ** |

**zu + dem = zum**     **zu + der = zur**

| | |
|---|---|
| **2.** Ich komme **nach** Hause. **Wohin?** <br> Ich fahre **nach** Frankreich. **Wohin?** <br> Ich komme **nach der** Schule. **Wann?** | **wohin? – wann?** <br> → *nach* + **Dativ** |

**nach + Stadt     nach + Land (ohne Artikel)**

| | |
|---|---|
| **3.** Er ist **beim** Chef. **Wo?** <br> **Bei** uns gibt es keine Haltestelle. **Wo?** | **wo?** <br> → *bei* + **Dativ** |

| | |
|---|---|
| **4.** Ich komme **aus dem** Büro. **Woher?** <br> Er steigt **aus der** Straßenbahn. **Woher?** | **woher?** <br> → *aus* + **Dativ** |

| | |
|---|---|
| **5.** Ich komme **von** der Arbeit. **Woher?** <br> Ich komme **vom** Arzt. **Woher?** | **woher?** <br> → *von* + **Dativ** |

| | |
|---|---|
| **6.** Die Apotheke liegt **gegenüber vom** Dom. **Wo?** <br> Die Pinte liegt **gegenüber von der** Post. **Wo?** | **Wo? →** <br> *gegenüber von* + **Dativ** |

| | |
|---|---|
| **7.** Sind Sie **mit dem** Bus gefahren? **Womit?** <br> Wie sprechen Sie **mit mir? Mit wem?** | **womit? – mit wem?** <br> → *mit* + **Dativ** |

| | |
|---|---|
| **8. Seit** zwei Jahren sehe ich zu … **Seit wann?** <br> Er kommt **seit einem** Monat nicht mehr. **Seit wann?** | **seit wann?** <br> → *seit* + **Dativ** |

**Acht Dativpräpositionen:**

**aus – bei – gegenüber von – mit – nach – seit – von – zu**

PRAXIS

## 1. Unterstreichen Sie alle Präpositionen...

... im Dialog und erklären Sie die Endung (Dativ, Akkusativ, Lokomotiv etc. )!

*beim Frühstück — Dativ*

## 2. Ergänzen Sie Endungen und/oder Artikel!

**1.** Ich fahre zu *m*. Bahnhof. **2.** Er kommt aus .........
Büro. **3.** Die Kinder laufen aus ......... Schule.
**4.** Telefonierst du mit ......... Arzt? **5.** Heute Nachmittag war ich bei ......... Ingenieur. **6.** Seit ein... Monat
habe ich ihn nicht mehr gesehen. **7.** Sie spielt mit
......... Kinder... aus ihr...... Schule. **8.** Kommst du
von ......... Bahnhof? **9.** Wir gehen morgen zu
......... Arzt. **10.** Ich war bei ......... Nachbar... .
(Plural) **11.** Jetzt haben Sie zehn Sätze mit .........
Dativ ergänzt.

## 3. Wohin? Wo? Woher?
### Denken Sie nach, und setzen Sie die fehlenden Präpositionen ein!

**1.** Ich war gerade *beim* Arzt. **2.** Frau Wiesenblau kommt ......... Arzt zurück.
**3.** Mein Mann muss auch ......... Arzt gehen. **4.** Der Film ist zu Ende. Alle Leute
kommen ......... dem Kino. **5.** Entschuldigung. Fährt der Bus ......... Bahnhof?
**6.** Ich habe Kopfschmerzen. Geh bitte ......... Apotheke. **7.** Maria hat immer
noch keine Wohnung. Heute Morgen war sie ......... Makler. **8.** Er fährt jeden
Morgen um sechs Uhr dreißig ......... Arbeit. **9.** Eduardo Sanchez kommt .........
den Kanarischen Inseln. **10.** Aysin Hamuroglo kommt ......... der Türkei.

# THEORIE

**Präpositionen mit Akkusativ**

| | |
|---|---|
| **1.** Ich habe nichts **für das** Frühstück besorgt. **Wofür?** <br> Ich habe nichts **für meinen** Mann gekauft. **Für wen?** | **wofür? – für wen?** <br> → *für* + Akkusativ |
| **2.** Wie soll ich wach werden **ohne meinen** Kaffee? **Ohne was?** <br> Ich kann **ohne dich** nicht leben. **Ohne wen?** | **ohne was? – ohne wen?** <br> → *ohne* + Akkusativ |
| **3.** Er ist **gegen meinen** Wagen gefahren. **Gegen was?** <br> Der Chef hat was **gegen mich**. **Gegen wen?** | **gegen was? – gegen wen?** <br> → *gegen* + Akkusativ |
| **4.** Kallis Hunde laufen **durch den** Garten. **Wodurch?** <br> Ich kenne ihn durch einen Freund. **Durch wen?** | **wodurch? – durch wen?** <br> → *durch* + Akkusativ |
| **5.** Er kommt **um das** Haus. **Worum?** <br> Die Kinder laufen **um den** Tisch. **Worum?** | **worum?** <br> → *um* + Akkusativ |
| **6.** Das ist **bis** halb sieben gegangen. <br> Wir bleiben **bis nächsten** Dienstag. <br> **Bis wann? – Wie lange?** | **bis wann? – wie lange?** <br> → *bis* + Akkusativ |

**Sechs Akkusativ-Präpositionen:**
bis – durch – für – ohne – gegen – um

**Fragen:** *Sache* → womit? – wovon? – wofür?
*Person* → mit wem? – von wem? – für wen?

**ACHTUNG:**

| | |
|---|---|
| Ich bin **in der** Pinte. **Wo?** <br> **In der** Firma bin ich der Chef! **Wo?** | **wo?** <br> → in + Dativ |
| Ich komme **in die** Pinte. **Wohin?** <br> Ich bin zu spät **in die** Firma gekommen. **Wohin?** | **wohin?** <br> → in + Akkusativ |
| | genauso: an, vor |

## 4. Ergänzen Sie Endungen und/oder Artikel!

**1.** Sie sind durch *den*... Park gegangen. **2.** Das Auto fährt gegen ......... Baum. **3.** Er geht ohne sein... Hut nicht auf die Straße. **4.** Parken Sie Ihr Auto bitte um ......... Ecke! **5.** Ich brauche viel Geld für ......... Operation. **6.** Er bleibt bis ein... Woche nach dem Karneval in Rio de Janeiro. **7.** Ich habe Spielsachen für ......... Kinder gekauft. **8.** Er ist ohne ein... Wort gegangen. **9.** Ich bin mit dem Kopf gegen ......... Wand gelaufen. **10.** Er ist durch ......... Schweiz gelaufen. **11.** Dieses Mal ist es nicht ohne ......... Akkusativ gegangen.

## 5. ohne – durch – gegen – für – um – bis
### Entscheiden Sie sich!

**1.** Der Bus fährt *durch* den Park. **2.** Der Fußgänger ist ......... ein Schild gelaufen und hat jetzt eine Beule am Kopf. **3.** Emils Chef hat etwas ............ ihn. **4.** Ich suche ein Geschenk ......... meine Mutter. **5.** Udo Lindenberg kommt ............ die kleine Tür ins Konzert. **6.** Die Kirche? Da müssen Sie ......... die nächste Ecke gehen. **7.** Ich brauche ein neues Kleid ......... das Konzert. **8.** Ich muss heute leider ............ Viertel vor sieben arbeiten. **9.** Das Auto fährt nicht ............ Benzin. **10.** Hansi braucht noch Champagner ......... das Fest heute Abend.

# THEORIE

### Präpositionen + Zeit

| | |
|---|---|
| **1. Um** halb neun. **Wann?** (→ um + Uhrzeit) | **Wann?** |
| **2. Am** Montag. **Wann?** (→ an + Tag)<br>**Am ersten** März. **Wann?** (→ an + Datum)<br>**Am** Vormittag. **Wann?** (→ an + Tageszeit) | **Wann?**<br>→ *an* + **Dativ** |

**an + dem = am     an + das = ans**

| | |
|---|---|
| **3. Bis** halb sieben. **Bis wann?** (→ bis + Zeitpunkt)<br>**Bis** Montag. **Wie lange?** (→ bis + Zeitpunkt) | **bis wann? –**<br>**wie lange?**<br>→ *bis* + **Akkusativ** |
| **4. In einer** viertel Stunde. **Wann?** (→ in + Zeit-<br>punkt in der Zukunft) | **wann?**<br>→ *in* + **Dativ** |
| **5. Vor einer** Viertelstunde. **Wann?** (→ vor + Zeit-<br>punkt in der Vergangenheit) | **wann?**<br>→ *vor* + **Dativ** |
| **6. Seit einer** Viertelstunde. **Seit wann?/Wie lan-**<br>**ge?** (→ seit + Zeitpunkt in der Vergangenheit)<br>bis jetzt) | **seit wann? – wie**<br>**lange?**<br>→ *seit* + **Dativ** |
| **7. Vom** ersten März **bis zum** dritten April. **Von**<br>**wann bis wann?** (→ Zeitpunkt bis Zeitpunkt) | **Von wann bis wann?**<br>→ *von* + **Dativ**<br>... *bis zu* + **Dativ** |

| | |
|---|---|
| **Achtung:** | |
| 2005 fährt Andreas nach Italien. **Wann?/ In**<br>**welchem Jahr?** | Jahreszahl immer<br>ohne Präposition. |

## 6. Wie heißt die Endung?

**1.** Ich kümmere mich vo*m*. Frühstück bis zu *m*. Abendessen um deine Kinder. **2.** Vor d...... Abendessen sehe ich die Tagesschau im Fernsehen. **3.** Sehen wir uns in d...... Mittagspause? **4.** Er kommt in ein...... viertel Stunde. **5.** Wir sind seit vier Monat...... in der BRD (Bundesrepublik Deutschland). **6.** Wir bleiben nur vo...... ersten bis zu...... fünften März. **7.** Emil ist vor ein...... halben Stunde gekommen. **8.** Heute arbeite ich bis ...... halb neun. **9.** Seit d...... Reise nach Paris habe ich Herrn Käsmaier nicht mehr gesehen. **10.** In d...... Mittagspausen können wir rauchen und Kaffee trinken.

## 7. Welche Präposition fehlt?
### Uhrzeit – Tag – Stunden?

**1.** Der Film fängt *um*... Viertel nach zehn an. **2.** Wartest du schon lange? – Nein, Ich bin ......... einer viertel Stunde hier. **3.** Die Ferien gehen ......... 29. Juni ............... 8. August. **4.** Henry O'Connor kommt ......... einer viertel Stunde. **5.** Henry O'Connor ist ......... einer viertel Stunde gekommen. **6.** Er bleibt ............... Donnerstag. **7.** ......... Abend ruft er seine Freundin an. **8.** Er ist ......... 1969 geboren. **9.** ......... zwanzig Minuten muss ich gehen. **10.** Ich habe ihn ......... zwanzig Jahren zum ersten Mal gesehen und mich gleich verliebt.

# THEORIE

## Demonstrativ-Pronomen

in **dieser** Firma
**dieses** Theater
bei **dieser** Firma
**dieser** bürokratische Korinthenkacker
mit **diesen** Krämers
**diesen** Fraß

| Singular | | | |
|---|---|---|---|
| **Nominativ** | dieser Chef | diese Chefin | dieses Theater |
| **Akkusativ** | diesen Chef | diese Chefin | dieses Theater |
| **Dativ** | diesem Chef | dieser Chefin | diesem Theater |

| Plural | |
|---|---|
| **Nominativ** | diese Männer |
| **Akkusativ** | diese Männer |
| **Dativ** | diesen Männern |

## 8. Setzen Sie die Adverbien richtig ein!

Jedes Adverb kommt zweimal vor (es kommt vor = es gibt):

**lieber, sowieso, regelmäßig, halt, wenigstens, einfach, eigentlich**

1. Ich habe dich den ganzen Tag nicht gesehen. Wo warst du *eigentlich*? 2. Ernst geht ................ ins Theater. Wenigstens zweimal im Monat. 3. Coca- Cola schmeckt mir nicht. Ich trinke ................ Pepsi-Cola. 4. Das ist kein Problem für Gaby. Sie fährt morgen ................ nach Freiburg. 5. Ich bin so spät aus dem Büro gekommen; die Geschäfte waren schon zu. Da habe ich gedacht, wir gehen ................ ins Restaurant. 6. Du hast kein Brot gekauft. Hast du ................ Kaffee mitgebracht? 7. Warum ist das nicht möglich? Das geht ................ nicht, verstanden! 8. Was? Du willst nicht auf unser Fest kommen? Komm doch ................ für eine Stunde. 9. Wie? Udo Lindenberg hat schon wieder eine Herzattacke und gibt heute Abend kein Konzert? Macht nichts, ich habe ................ keine Lust wegzugehen. 10. Wenn du keine Lust hast wegzugehen, dann bleib doch ................ zu Hause. 11. Bach oder die Rolling Stones? Sie wissen doch, dass ich ................ Klassik höre. 12. Du bist zu spät, der Bus ist gerade weggefahren. Kein Problem, dann nehme ich ................ ein Taxi. Ich habe genug Geld dabei. 13. Seit dreizehn Jahren geht er mittwochs ................ ein Bier trinken. 14. ................ ist er Ingenieur. Er arbeitet jetzt aber als Rock-Musiker.

## 9. Wie heißt die Endung von «diese»?

1. Bei dies. *em* Wetter gehe ich ins Konzert. 2. Mit dies...... Chef verstehe ich mich nicht. 3. Dies...... Frau ist sehr sympathisch. 4. Dies...... Herr gefällt mir gar nicht. 5. In dies...... Firma möchte ich nicht arbeiten. 6. Tut mit Leid, dies...... Hotel ist voll. 7. Mit dies...... Mann möchte ich auch mal Kaffee trinken. 8. Nein, nicht schon wieder dies...... Musik! 9. An dies...... Kasse bekommt man keine US-Dollars. 10. Hier dies...... Dollars sind für dich. 11. Mit dies...... Männern habe ich keine Probleme. 12. Siehst du dies...... Kirche da? Hans wohnt im Haus davor.

# THEORIE  Konjunktionen

| sowohl ... als auch ... | + + |
|---|---|

Er spricht **sowohl** Spanisch **als auch** Chinesisch. (beide Sprachen)
Ich kenne **sowohl** das Buch als **auch** den Film.

| weder ... noch ... | – – |
|---|---|

Er spricht **weder** Spanisch **noch** Chinesisch (beide Sprachen nicht)
Woody Allen ist **weder** jung **noch** schön.

| entweder ... oder ... | – +/+ – |
|---|---|

Er möchte **entweder** Spanisch **oder** Chinesisch lernen. (nur eine von beiden)
**Entweder** wir fahren nach Heidelberg, **oder** wir gehen ins Konzert.

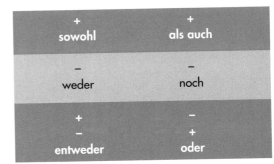

| + sowohl | + als auch |
|---|---|
| – weder | – noch |
| + – entweder | – + oder |

## 10. Sagen Sie es mit «weder ... noch ...»!

**1.** Gustav hat kein Geld und keine Zeit.

*Gustav hat weder Geld noch Zeit.*

**2.** Herr Meyer geht nicht ins Kino und nicht ins Theater. **3.** Sie ist nicht in Italien und nicht in der Schweiz gewesen. **4.** Ich spreche kein Chinesisch und kein Spanisch. **5.** Mein Chef bezahlt nicht die Ferien und nicht bei Krankheit. **6.** Rockefeller hat nicht Roulette und nicht Poker gespielt.

## 11. Sagen Sie es mit «sowohl ... als auch ...»!

**1.** Gustav hat Geld und Zeit.

*Gustav hat sowohl Geld als auch Zeit.*

**2.** Herr Meyer geht ins Kino und ins Theater. **3.** Sie ist in Italien und in der Schweiz gewesen. **4.** Ich spreche Chinesisch und Spanisch. **5.** Mein Chef bezahlt Überstunden und gute Ideen. **6.** Herr Rockefeller spielt Roulette und Poker.

## 12. Beides geht nicht: entweder – oder.
### Verbinden Sie die Sätze!

**1.** Wir möchten in die Kneipe gehen. Wir möchten meinen Vater besuchen.

*Wir gehen entweder in die Kneipe, oder wir besuchen meinen Vater.*

**2.** Eva möchte Adam heiraten. Eva möchte mit Hans leben. **3.** Rita möchte Kisuaheli lernen. Sie möchte Schwedisch lernen. **4.** Christian will nach Australien fahren. Er will nach Amerika fahren. **5.** Ich kaufe dir ein Porsche Cabriolet. Ich kaufe dir einen Pelzmantel. **6.** Du bleibst heute Nacht hier. Du fährst mit dem Taxi nach Hause.

| Mein Chef hat mir gekündigt, | weil ich zu spät | **gekommen bin.** |
| Ich habe gehört, | dass er dir | **geschrieben hat.** |
| Er hat immer geschimpft, | wenn er mich | **gesehen hat.** |

| ................................., | weil ............ | **Partizip + haben/sein.** |
| ................................., | dass ............ | **Partizip + haben/sein.** |

einkaufen !

Kaffee
Milch
Zucker
Tomaten
Zwiebeln
Öl
Thunfisch
Korinthen
Äpfel
Käse, Yoghurt

## 13. Aus zwei mach eins!

**1.** Wolfgang sagt: «Ich habe schlecht gegessen.»

*Wolfgang sagt, dass er schlecht gegessen hat.*

**2.** Du meinst: «Danny hat Brötchen gekauft.» **3.** Meine Schwester sagt: «Ich bin schon in Frankfurt gewesen.» **4.** Egon Krause meint: «Früher haben die Männer besser gelebt.» **5.** Ich sage dem Chef: «Mein Auto ist nicht angesprungen.» **6.** Der Chef sagt zu mir: «Zwei Jahre habe ich nichts gesagt, wenn Sie nicht pünktlich gekommen sind.»

## 14. Schreiben Sie Singular und Plural in Ihr Heft!

Wenn Sie es nicht genau wissen, dann schauen Sie in die Grammatik von Thema 6 und suchen Sie in Glossar und Vokabular.

**Beispiel: (im Buch) Anfang → (im Heft)** *der Anfang, die Anfänge*

Anfang, Anmeldung, Aufzug, Bad, Bein, Beruf, Briefkasten, Dusche, Espresso, Fenster, Finger, Freundin, Geschäftspartner, Hals, Hemd, Herr, Hund, Immobilie, Kabine, Käse, Kellner, Kino, Kleid, Kopf, Kopftuch, Lage, Makler, Modekatalog, Monatsmiete, Mund, Nummer, Parkhaus, Parkplatz, Platte, Preis, Rechnung, Rendezvous, Salat, Sandale, Schuh, Sohn, Sprechstunde, Stadt, Strumpf, Tag, Toilette, Treppe, Universität, Viech, Villa, Wurst, Zeit, Zwiebel.

## 15. Erklären Sie die Sätze aus Übung 11!

**1.** Es ist zum Beispiel schon neun Uhr abends. Mein Vater geht um halb zehn schlafen. Die Kneipe macht um zehn Uhr zu. Wenn wir in die Kneipe gehen, dann können wir meinen Vater nicht besuchen. Wenn wir meinen Vater besuchen, dann können wir nicht in die Kneipe gehen. **2.** Eva …

# THEORIE

## Achtung:
### Nein – Sagen

#### ein → kein

Du hast **kein** Brot gekauft.
Kaffee ist auch **keiner** da.
Ich habe **keine** Zeit gehabt.

#### → nicht

Mein Auto ist **nicht** angesprungen.
Der Wecker hat **nicht** geklingelt.
Ich schaffe das **nicht** so früh.

#### etwas → nichts

Ich habe **nichts** für das Frühstück besorgt.

#### alles → gar nichts

Entweder ich nehme alles für nur 500 Euro, oder
ich nehme **gar nichts**.

## 16. Erfinden Sie Ausreden!

1. Sie kommen zu spät ins Büro. Der Chef ist sauer.

*...Chef, es tut mir Leid. Mein Auto ist nicht angesprungen. Morgen komme ich mit dem Bus.*

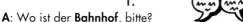

2. Sie kommen um halb drei in der Nacht nach Hause. Ihre Frau wartet. 3. Sie kommen um halb vier in der Nacht nach Hause. Ihr Mann wartet. 4. Sie sind auf eine Party eingeladen. Sie haben keine Lust. 5. Ein Freund hat ein neues Auto. Es gefällt Ihnen gar nicht, Sie wollen es ihm aber nicht sagen. 6. Sie kommen in die Schule. Sie haben die Übungen nicht gemacht. 7. Sie haben ein Rendezvous mit einem Freund im Café. Sie kommen eine Stunde zu spät. 8. Sie sind zum Essen bei Ihrem Nachbarn. Es gibt Frankfurter Würstchen und Kartoffelsalat. Sie mögen Frankfurter Würstchen nicht.

## 17. Mini-Dialog

### 1.

A: Wo ist der **Bahnhof**, bitte?

B: Kommen Sie mit. Ich gehe gerade zum **Bahnhof**.

### 2.

A: Ich möchte **Paris** kennen lernen.

B: Dann komm doch mit. Ich fahre nächste Woche nach **Paris**.

### Welches Modell: 1. oder 2.?

1. Bahnhof 2. Paris 3. Italien 4. Toilette 5. Berlin 6. Stadtpark 7. Kino 8. Ouagadougou 9. Zahnarzt 10. die Schweiz 11. Genf 12. das Sportstadion 13. die Philippinen 14. Theater 15. Polizeipräsidium 16. England 17. Heidesheim 18. Zotzenheim 19. Schule 20. Post

# PRAXIS

## 18. Maxi-Dialog

### 1.

**A** kommt sehr, sehr spät nach Hause. Er hatte Probleme mit seinem Auto.

Seine Frau **B** wartet schon seit vier Stunden. Sie glaubt das mit dem Auto nicht.

### 2.

Der Chef, Herr Kunzelmann, hat einen Angestellten: Herr Oberknack. Er kann Herrn Oberknack nicht leiden.

Herr Oberknack möchte mehr Geld. Herr Kunzelmann möchte nicht mehr zahlen.

# FREITAG
# DER DREIZEHNTE

Dagobert Flick hat Glück im Leben. Er hat viele Firmen. Er hat eine schöne Frau und zwei intelligente Kinder. Er hat eine große Villa mit Park und Ferienhäuser am Meer und in den Bergen. Dagobert Flick hat einige sehr teure Autos (Porsche, Mercedes, Jaguar ...) und viel Geld auf der Bank. Er hat auch ein Bankkonto in Zürich in der Schweiz.

Dagobert Flick hat Glück im Leben. Aber heute ist Freitag, der Dreizehnte. Der Chauffeur kommt jeden Tag um 8 Uhr 15 und fährt ihn in die Firma. Jetzt ist es schon Viertel vor neun, und der Chauffeur ist immer noch nicht gekommen. Dagobert Flick fährt selbst mit seinem Mercedes 500 SEL in die Firma. Auf dem Parkplatz fährt er gegen einen anderen Mercedes 500 SEL. Krach – Bumm

– Peng: «So ein Schiet!»

Dagobert kommt ins Büro. Da sitzt seine Chef-Sekretärin. Sie sagt: «Chef, tut mir Leid, ich bekomme ein Baby. Ich kann dann nicht mehr für Sie arbeiten.» Dann klingelt das Telefon. Die Bank möchte sofort 2 500 000 Euro haben. Woher soll Dagobert Flick so schnell das Geld nehmen? Die Geschäfte laufen im Moment nicht so gut.

Dann kommt ein Anruf von seiner Firma in München. Die Arbeiter dort wollen mehr Geld und streiken. Das heißt: Sie arbeiten nicht, weil sie mehr verdienen wollen.

Das ist zu viel. Dagobert Flick ist jeden Tag bis um 19 Uhr 30 im Büro. Heute nimmt er schon um zwei Uhr seinen Mercedes 500 SEL. Er hat keine Lust mehr und fährt nach Hause.

Vor seiner Villa steht ein Mountain-Bike. Sein Geschäftspartner Donald von Thurn und Taxis sitzt mit Dagoberts Frau Irene auf dem Sofa. Sie küssen sich. Dagobert nimmt sofort wieder seinen Mercedes 500 SEL und fährt in eine Kneipe. Er bestellt einen Whisky und noch einen Whisky und noch einen Whisky und noch einen Whisky und noch einen … .

Später am Abend fährt er nach Hause. Da hält ihn ein Polizist an: Polizeikontrolle. Dagobert denkt: «Waren das sieben, acht oder zehn Whiskys? Ohhh, heute ist doch Freitag, der Dreizehnte. So ein Schiet!!»

## Ja oder Nein?

**1.** Dagobert Flick hat eine Firma.

Ja       Nein

**2.** Seine Frau ist intelligent und seine Kinder sind schön.

Ja       Nein

**3.** Sie wohnen im Park.

Ja       Nein

**4.** Der Chauffeur arbeitet heute nicht.

Ja       Nein

**5.** Dagobert fährt im Taxi in die Firma.

Ja       Nein

**6.** Die Sekretärin kriegt ein Kind.

Ja       Nein

**7.** Alle Arbeiter streiken.

Ja       Nein

**8.** Dagobert fährt früher nach Hause.

Ja       Nein

**9.** Seine Frau fährt Mountain-Bike.

Ja       Nein

**10.** Dagobert trinkt viele Whiskys bei der Polizeikontrolle.

Ja       Nein

THEMA 8

# DIALOG

## *REISEN*

### *Der Abschied*

**Durchsage:** Achtung an Gleis 4 a und b. Es fährt ein der Intercity Rheinpfeil von Oberhausen nach Rosenheim über Frankfurt am Main, Würzburg, München. Achtung, der Zug hält Frankfurt-Flughafen.

—

*Da ist schon dein Zug, Janina. Geh schnell in den Wagen, ich reiche dir den Rucksack durch das Fenster.*

Nein, ich kann den Rucksack selbst nehmen.

*Aber Kind, der ist doch so schwer.*

Mama, lass mich doch. Den trage ich jetzt vier Wochen auf dem Rücken durch ganz Griechenland.

*Hast du auch deinen Pass und die Fahrkarte?*

Jaaaa!

*Und bitte ruf uns sofort an, wenn du da bist!*

Ich weiß nicht, ob ich daran denke, wenn ich erst mal da bin. Außerdem bin ich nicht sicher, ob es da ein Telefon gibt.

*Und vergiss nicht: Oma hat nächste Woche Geburtstag. Schreib ihr wenigstens!*

Ich hab' ihr doch schon gratuliert. Tschüss jetzt.

*Tschüss und pass auf, wenn du jemand kennen lernst.*

Was meinst du denn damit?

*Na ja, wenn dich jemand anspricht und einlädt. Sei ein bisschen vorsichtig mit fremden Männern. Vor allem in Athen. Du bist doch noch so jung, Janina!*

O Mann, ich bin doch schon 18 Jahre alt. Jetzt muss ich wirklich einsteigen. Tschüss und grüß Paps von mir!

*Mach's gut Kindchen, und viel Spaß im Urlaub.*

Und euch wünsche ich eine schöne Zeit ohne mich.

—

 **Durchsage:** Achtung am Gleis 4 a, b. Der Zug fährt in Kürze ab. Bitte zurücktreten, die Türen schließen selbsttätig.

### Im Zug zum Flughafen

*Fährst du weg?*

Nee, ich sitze gerade vor dem Fernseher.

*Du fährst bestimmt zum Flughafen. Fliegst du*

*vielleicht auch nach Griechenland?*

Nee, ich mach' 'nen Englisch-Kurs in Schottland.

*Haha, deshalb die Schwimmflossen am Rucksack.*

—

*Hast du keine Lust zu reden?*

Kommt drauf an. Jetzt möchte ich eigentlich meine Ruhe haben.

*Dann halt nicht ..., aber eine Frage hab ich noch.*

*... ?*

*Du fährst doch auch zum Flughafen?*

Was biste denn so neugierig? Haste immer noch nicht verstanden, dass ich keine Lust habe zu quatschen.

## Der Zugschaffner

*Die Fahrkarten, bitte.*

Einen Moment, bitte. Verdammt. Ich glaube, die habe ich oben im Rucksack.

*Dann suchen Sie mal.*

So ein Mist. Wo ist das Ding denn? Vielleicht hier links in der Seitentasche? Oder habe ich die blöde Karte zwischen die Kleider gesteckt?

*Nun machen 'se mal, junge Frau. Ich muss weiter.*

... Nein, tut mit Leid, ich kann meine Fahrkarte so schnell nicht finden.

*Dann müssen Sie nachlösen. Wo sind Sie zugestiegen, bis wohin möchten Sie fahren?*

Aber vorhin war die Karte doch noch da.

*Und jetzt ist sie plötzlich nicht mehr da ... . Sie können mir viel erzählen.*

Vielleicht habe ich sie in den Pass gelegt? Hier, hab ich's nicht gesagt, hier, hier in meinem Pass liegt sie.

*Da haben Sie ja noch mal Glück gehabt. Das nächste Mal merken Sie sich, wo Sie Ihren Fahrtberechtigungsschein aufbewahren. ... Ihre Fahrkarte, junger Mann ... (knips) ja, danke.*

### Am Flughafen-Schalter

Ihr Ticket, bitte. Wo möchten Sie sitzen: Nichtraucher – Raucher? Vorne in der Maschine oder lieber hinten?

*Ich hätte gerne einen Platz neben dem blonden Mädchen da drüben. Die mit den Schwimmflossen am Rucksack.*

Sooo! Da wollen wir mal sehen, was sich machen lässt ... Sie sitzt am Fenster, direkt neben dem Notausgang. Der Platz neben ihr ist noch frei: Nichtraucher, 23 B. Bitte stellen Sie Ihren Koffer auf die Waage. ... Sie haben viereinhalb Kilo Übergepäck.

*Das ist doch nicht möglich! Zu Hause waren es noch zwanzig Kilo.*

Na gut, der Flug ist sowieso nicht ausgebucht. Hier, Ihr Ticket und Ihre Bordkarte. Das Flugzeug hat leider eine Stunde Verspätung. Die Fluglotsen in Athen streiken.

*Und wohin muss ich gehen?*

Hier neben ist der Ausgang. Gehen Sie durch

die Tür und immer geradeaus. Dann kommen Sie an den Ausgang B 37. Seien Sie bitte in einer Stunde dort!

### Im Flieger

*Du hier? Was für ein Zufall!*
(Janina schaut aus dem Fenster ...)
*Fliegst du auch nach Griechenland?*
Nein, ich sitze immer noch vor dem Fernseher.
*Ha,* ha, *ha,* ha, *ha,* ha, *ha,* ha.
Ha, *ha,* ha, *ha,* ha, *ha,* ha, *ha.*
*Jetzt mal raus mit der Sprache! Wohin fährst du in Griechenland?*
Auf eine Insel.
*Welche?*
Nach Kreta, nach Paleocha.
*Nein, so ein Zufall, da will ich auch hin.*
Dann laufen wir uns also noch öfters über den Weg. Wo wohnst du denn da?
*Kennst du Paleocha? Neben dem Kafeneïon Hellas, das kleine weiße Haus mit den vielen Blumen. Ich gehe zum erstenmal in dieses Hotel. Aber ich habe gehört, es soll sehr schön sein. Hast du schon etwas zum Wohnen?*
Nein, ich habe noch nichts. Ich will erst mal gucken, ob es mir da gefällt.
*Wenn du dableibst und ich dich wiedertreffe, gebe ich dir einen aus.*
Warum nicht gleich?
*Gerne, wie heißt du denn?*
Janina, und du?

**REISEN**

# HÖR ZU

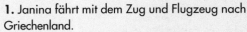

## 1.

### A. Was ist hier los?

**1.** Janina fährt mit dem Zug und Flugzeug nach Griechenland.

**2.** Janina fährt mit ihrem Freund nach Griechenland.

**3.** Janina fährt mit dem Auto nach Griechenland.

## 2.

### A. Der Abschied: Welche Wörter hören Sie? Unterstreichen Sie!

Zug, Bus, Rucksack, Adresse, Pass, Fahrkarte, Bahnhof, fremde Männer, Athen, Urlaub.

### B. Im Zug zum Flughafen: Ja oder Nein?

**1.** Ein junger Mann möchte mit Janina sprechen.
Ja ☐       Nein ☐

**2.** Er möchte die Schwimmflossen kaufen.
Ja ☐       Nein ☐

**3.** Er möchte seine Ruhe haben.
Ja ☐       Nein ☐

### C. Der Zugschaffner: Was ist richtig?

Der Zugschaffner

**a** findet die Fahrkarte nicht.

**b** sagt: «Da müssen Sie nachlösen.»

**c** hat die Fahrkarte in den Pass gelegt.

### D. Am Flughafen-Schalter: Was ist richtig?

Der junge Mann

**a** möchte neben dem blonden Mädchen sitzen.

**b** hat leider Verspätung.

**c** hat kein Übergepäck.

### E. Im Flieger: Ja oder Nein?

**1.** Janina fährt auf eine Insel in Griechenland.
Ja ☐       Nein ☐

**2.** Der junge Mann fährt nicht nach Kreta.
Ja ☐       Nein ☐

**3.** Er wohnt neben dem Kafeneïon Hellas.
Ja ☐       Nein ☐

**4.** Das Hotel soll sehr schön sein.
Ja ☐       Nein ☐

**5.** Janina hat schon ein Hotel in Paleocha.
Ja ☐       Nein ☐

# REISEN

## Der Abschied

der Abschied, – e

.............................

die Durchsage, – n

.............................

die Achtung

.............................

an

.............................

das Gleis, – e

.............................

der Intercity, – s

.............................

über

.............................

halten

.............................

der Zug, Züge

.............................

der Wagen, –

.............................

der Rucksack, – säcke

.............................

REISEN

selbst

.............................

schwer

.............................

lassen

.............................

tragen

.............................

Griechenland

.............................

die Fahrkarte, – n

.............................

daran

.............................

ob

.............................

vergessen

.............................

die Oma, – s

.............................

der Geburtstag, – e

.............................

gratulieren

.............................

aufpassen

.............................

# WÖRTER

kennen lernen

.............................

jemand

.............................

ansprechen

.............................

vorsichtig

.............................

fremd

.............................

vor allem

.............................

jung

.............................

einsteigen

.............................

grüßen

.............................

Paps = Papa, Vater

.............................

das Kindchen

.............................

mach's gut

.............................

der Spaß, Späße

.............................

in Kürze

.............................

zurücktreten

.............................

schließen

.............................

selbsttätig

.............................

## Im Zug zum Flug-hafen

wegfahren

.............................

der Fernseher, –

.............................

fliegen

.............................

der Englisch-Kurs

.............................

Schottland

.............................

die Schwimmflossen

.............................

darauf

.............................

die Ruhe

.............................

biste = bist du

.............................

neugierig

.............................

verstanden (verstehen)

.............................

quatschen

.............................

## Der Zugschaffner

der Zugschaffner, –

.............................

verdammt

.............................

oben

.............................

suchen

.............................

Mist ⟨!⟩

.............................

das Ding, – er

.............................

links

.............................

die Seitentasche, – n

.............................

blöde

.............................

zwischen

.............................

stecken

.............................

nun

.............................

Leid tun

.............................

nachlösen

.............................

zugestiegen

.............................

vorhin

.............................

gelegt

.............................

viel

.............................

liegen

.............................

Glück haben

.............................

merken

.............................

der Fahrtberechtigungs-
schein = die Fahrkarte

.............................

aufbewahren

.............................

## Am Flughafen-
schalter

der Schalter, –

.............................

das Ticket, – s

.............................

sitzen

.............................

der Nichtraucher, –

.............................

der Raucher, –

.............................

vorne

.............................

hinten

.............................

ich hätte gerne

.............................

neben

.............................

blond

.............................

das Mädchen, –

.............................

drüben

.............................

der Notausgang,
– gänge

.............................

stellen

.............................

die Waage, – n

.............................

das Kilo, – s

.............................

das Übergepäck

.............................

ausgebucht

.............................

die Bordkarte, – n

.............................

die Verspätung, – en

.............................

der Fluglotse, – n

.............................

streiken

.............................

## Im Flieger

der Flieger, –

.............................

dort

.............................

schauen

.............................

haha

.............................

die Sprache, – n

.............................

die Insel, – n

.............................

Kreta

.............................

öfters

.............................

der Weg, – e

.............................

Kafeneïon (griechi-
sches Kaffeehaus)

..............................

weiß

..............................

dableiben

..............................

wiedertreffen

..............................

einen ausgeben ⟨ ⟩

..............................

heißen

..............................


*Theorie*

hängen

..............................

direkt

..............................

indirekt

..............................

die Verneinung, – en

..............................


**Praxis**

der Herd, – e

..............................

die Wand, Wände

..............................

der Topf, Töpfe

..............................

die Flamme, – n

..............................

der Kühlschrank,
– schränke

..............................

die Lampe, – n

..............................

die Maus, Mäuse

..............................

die Katze, – n

..............................

das Sofa, – s

..............................

der Champagner, –

..............................

der Kaviar

..............................

der Teller, –

..............................


parken

..............................

das Krankenhaus,
– häuser

..............................

die Soutane, – n

..............................

verlieren

..............................

die Brille, – n

..............................

die Unterhose, – n

..............................

die Toilette, – n

..............................

die Alpen

..............................

die Palme, – n

..............................

der Mond, – e

..............................

die Bank, – n

..............................

geöffnet

..............................

regnen

..............................

der Meister, –

..............................

hungrig

..............................

die Tomate, – n

..............................

der Campingplatz,
– plätze

..............................

der Strand, Strände

..............................

das Zelt, – e

..............................

die Jugendherberge,
– n

..............................

die Pension, – en

..............................

das Reisebüro, – s

..............................

zurückgeben

..............................

# THEORIE

### Lokaladverbien

**da** ist dein Zug
**hier** ist die Fahrkarte
**(da)drüben**
**(da)neben**
**oben** ↔ **unten**
**links** ↔ **rechts**
**vorne** ↔ **hinten**

### 1. Wie heißen die Präpositionen?

1. Der Herd steht .......... *an* .......... der Wand.

2. .............. dem Herd steht ein Topf. 3.

.............. Topf ist die Suppe. 4. .............. dem

Topf ist eine Flamme. 5. .............. dem Herd steht

der Kühlschrank. 6. .................. Kühlschrank ist

das Essen. 7. .............. dem Kühlschrank hängt

die Lampe. 8.............. dem Herd sitzt eine

Maus. .............. dem Herd sitzt eine Katze.

# THEORIE

**Wechsel-präpositionen**

an
auf
hinter
in
neben
über
unter
vor
zwischen

| wohin? (Akkusativ) | wo? (Dativ) |
|---|---|
| Ich habe die Fahrkarte **in den Pass** gelegt. | Meine Fahrkarte liegt **im Pass**. |
| Habe ich sie **in die Seitentasche** gesteckt? | Sie ist **in der Seitentasche**. |
| Janina hängt die Schwimmflossen **an den Rucksack**. | Die Schwimmflossen sind **am Rucksack**. |
| Stellen Sie Ihren Koffer **auf die Waage**! | Ihr Koffer steht **auf der Waage**. |
| Ich fahre **auf eine Insel**. | Ich wohne **auf einer Insel**. |
| Kommen Sie **an den Ausgang**! | Warten Sie **am Ausgang**! |

**Achtung!**

im = in dem
ins = in das
am = an dem
ans = an das

## 2. Wie heißt es?

## 3. Dativ oder Akkusativ: Was fehlt?

**1.** Ich lege mich in .*das*. Bett. **2.** Morgen arbeite ich in ......... Firma. **3.** Ich bin ......... Haus von Freunden. **4.** Der Hund liegt unter ......... Sofa. **5.** Der Champagner liegt in ......... Kühlschrank und der Kaviar auf ......... Teller. **6.** Ich habe das Auto vor ......... Haus geparkt. **7.** In ......... Krankenhaus gefällt es mir nicht. **8.** Auf ......... Goetheplatz gibt es heute ein Konzert. **9.** In ......... Zug kann man lesen und rauchen. In ......... Auto muss man aufpassen. **10.** Wir sind in ......... Stadt gelaufen. **11.** Karin fährt im Urlaub an ......... Mittelmeer. **12.** Unter ......... Soutane trägt der Pfarrer eine Unterhose. **13.** Komm, wir gehen heute Abend in ......... Kino. **14.** Er setzt die Brille auf ......... Nase. **15.** Ach, was bist du langweilig. Jeden Abend sitzt du vor ......... Fernseher.

# THEORIE

## Verben

| mit Akkusativ – wohin? | mit Dativ – wo? |
|---|---|
| **1.** setzen | **3.** sitzen |
| stellen | stehen |
| legen | liegen |
| hängen | hängen |
| **2.** tun | **4.** sein |
| gehen | halten |
| fahren | bleiben |
| kommen | |

**1.** Sie **setzt** ihr Baby **auf den** Stuhl. **Wohin?**

**2.** Kommst du **mit ins** Kino? **Wohin?**

**3.** Der Alte **sitzt** immer **vor dem** Fernseher. **Wo?**

**4.** Ich **bin am** Ende. **Wo?**

# PRAXIS

**4. Fragen Sie Ihren Nachbarn!**

Wo ist ... ?
Wo liegt ... ?
Wo steht ... ?
Wo hängt ... ?

## 5. Welche Präposition fehlt?

**in – im – am – an – auf – neben**
Schauen Sie links auf das Foto!

**1.** Tisch und Stühle stehen ......*im*......... Zimmer.
**2.** Die Tasche hängt .................................. Stuhl.
**3.** Die Blumen stehen ........................... der Vase.
**4.** Die Flasche steht ........................... dem Tisch.
**5.** Die Lampe hängt ........................... der Decke.
**6.** Die Stühle stehen ........................... dem Tisch.
**7.** Die Vase steht ............................. dem Tisch.
**8.** Die Zeitung liegt ...........................dem Tisch.
**9.** Veronika sitzt .............................dem Tisch.

**REISEN**

# Auf & davon

Ausgewählte Abflüge bis 15. August ab Frankfurt.

| | | |
|---|---|---|
| **Mallorca, Menorca** | pro Person ab | € **139** |
| **Alicante, Malaga** | pro Person ab | € **169** |
| **Algarve** | pro Person ab | € **199** |
| **Jerez, Gerona** | pro Person ab | € **209** |
| **Korfu, Santorin** | pro Person ab | € **219** |
| **Heraklion, Chania** | pro Person ab | € **239** |
| **Athen** | pro Person ab | € **249** |
| **Antalya** | pro Person ab | € **279** |
| | pro Person ab | € **279** |

1-jährige 40 %, 12 bis 21-jährige 20 %)
ckflüge mit begrenzter Verfügbarkeit.
Steuern sind inklusive.

**E3!**
Vielflieger.

m Reisebü... ...hld
75 1(

*Ibiza / Portinatx*
Ferienanlage Oasis***, im DZ, 1 Wo. HP
pro Pers. am 09.07.02
ab Frankfurt
**329,-**
nur €
Kinderfestpreis für 1 Kinder
bis 15 Jahren, nur € **209,-**

*Rhodos / Faliraki*
Hotel Evi***, im DZ, 1 Wo. All INCL.
pro Pers. am 11.07.02
ab Frankfurt
**529,-**
nur €
Kinderfestpreis für 1 Kinder
bis 13 Jahren, nur € **259,-**

*Gran Canaria / Playa del Ingles*
Hotel Escorial***, im DZ, 1 Wo. HP
pro Pers. am 06.07.02
ab Frankfurt
**529,-**
nur €
Kinderfestpreis für 1 Kinder
bis 11 Jahren, nur € **309,-**

**Direkt von Frankfurt.
Direkt nach London.
Direkt günstig.**

**London und zurück
ab € 118***

**Nicht träumen. Hinfliegen.**

## 6. Was gehört zusammen?

1. Wir gehen heute Abend     **a** am Schreibtisch.
2. Eva stellt den Wein     **b** im Bett bleiben.
3. Du kannst dein Fahrrad     **c** immer im Supermarkt.
4. Gaby kauft ihre Kleider     **d** in den Kühlschrank.
5. Egon schläft im Büro     **e** im Zug verloren.
6. Ich kaufe die Kartoffeln     **f** ins Kino.
7. Sie hat ihr Flugticket     **g** in der Boutique.
8. Das Buch habe ich     **h** ins Bett gehen.
9. Der Doktor sagt, ich soll     **i** auf den Fernseher gelegt.
10. Jutta möchte mit Heinz     **j** in die Garage stellen.

## 7. Antworten Sie!

**1.** Hast du das Fahrrad in die Garage gestellt?

*Ja, es steht in der Garage.*

**2.** Hast du das Kind ins Bett gelegt? **3.** Hast du das Auto vor die Tür gestellt? **4.** Hast du das Geld auf den Tisch gelegt? **5.** Hast du das Kind auf den Topf gesetzt? (Topf = Babytoilette) **6.** Haben Sie mir die Zeitung auf den Schreibtisch gelegt? **7.** Haben Sie die Teller in die Küche gestellt? **8.** Hast du das Kleid in den Schrank gehängt? **9.** Hast du die Kartoffeln in den Keller gebracht? **10.** Hast du die Tassen in den Schrank gestellt? («Du hast nicht alle Tassen im Schrank» = «Du bist verrückt.»)

## 8. Fragen Sie!

**1.** Das Geld liegt im Kühlschrank.

*Hast du es in den Kühlschrank gelegt?*

**2.** Die Kinokarten liegen im Bett. **3.** Der Kaffee liegt in der Garage. **4.** Die Zahnbürste steht im Briefkasten. **5.** Das Auto steht im Aufzug. **6.** Die Pumps stehen im Salat. **7.** Die Zigarette liegt in der Weinschaumcreme. **8.** Die Kartoffel liegt im Portwein. **9.** Die Spaghetti stehen in der Toilette. **10.** Da ist ein Haar in der Suppe.

# THEORIE  Nebensatz mit «ob»

| Direkte Frage | Indirekte Frage | | |
|---|---|---|---|
| Gibt es da ein Telefon? | Ich bin nicht sicher, | **ob** es da ein Telefon | **gibt**. |
| Denke ich daran? | Ich weiß nicht, | **ob** ich daran | **denke**. |
| Kommt er heute? | Können Sie mir sagen, | **ob** er heute | **kommt**? |

**Achtung: Haben Sie verstanden, dass das Verb am Ende steht?**

**Wann steht «dass» , wann steht «ob»?**

| | |
|---|---|
| Ich weiß, dass… | Ich weiß nicht, ob … |
| Ich bin sicher, dass … | Ich bin nicht sicher, ob … |
| Ich sage dir, dass … | Ich frage mich, ob … |
| Bist du sicher, dass… ? | Können Sie mir sagen, ob … ? |
| Wissen Sie, dass … ? | Wissen Sie, ob … ? |

**dass = sicher sein, wissen** | **ob = nicht sicher sein, fragen**

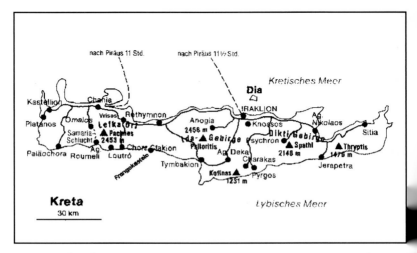

## 9. Antworten Sie: Dativ oder Akkusativ?

**1.** Wo treffen wir uns heute Abend? (Bahnhof)

*Wir treffen uns am Bahnhof.*

**2.** Wohin gehen wir heute Abend? (Konzert) **3.** Wo hast du den Film von Fellini gesehen? (Kino) **4.** Wo hast du den Mann kennen gelernt? (Diskothek) **5.** Wo hast du deine Frau kennen gelernt? (Fest) **6.** Wohin fährt Herr Maier? (Vereinigte Staaten von Amerika) **7.** Wo hat Herr Rockefeller sein Geld? (Bank) **8.** Wohin tust du dein Geld? (Konto) **9.** Wo seid ihr über die Alpen gefahren? (Brenner-Pass) **10.** Wo macht ihr Mittagsschlaf? (Palme) **11.** Wo sitzt die ganze Familie jeden Abend? (Fernseher) **12.** Wo lebt Peter? (Mond) (Er lebt hinter dem Mond = Er weiß nichts, er ist nicht modern, er hat keine Ahnung vom Leben.)

## 11. Aus zwei mach eins!

**1.** Ich frage die Frau an der Haltestelle: «Fährt heute noch ein Bus nach Offenbach?»

*Ich frage die Frau an der Haltestelle, ob heute noch ein Bus nach Offenbach fährt.*

**2.** Ich frage den Mann in der Bank: «Ist die Bank nachmittags geöffnet?» **3.** «Kommt Henry heute Abend zurück?» Ich bin mir nicht sicher. **4.** «Habe ich das Buch in den Koffer gesteckt?» Ich weiß nicht mehr. **5.** Ich bin nicht sicher: «Kenne ich den Film?» **6.** Der Professor fragt sich: «Habe ich das Buch schon gelesen?» **7.** «Ist ein Porsche oder ein Ferrari Testarossa schneller?» Ich weiß nicht. **8.** Ich frage: «Gibt es eine Apotheke hier im Ort?» **9.** «Regnet es heute noch?» Ich frage mich. **10.** Können Sie mir sagen. «Hat Bernhard Müller ein Telefon?»

# PRAXIS

## 10. dass oder ob?

**1.** Morgen ist der vierte März. Du weißt doch, *dass* Petra Geburtstag hat.

**2.** Ich frage mich, ......... das wirklich sein muss.

**3.** Können Sie mir sagen, ......... Herr Grebe das Paket schon gebracht hat?

**4.** Ich sage dir, ......... zwei und zwei vier ist und nicht fünf.

**5.** Sagst du mir noch, ......... du morgen mit ins Kino kommst?

**6.** Wissen Sie, ......... das Museum morgen geöffnet ist?

**7.** Ich bin sicher, ......... Opa Winkler über 100 Jahre alt ist.

**8.** Bist du so sicher, ...... alle Menschen gut sind?

**9.** Sie wissen doch, ...... Rauchen schlecht für die Gesundheit ist.

**10.** Kannst du mir sagen, ............ die Geschäfte jetzt noch geöffnet sind?

# THEORIE

| nur | erst |
|---|---|
| Hast du **nur** zwei Brötchen mitgebracht? Ich habe Hunger! | Er ist **erst** drei Jahre alt und kann schon Violine spielen. |
| Wir müssen **nur** heute Nachmittag arbeiten. Morgen haben wir frei. | Vor sechs Jahren hat er sein Diplom gemacht und **erst** jetzt eine Arbeit gefunden. |

| erst | schon |
|---|---|
| Es ist **erst** halb zehn. Wir haben noch eine Stunde Zeit. | Es ist **schon** zwölf Uhr. Mach schnell, der Bus fährt gleich ab. |
| Ich habe **erst** heute Zeit gehabt für einen Besuch. Wir waren die ganze Woche weg. | Ich habe dich **schon** viermal angerufen, du warst aber nie zu Hause. |

**Mallorca/Playa de Palma** Hotel Riu Concordia
✿✿✿✿ Doppelzim., Halbp., Bad, Balkon.
**1 Woche** mit Flug am 2.8. ab Hahn p. P.
(Verlängerungs-Woche pro Person € 290)

**€ 499**

**Kreta/Chersonissos** Hotel King Minos Palace
✿✿✿✿✿ DZ, Halbp., Bad, Blk. od. Terr., Kl.
**1 Woche** mit Flug am 1.8. ab Frankfurt p. P.
(Verlängerungs-Woche pro Person € 220)

**€ 549**

**Mexiko/Playa del Carmen** Sparreise Riu Komfort-Hotels
✿✿✿✿ DZ, all incl., Du., Blk. od. Terr., Kl.
**1 Woche** mit Flug am 12.8. ab Frankfurt p. P.
(Verlängerungs-Woche pro Person € 455)

**€ 1194**

**Inklusive: Versicherungsgebühr, Zug-zum-Flug
und TUI Geld-zurück-Garantie!**

## 12. nur oder erst?

**1.** Ich habe ...*nur*... einen Euro bei mir und kann den Kaffee nicht bezahlen.

**2.** Er spielt ........... seit drei Jahren Tennis und ist gerade Deutscher Meister geworden.

**3.** Was, du hast ........... ein halbes Kilo Kartoffeln gekauft? Da kann ich doch nicht für acht Leute kochen!

**4.** Der Film ist ........... für Leute, die älter als 18 Jahre sind.

**5.** Michael ist schon vierzig Jahre alt, und ........... jetzt hat er sein Diplom gemacht.

**6.** Sie können mich ........... abends anrufen. Tagsüber bin ich nicht zu Hause.

**7.** Herr Jonzurak ist schon 69 Jahre alt, und sein Sohn ist ........... sechs Monate.

**8.** Ich bin jetzt sehr hungrig. Ich habe heute ........... gefrühstückt und dann nichts mehr gegessen.

## 13. Was ist richtig, erst oder schon?

**1.** Sie können noch in Ruhe einen Kaffee trinken gehen. Der Zug fährt ..*erst*... in einer Stunde ab.

**2.** Schnell, ich muss um neun Uhr anfangen, und es ist ........... Viertel vor neun.

**3.** Er spielt immer noch mit seinen Modellautos und ist ........... 19 Jahre alt.

**4.** Er ist ........... 13 Jahre und spricht ........... vier Sprachen.

**5.** Ich muss sofort nach Hause, es ist ........... spät.

**6.** Kommt im Sommer wieder! Der Kurs fängt ........... Ende Juli an.

**7.** Tut mit Leid, der Kurs hat ........... vor sechs Wochen begonnen. Sie können nicht mehr mitmachen.

**8.** Ich habe den Artikel ........... gestern gelesen, vorher hatte ich keine Zeit.

Ü 14

# THEORIE

### Die Verneinung von schon – noch

| + | – |
|---|---|
| **schon** | **noch nicht** |
| Hast du ihn heute **schon** angerufen? | Nein, ich habe ihn **noch nicht** angerufen, ich habe **noch keine** Zeit gehabt. |
| **noch** | **nicht mehr** |
| Haben Sie gestern abend **noch** den Film gesehen? | Nein, ich habe den Film **nicht mehr** gesehen, ich bin früh ins Bett gegangen. |
| Hast du **noch** eine Zigarette für mich? | Nein, ich habe **keine** Zigarette **mehr** für dich. |

mitnehmen!

Pass, Ticket, Geld, EC-Karte, Sonnenbrille, Waschzeug
Bikini, Pullover, Hose, CD,
U-Wäsche, Tennis-Schuhe,
Reiseführer, Sonnenöl, Strümpfe
Wörterbuch, Rock, Preser, Adressen

## 14. Antworten Sie mit «Nein» oder «doch»!

1. Hast du schon den neusten James-Bond-Film gesehen?

*Nein, ich habe ihn noch nicht gesehen.*

2. Hast du heute noch nichts gegessen?

*Doch, ich habe schon etwas gegessen.*

3. Hast du noch ein anderes Buch für mich?
4. Warst du schon beim Arzt?
5. Hast du keine Zigaretten mehr?
6. Hast du Toni heute schon gesehen?
7. Hat er dir die zwanzig Euro noch nicht zurückgegeben?
8. Möchten Sie noch ein Bier?
9. Haben Sie noch etwas zu essen?
10. Warst du schon bei der Polizei?
11. Habt ihr euren alten Volkswagen noch?
12. Wohnen Sie schon in der neuen Wohnung?
13. Haben Sie keine Tomaten mehr?
14. Gehen Sie donnerstags nicht mehr ins Theater?
15. Haben Sie schon die Nase voll von dieser Übung?

   («die Nase voll haben» = genug, zu viel haben)

## 15. Schreiben Sie Singular und Plural in Ihr Heft!

Wenn Sie es nicht genau wissen, dann schauen Sie in die Grammatik von Thema 6 und suchen Sie in Glossar und Vokabular.

**Beispiel: (im Buch) Ahnung → (im Heft)** .... *die Ahnung, die Ahnungen* ...

Ahnung, Apotheke, Ausgang, Balkon, Blume, Brot, Einzelstück, Fenster, Freund, Garage, Größe, Hamster, Hotel, Jacke, Kartoffel, Kette, Kneipe, Konto, Krankenkasse, Landesregierung, Mann, Moment, Nacht, Orchester, Pfennig, Problem, Rate, Rücken, Schlafzimmer, Schwägerin, Spielkasino, Stiefel, Suppe, Termin, Überraschung, Unterschrift, Wohnung, Zentrum, Arzt, Boutique, Flughafen, Haar, Junge, Knie, Lunge, Name, Prozent, Schild, Stock, Auto, Ecke, Gehalt, Pullover, Sekretärin, Telefon, Uhr.

# THEORIE

**Pronomen:**
**«da –» und Präposition**

| | | |
|---|---|---|
| Ich denke **an dieses Buch**. | Ich denke **daran**. | |
| Was meinst du **mit diesem Satz**? | Was meinst du **damit**? | Sachen |
| Er fragt **nach dem Preis**. | Er fragt **danach**. | |

| | | |
|---|---|---|
| **Aber:** Ich denke **an Peter**. | Ich denke **an ihn**. | Personen |

**genauso:**

| | | | | |
|---|---|---|---|---|
| für | → dafür | auf | → | darauf |
| vor | → davor | in | → | darin |
| zu | → dazu | an | → | daran |
| bei | → dabei | um | → | darum |

---

Paleocha 7.8

Liebe Mama liebe Papa!
Mir geht es wunderbar hier in diesem
schönen, weißen Dorf. Der Strand ist
super, die Leute sind sehr nett –
nur das Essen ist manchmal etwas
kalt. Ich war auch schon in den
Bergen. Morgen fahre ich mit
Thomas (aus Köln!) nach Phaestos.
Übrigens, das Telefon hier funktioniert
nicht gut. Ich hoffe, dass der Brief
bald ankommt. So, ich muss jetzt
weg... Gruß & Kuss Janine
P.S. Fremde Männer in Athen
war'n für mich doch kein Problem

---

## 16. Ersetzen Sie durch ein «da –» Pronomen!

**1.** Er fragt nach der Fahrkarte. Er fragt *danach*.

**2.** Es gibt ein Buch zu diesem Film. Es gibt ein Buch .............. . **3.** Mick Jagger glaubt nicht mehr an die Liebe. Er glaubt nicht mehr .............. . **4.** Er denkt an seinen Urlaub. Er denkt .............. .

**5.** Sie reden nicht gerne über Geld. Sie reden nicht gerne ........................... **6.** Das Schnitzel schmeckt nach Schokolade. Das Schnitzel schmeckt ............ . **7.** Konrad Kratzig fühlt sich zu krank für diese Arbeit. Er fühlt sich zu krank .............. .

**8.** Pamela Pinke verzichtet gerne auf das Geld. Sie verzichtet gerne .............. . **9.** Mister O'Henry wartet auf das Frühstück. Er wartet .............. .

**10.** Ich kümmere mich nicht um dieses Problem. Ich kümmere mich nicht .............. . **11.** Kassandra kocht viel mit Pfeffer und Paprika. Sie kocht viel .............. . **12.** Niki Lauda spricht nicht über seinen Unfall. Er spricht nicht .............. .

# THEORIE

**Achtung:**

**Es geht auch kurz!**

| | |
|---|---|
| Was **biste** denn so neugierig? | biste = bist du |
| **Haste** nicht verstanden? | haste = hast du |
| **Mach's** gut! | mach's = mach es |
| Hab **ich's** nicht gesagt? | ich's = ich es |
| Ich mache **'nen** Englischkurs. | 'nen = einen |
| Nun **machen 'se** mal. | machen 'se = machen Sie |

9. August

Dieses Griechenland gefällt mir
immer mehr.
Und diese Jannis auch!
Erst habe ich sie im Zug gesehen, dann
haben wir im Flugzeug nebeneinander
gesessen, dann sind wir zusammen in
die Berge gefahren und gestern waren wir
zwei alleine in Phaestos.
Sie ist so lieb! Ich glaube, es hat mich
erwischt, ich bin verliebt.

## 17. Mini-Dialog

**A**: Wohin fährst du im Urlaub?
**B**: Ans Meer nach **Frankreich**.
**A**: Und wo wohnst du da?
**B**: **Im Hotel**

### Wohin?

in die Berge, in eine Großstadt, ans Meer, an die See, auf eine Insel, an den Rhein, an den Gardasee, an die Donau …

nach England, nach Österreich, nach Frankreich, nach Italien, in die Schweiz, in die Türkei, in den Iran, in die Niederlande, in die Vereinigten Staaten …

### Wo?

auf dem Campingplatz, im Zelt, am Strand, unter der Brücke, im Hotel, in der Jugendherberge, in einem Apartment, bei Freunden, in einer Pension, im Campingbus …

# PRAXIS

### 18. Maxi-Dialog

**A** ist ein hübsches Mädchen. Sie sitzt im Zug nach Hamburg.
**B** ist ein hübscher junger Mann. Er sitzt auch im Zug. Sie möchte ihn kennen lernen.
**C** ist der Zug (tack-tack, tack-tack, tack-tack …)

**A** möchte nach Mexiko reisen. **A** hat nicht viel Geld.
**B** arbeitet im Reisebüro und verkauft Flug-Tickets.

# ICH BLEIBE LIEBER ZU HAUSE

Ich mache mir nichts aus Ferienreisen, ich bleibe lieber zu Hause. Urlaub ist doch Stress!

Wenn du mit dem Auto fährst, dann stehste stundenlang im Stau. Es ist heiß, du kannst nicht aussteigen, die Kinder werden sauer, die

Luft ist schlecht, und deine Frau macht Krach, weil sie auf die Toilette muss. Das Cola wird warm, und im Radio quatschen die nur blöde Sachen. Also nee, ich bleibe lieber zu Hause.

Wenn du mit dem Flugzeug fliegst, dann musste stundenlang auf dem Flughafen herumsitzen, weil der Flieger Verspätung hat. Die Restaurants da sind sauteuer, da bezahlste für eine Tasse Kaffee fünf Euro. Im Flugzeug dann ist es so eng, dass du die ganze Zeit immer ruhig sitzen musst. Das Essen schmeckt wie im Krankenhaus, und wenn du endlich ankommst, dann haben sie deine Koffer in Frankfurt vergessen, und du hast die nächsten Tage nichts zum Anziehen. Also nee, ich bleibe lieber zu Hause.

Wenn du mit dem Zug fährst, dann sitzt du vielleicht fünf Stunden neben einem Punk, und der hat einen Walkman auf und hört diese blöde Musik. Und die ganze Zeit geht es: *mpf-da … mpf-de … mpf-da.* Oder nachts kommt die Mafia in den Zug und will dein Geld. Und wenn kein Punk im Zug sitzt und die Mafia Ferien macht, dann streiken bestimmt die Angestellten der Deutschen Bundesbahn. Also nee, ich bleibe lieber zu Hause.

Und wenn du dann trotzdem wegfährst und wenn du dann endlich an deinem Urlaubsort bist, dann verstehste kein Wort, weil die alle ausländisch reden. Das Hotel ist laut, die Kellner sind schlecht, das Essen schmeckt nicht, der Strand ist voll mit Touristen, das Wasser ist eine Katastrophe, und vom Frühstück will ich erst gar nicht reden.

Also nee, ich bleibe lieber zu Hause. Da ist es am schönsten.

## Ja oder Nein?

1. Ich fahre nicht gerne weg, und ich finde Urlaub nicht gut.
Ja          Nein

2. Die Reise mit dem Auto dauert lange. Es gibt so viele Autos, und man muss warten.
Ja          Nein

3. Flugzeuge haben oft Verspätung.
Ja          Nein

4. Am Flughafen kann man billig essen und trinken.
Ja          Nein

5. Im Flugzeug haben die Menschen nichts zum Anziehen.
Ja          Nein

6. Der Punk im Zug will dein Geld.
Ja          Nein

7. Die Mafia streikt in der Nacht.
Ja          Nein

8. Am Urlaubsort reden alle französisch.
Ja          Nein

9. Ich mache mir nichts aus dem Essen am Urlaubsort.
Ja          Nein

10. Ich finde es zu Hause nicht am schönsten.
Ja          Nein

**REISEN**

# TEST 4

### 1. Hörverständnis:
### Was fehlt?
### Hören Sie und setzen Sie das Wort ein!

Wenn du mit dem Flugzeug fliegst, dann musste

..................... auf dem Flughafen herumsitzen,

weil der Flieger ........................ hat. Die Re-

staurants da sind ................., da bezahlste für

eine Tasse Kaffee ................. Euro. Im Flug-

zeug dann ist es ................. ................, dass du

die ganze Zeit immer ................. sitzen musst.

Das Essen schmeckt ............... .........

........................., und wenn du endlich an-

kommst, dann haben sie deine Koffer in Frankfurt

....................., und du hast die .................

Tage nichts zum Anziehen. Also nee, ich bleibe

lieber zu Hause.

### 2. Hörverständnis:
### Wie heißt die richtige Frage? Hören Sie die
### Antworten!

1. ............... .       a  Wie heißen Sie?

                          b  Kann Sigrid sprechen?

                          c  Hallo Sigrid, bist du's?

2. ............... .       a  Fahren Sie durch die Stadt?
                          b  Wo bist du denn?
                          c  Bleibst du heute hier?

3. .............. .
  a  Warum haben Sie denn nicht eingekauft?
  b  Wissen Sie, ob die Geschäfte sonntags auf sind?
  c  Wann öffnen die Geschäfte?

4. .............. .
  a  Nun, Emil, was ist denn los?
  b  Welchen Tag haben wir heute?
  c  Wie geht es euch?

5. .............. .
  a  Hast du auch den Pass und die Fahrkarte?
  b  Kommst du mit ins Kino?
  c  Wo stehen die Koffer?

6. .............. .
  a  Hast du schon etwas zum Wohnen?
  b  Wohnt ihr in Frankfurt?
  c  Wo ist der Camping-Platz?

7. .............. .
  a  Kann ich dich zu Hause anrufen?
  b  Wohin fahrt ihr in Urlaub?
  c  Wohin habe ich die Fahrkarte gelegt?

8. .............. .
  a  Sprichst du Englisch?
  b  Kennen Sie Spanien?
  c  Fliegst du vielleicht auch nach Griechenland?

## 3. Wählen Sie die richtige Präposition!

(auf – aus – beim – im – in – mit – nach – vom – zum – zu )

1. Ich gehe schnell ........ Bäcker.

2. Wann kommt er ....... dem Büro?

3. Warum kommst du so spät ........... Hause?

4. Ich habe zwei Stunden ......... Stau gestanden.

5. ......... meinem Vertrag steht das nicht.

6. Ich bleibe heute ....... Hause.

7. Am liebsten fahre ich ......... dem Zug.

8. Fliegst du auch ........ Frankreich?

9. Janina hat die Fahrkarte ......... den Pass gelegt.

10. Bitte stellen Sie Ihren Koffer ...... die Waage!

11. Heute morgen war ich ........... Arzt.

12. Ich komme gerade ......... Bahnhof.

## 4. Was ist richtig?

**1.** Dann musst du ...... Mittagspause einkaufen.
  a in der
  b nach dem
  c in die

**2.** Bei uns ...... Dorf gibt es keine Haltestelle.
  a in
  b in den
  c im

**3.** Warum sind Sie denn nicht ...... Bus gefahren?
  a mit dem
  b mit den
  c in der

**4.** Gestern habe ich nichts ...... Frühstück besorgt.
  a für dem
  b für den
  c für das

**5.** Er ist zu spät ...... Firma gekommen.
  a in die
  b in der
  c auf der

**6.** Geh schnell ...... Wagen!
  a in das
  b hinter dem
  c in den

**7.** Sie schaut ...... Fenster.
  a aus den
  b durch der
  c aus dem

**8.** Ich sitze gerade ...... Fernseher.
  a hinter das
  b vor dem
  c hinter dem

**9.** Viel Spaß ...... Urlaub!

a nach
b für der
c im

**10.** Ich gehe zum erstenmal ...... Hotel.

a in diesem
b zu dieser
c in dieses

**11.** Gehen Sie ...... Tür!

a durch diese
b durch dieser
c auf dieser

**12.** Seien Sie bitte ...... Stunde dort!

a nach dem
b durch eine
c in einer

## 5. ob oder dass?

**1.** Ich frage dich, ......... du kommst.

**2.** Ich sage dir, ......... er kommt.

**3.** Ich möchte wissen, ......... das richtig ist.

**4.** Ich kann nicht glauben, ......... er für immer weg ist.

**5.** Ich frage mich, ......... ich nicht einfach weglaufen soll.

**6.** Sie glauben doch nicht, ......... ich etwas Falsches sage.

**7.** Er denkt wohl, ......... er der Größte und Schönste ist.

**8.** Können Sie mir sagen, ......... der Bus Verspätung hat?

**9.** Ich meine, ......... es so und nicht anders ist.

**10.** Ich will erst mal gucken, ......... es mir da gefällt.

## 6. Verbinden Sie die Sätze!

**1.** Ich habe die Tomaten neben den Tisch gelegt. Im Kühlschrank war kein Platz mehr. (weil)

.................................................................................................

.................................................................................................

**2.** Ich rufe bei Oma an. Sie hat Geburtstag. (wenn)

.................................................................................................

.................................................................................................

**3.** Ich komme zu dir. Du bist wieder da. (wenn)

.................................................................................................

.................................................................................................

**4.** Ich sage dir. Ich habe ihn gestern nicht gesehen. (dass)

.................................................................................................

.................................................................................................

**5.** Er geht nur arbeiten. Er braucht Geld zum Leben. (weil)

.................................................................................................

.................................................................................................

**6.** Schau mal nach! Habe ich den Pass in die Seitentasche gesteckt? (ob)

.................................................................................................

.................................................................................................

**7.** Hast du gehört? Emma und Konrad haben geheiratet. (dass)

.................................................................................................

.................................................................................................

**8.** Hansi kommt immer. Es gibt Whisky bei uns. (wenn)

.................................................................................................

.................................................................................................

**9.** Frage den Chef. Ist der Mercedes immer noch kaputt? (ob)

..............................................................................................

..............................................................................................

**10.** Kannst du sehen? Sitzt Hamir links oder rechts von Sheila? (ob)

..............................................................................................

..............................................................................................

**11.** Mir geht es immer wieder gut. Ich sehe dich. (wenn)

..............................................................................................

..............................................................................................

**12.** Das ist so. Die Banane ist krumm. (weil)

..............................................................................................

..............................................................................................

## 7. Was ist hier grammatikalisch falsch?

**1.** Ernst ist gestern abend drei Stunden alte Opern in der Badewanne gesungen.

**2.** Ich weiß nicht, weil er heute kommt.

**3.** Meinem Oma geht es nicht gut.

**4.** Meine Oma fährt in das Wohnzimmer Motorrad.

**5.** Sie kommt Australien.

**6.** Dann er isst eine Gulaschsuppe mit Weinschaumcreme.

**7.** Ich trinke Jägermeister, weil es gibt immer einen Grund zum Feiern.

**8.** Ich schau dir in den Augen, Kleines.

**9.** Beethoven ist tot, Einstein ist tot, und mir tutet der Bauch auch schon weh.

**10.** Alles hat eine Ende, nur die Wurst hat zwei.

# GLOSSAR

1, 2, 3, ... 8 = Nummer
des Themas
⟨ ⟩ = Umgangs-
sprache
⟨!⟩ = Vulgär-
sprache

## A

**ab** 1
from
à partir de
da
desde
من
از
itibaren
от, с

**Abend** 1
evening
soir
sera
noche
مساء
عصر ، شب
akşam
вечер

**Abendessen** 3
dinner
dîner
cena
cena
عشاء
شام
akşam yemeği
ужин

**abends** 3
in the evening
le soir
di sera
por la noche
مساءً
عصرها ، شبها
akşamları/akşamleyin
вечером

**aber** 1
but

mais
però / ma
pero
لكن
امّا
fakat
но

**abgeben** 5
to give
rendre
dare
entregar
سلّم
تحويل دادن
vermek
отдавать

**abhören** 5
to examine
examiner
auscultare
auscultar
كشف بالسمّاعة
با گوشی پزشکی معاینه کردن
dinlemek
выслушивать

**Abschied** 8
departure
les adieux
addio
despedida
وداع
خداحافظی
veda
прощание

**absolut** 4
absolute
absolu
assoluto
absoluto
إطلاقاً
مطلق ، مطلقاً
hiç
абсолютный

**acht** 1
eight
huit
otto
ocho

ثمانية
هشت
sekiz
восемь

**Achtung** 1
attention
attention
attenzione
cuidado
خذ بالك
توجه
dikkat
внимание

**Adresse** 4
address
adresse
indirizzo
dirección
عنوان
آدرس ، نشانی
adres
адрес

**Adverb** 7
adverb
adverbe
avverbio
adverbio
ظرف
قيد
zarf
наречие

**Ahnung** 5
idea
idée
idea
idea
أعرف
اطلاع
bilgi
понятие

**alle** 7
everybody
tous
tutti
todos
كلّ
همه

herkes
все

**allein** 2
alone
seul
solo
solo
وحيد
تنها
yalnız
один

**alles** 2
everything
tout
tutto
todo
كل شيء
همه چیز
hepsi
всё

**Alltag** 7
everyday
quotidien
vita quotidiana
vida cotidiana
الحياة اليومية
زندگی روزمره
normal hayat
будний день

**Alpen** 8
the Alps
les Alpes
Alpi
Alpes
جبال الألب
کوههای آلپ
Alp dağları
Альпы

**als (mehr als)** 6
than
que
più di
más que / de
من
از
-tan fazla
чем

**also** 3
so
donc
allora
entonces
إذاً
بنابراین ، پس
öyle ise
итак

**Altbau** 6
old building
immeuble ancien
edificio antico
edificio antiguo
بناء قديم
ساختان قدیمی
1919'dan evvel inşa
   edilen ev
старый дом

**ältest** 6
oldest
le plus vieux
il piu vecchio
más viejo
أكبر سنّاً
بزرگترین
en büyük
старейший

**amerikanisch** 6
American
americain
americano
americano
أمريكي
آمریکائی
amerikanca
американский

**an** 8
at
à
al
al
في
کنار ، در
-da
к, у

**anbieten** 6
to offer
offrir

offrire
ofrecer
عرض
عرضه کردن
göstermek
предлагать

**anderthalb** 2
one and a half
un et demi
uno e mezzo
uno y medio
واحد ونصف
یك ونیم
bir buçuk
полтора

**andrehen** 6 ⟨⟩
to talk one into
baratiner
appiopare
vender
خدع في البضاعة
انداختن ، قالب کردن
satmak
всучивать

**Anfang** 5
beginning
début
inizio
inicio
بداية
اول
başlangıç
начало

**Angestellter** 7
employee
employé
impiegato
empleado
موظّف
کارمند
mühstahdem
служащий

**anhalten** 5
to stop
(s')arrêter
fermare
parar
كتم

توقف كردن
ıkınmak
останавливать(ся)

**ankommen (auf)** 4
to depend
dépendre
dipendere
depender
تعلّق ب
بستگی داشتن (به)
duruma bağlı
зависеть от

**Ankunft** 1
arrival
arrivée
arrivo
llegada
وصول
ورود
varış
прибытие, приезд

**Anmeldung** 5
reception
réception
recezione
registro
قاعة الاستقبال
محلّ معرفّی وگرفتن وقت
randevu
запись, регистрация

**anprobieren** 4
to try on
essayer
provare
probar
قاس
پروکردن
prova yapmak
примерять

**anrufen** 2
to call
appeler
chiamare
llamar
اتّصل
تلفن زدن
telefon açmak
звонить

**anschauen** 6
to look at
regarder
guardare
mirar
نظر
تماشا کردن
bakmak
смотреть

**ansprechen** 8
to address
adresser la parole à qn
rivolgersi
dirigir la palabra
خاطب
سرصحبت را باز کردن
laf etmek
обращаться к

**anspringen** 7
to start
démarrer
avviarsi
arrancar
بدأ الدوران
روشن شدن (ماشین)
işlemek
приходить в движение

**Antwort** 6
answer
réponse
risposta
contestación
إجابة
جواب
cevap
ответ

**anziehen** 4
to dress
mettre
mettersi
poner
لبس
پوشیدن
giymek
одевать

**Apfelwein** 3
cider
cidre
sidro

sidra
نبيذ التفاح
شراب سيب
elma şarabı
яблочное вино, сидр

**Apotheke** 5
chemist's shop
pharmacie
farmacia
farmacia
صيدلية
داروخانه
eczane
аптека

**Appetit** 3
appetite
appétit
appetito
apetito
شهية
اشتها
iştah
аппетит

**April** 4
April
avril
aprile
abril
أبريل
ماه آوریل
nisan
апрель

**arbeiten** 1
to work
travailler
lavorare
trabajar
اشتغل ، عمل
کارکردن
çalışmak
работать

**arm** 2
poor
pauvre
povero
pobre
فقير
بیچاره

fakir
бедный, небогатый

**Arm** 5
arm
bras
braccio
brazo
ذراع
بازو
kol
рука

**Artikel** 1
article
article
articolo
artículo
أداة التعريف
حرف تعريف
harfi tarif
артикль, член

**Arzt** 5
physician
médecin
medico
médico
طبيب
دكتر
doktor
врач

**auch** 1
too
aussi
anche
también
أيضاً
هم ، همينطور
da
тоже

**aufbewahren** 8
to keep
garder
custodire
guardar
حفظ
نگهد اشتن ، گذاشتن
saklamak
хранить

**aufhören** 3
to finish
finir
finire
terminar
انتهى
به اتمام رساندن
bitmek
переставать

**aufmachen** 5
to open
ouvrir
aprire
abrir
فتح
باز كردن
açmak
открывать

**aufpassen** 8
to pay attention
faire attention
fare attenzione
tener cuidado
احترس
مواظب بودن
dikkat etmek
быть осторожным

**aufräumen** 7
to put away
ranger
mettere in ordine
ordenar
نظّم ، رتّب
مرتب كردن
tanzim etmek
убирать

**aufstehen** 7
to get up
se lever
alzarsi
levantarse
قام
ازرختخواب درآمدن
kalkmak
вставать

**aufwachen** 7
to wake up
se réveiller

svegliarsi
despertarse
استيقظ
بيدار شدن
uyanmak
просыпаться

**Aufzug** 6
lift
ascenseur
ascensore
ascensor
مصعد
آسانسور
asansör
лифт

**Auge** 5
eye
oeil
occhio
ojo
عين
چشم
göz
глаз

**August** 4
August
août
agosto
agosto
أغسطس
ماه اوت
ağustos
август

**aus** 1
out
hors de
da
de
من
از (اهل)
-dan
из

**ausatmen** 5
to breathe out
expirer
respirare
respirar
تنفّس

بيرون دادن نفس
nefes vermek
выдыхать

**Ausgang** 8
exit
sortie
uscita
salida
خروج
راه خروج
çıkış
выход

**ausgeben** 8
to pay for a drink
payer un pot
spendere
gastar
صرف
دعوت كردن به يك نوشابه
harcamak
расходовать

**ausgebucht** 8
fully booked
complet
completo
completo
محجوز
همه بليطها فروخته شده
rezerve edildi
(все билеты) проданы

**ausgehen** 6
to end
finir
uscire
salir
انتهى
بيرون رفتن
dışarı çıkmak
выходить

**ausgezeichnet** 4
excellent
excellent
straordinario
extraordinario
ممتاز
عالى
fevkalade iyi
отличный

**Ausrede** 7
subterfuge
excuse
scusa
excusa
عذر ، علّة
عذر ، بهانه
bahane
отговорка

**aussehen** 6
to look
avoir l'air de
avere l'aspetto
tener aspecto
ظهر
به نظر رسيدن
yakışmak
выглядеть

**Australien** 6
Australia
Australie
Australia
Australia
أستراليا
استراليا
Avustralya
Австралия

**außerdem** 4
besides
en outre
inoltre
además
فوق ذلك ، ثمّ
بعلاوه
ayrıca
кроме того

**außerhalb** 6
out of the city
hors de la ville
fuori
fuera
خارج
خارج از
dışında
вне

**Auto** 2
car
voiture
macchina

coche
سيّارة
ماشين
araba
машина

**Autobahn** 6
highway
autoroute
autostrada
autopista
الطريق السريعة
اتوبان
otostrat
автострада

**Automat** 4, 8
automatic teller
automate
distributore
distribuidor automático
آلة ذاتيّة
دستگاه اتومات
otomat
автомат


**B**

**Bäcker** 7
baker
boulanger
panettiere
panadero
خبّاز
نانوا
fırıncı
пекарь, булочник

**Bad** 6
bathroom
salle de bains
bagno
baño
حمّام
حمام
banyo
ванная

**Bahnhof** 1
station
gare
stazione
estación
محطّة

ایستگاه راه آهن
istasyon
вокзал

**Balkon** 6
balcony
balcon
balcone
balcón
بلکون
بالکن
balkon
балкон

**Bank** 4
bank
banque
banca
banco
بنك
بانك
banka
банк

**bar zahlen** 4
pay in cash
payer comptant
pagare in contanti
pagar en efectivo
دفع نقداً
نقد خریدن
peşin ödemek
наличными

**Bauch** 5
stomach
ventre
pancia
vientre
بطن
شکم
karın
живот

**beginnen** 2
to begin
commencer
incominciare
empezar
ابتدأ
شروع کردن
başlamak
начинать

**bei** 2
at
chez
da
con (alguien)
عند
پیش
-da
y

**beide** 4
both
les deux
tutti e due
ambos
كلا ، اثنين
هردو
ikisi
оба

**Bein** 5
leg
jambe
gamba
pierna
ساق
پا
bacak
нога

**beinahe** 7
almost
presque
quasi
casi
كاد
نزدیك ، قریب
az kalsın
почти

**Beispiel** 6
example
exemple
esempio
ejemplo
مثل
مثال
misal (olarak)
пример

**bekommen** 6
to get
recevoir
ricevere

cobrar
قبض
دریافت کردن
almak
получать

**Benzin** 7
gas
essence
benzina
gasolina
بنزین
بنزین
benzin
бензин

**Beruf** 6
profession
profession
professione
profesión
مهنة
شغل ، کار
meslek
профессия

**Bescheid geben** 6
to answer
répondre
informare
dar razón
إخبار ، إعلام
اطلاع ، خبر
haber
сообщение

**besetzt** 4
occupied
occupé
occupato
ocupado
محجوز
اشغال ، پر
boş yer yok
занятый

**besonders** 3
special
extraordinaire
speciale
especial
خاصةً
بخصوص

gayet
особенно

**besorgen** 7
to get
procurer
procurarsi
procurarse
أحضر
تهیه دیدن
satın almak
доставать

**besser** 5
better
meilleur
meglio
mejor
أحسن ، أفضل
بهتر
daha iyi
лучше

**bestellen** 3
to order
commander
ordinare
pedir
طلب
سفارش دادن
söylemek
заказывать

**bester** 6
best
le mieux
il migliore
el mejor
الأحسن أن
بهترین
en iyi
лучший

**bestimmt** 3
certainly
certainement
sicuramente
seguro
مؤكّداً
حتّاً ، قطعاً
muhakkak
наверняка

**Besuch** 5
visit

visite
visita
visita
زيارة
دیدار ، ملاقات
vizita
посещение

**besuchen** 7
to visit
rendre visite
andare a trovare
visitar
زار
دیدار ، دیدن کردن
ziyaret etmek
посещать

**Bett** 5
bed
lit
letto
cama
سرير
رختخواب
yatak
постель

**Beule** 7
boil
bosse
bernocolo
chichón
ورم
ورم
yumru/tümbek
шишка

**bezahlen** 3
to pay
payer
pagare
pagar
دفع
پرداخت کردن
ödemek
платить

**Bier** 1
beer
bière
birra
cerveza
بيرة

آبجو
bira
пиво

**Bildung** 6
formation
formation
formazione
formación
بناء
ساخت
teşkil
образование

**bis** 1
until
jusque
fino a
hasta
حتّى ، إلى
تا
kadar
до

**bisschen** 2
a bit
un peu
un po
un poco
قليلاً
کمی
biraz
немного

**bitte** 1
please
s'il vous plaît
per favore
por favor
من فضلك
لطفا
lütfen
пожалуйста

**bleiben** 1
to stay
rester
rimanere
quedarse
بقي
ماندن
kalmak
оставаться

**blöde** 8
stupid
bête
scemo
tonto
أحمق
لعنی
manasız
глупый

**blond** 8
fair
blond
biondo
rubio
أشقر
بلوند
sarışın
белокурый

**Blume** 3
flower
fleur
fiore
flor
زهرة
گل
çiçek
цветок

**Bordkarte** 8
boarding card
carte d'embarquement
carta d'imbarco
tarjeta de embarque
تذكرة
كارت ورود به هواپیا
uçak kartı
посадочный талон

**Boutique** 4
shop
boutique
boutique
boutique
محلّ
بوتيك
butik
лавка

**Braten** 3
roast meat
rôti
arrosto
asado
لحم مشوي
گوشت سرخ شده
kızartma
жаркое

**Bratwurst** 3
francfurter
saucisse
salsiccia
salchicha
بجق محمر
سوسيس سرخ شده
kızartılarak yenilen sucuk
колбаска из сырого
   фарша

**brauchen** 4
to need
avoir besoin
aver bisogno
necesitar
احتاج
احتياج داشتن
lazım
нуждаться в

**Brief** 4
letter
lettre
lettera
carta
مكتوب
نامه
mektup
письмо

**Briefkasten** 6
letterbox
boîte aux lettres
casseta postale
buzón
صندوق البريد
صندوق پست
mektup kutusu
почтовый ящик

**Brille** 8
glasses
lunettes
occhiali
gafas
نظّارات
عينك
gözlük
очки

**Brot** 3
bread
pain
pane
pan
خبز
نان
ekmek
хлеб

**Brust** 5
breast
poitrine
petto
pecho
صدر
سينه
göğüs
грудь

**Buchstabe** 4
letter
lettre
lettera
letra
حرف
حرف
harf
буква

**Büro** 7
office
bureau
ufficio
oficina
مكتب
دفتر كار
büro
бюро

**bürokratisch** 7
bureaucratic
bureaucratique
burocratico
burocrático
بيروقراطي
آدم مستبد و تشريفاتی
bürokratik
бюрократический

**Bus** 7
bus
bus
autobus
autobús
باص
اتوبوس
otobüs
автобус

**Butter** 3
butter
beurre
burro
mantequilla
زبدة
كره
tereyağı
масло

**C**

**Cabriolet** 4
cabriolet
voiture décapotable
decapottabile
descapotable
سيّارة مكشوفة
ماشين روباز
kabriyole
кабриолет

**Café** 5
coffee shop
café
bar
cafetería
قهوة
كافه
kahvehane
кафе

**Campingplatz** 8
camping ground
camping
campeggio
camping
مخيّم
محل كمپ
kamping yeri
кемпинг

**Champagner** 8
champagne

champagne
spumante
cava
شمبانيا
شامپانی
şampanya
шампанское

**Chef** 7
boss
chef
capo
jefe
مدير
رئيس (مرد)
şef
начальник

**Chefin** 4
boss (female)
la chef (feminin)
capo (donna)
jefe (mujer)
مديرة
رئيس (زن)
şef (kadın)
начальница

**chinesisch** 5
Chinese
chinois
cinese
chino
صيني
چينی
çince
китайский

**clever** 4
clever
rusé
furbo
listo
شاطر
باهوش
akıllı/kafalı
оборотливый

**D**

**da** 1
there
voilà

ecco
aquí
هناك
آنجا
yetişmek
там, здесь

**dableiben** 8
to stay
rester
rimanere
quedarse
بقی
درجائی ماندن
burda kalmak
оставаться

**Dach** 6
roof
toit
tetto
techo
سقف
سقف
dam/çatı
крыша

**dafür** 5
for it
pour cela
perciò
por esto
لتفعل ذلك
برای آن
buna rağmen
для того

**damit** 2
with that
avec cela
con questo
con esto
بهذا
با آن
bunun ile
(с) этим

**danke** 1
thanks
merci
grazie
gracias
شكراً

مرسی
teşekkür
спасибо

**danke schön** 5
thank you
merci beaucoup
mille grazie
muchas gracias
شكراً جزيلاً
خیلی ممنون
teşekkür ederim
большое спасибо

**dann** 1
then
ensuite
allora
entonces
ثم ، ذلك الحين
بعد
o zaman
потом

**daran** 8
at that
à cela
a questo
a eso
ه ، فيه
به آن
onu
в этом, на это

**das** 1
that
cela
questo
eso
ال . . . ، هذا
حرف تعريف خنثی
bu/şu
это

**das hier** 1
this here
voilà
questo qui
esto aquí
هذا هنا
این اینجا
işte bu
вот это

**dass** 5
that
que
che
que
أن ، أنّ
که
ki
что

**Datum** 4
date
date
data
fecha
تاريخ ، تواريخ
تاريخ
tarih
дата

**dauern** 7
to last
durer
durare
durar
استمرّ ، دام
طول کشیدن
sürmek
продолжаться

**davor** 7
before that
avant cela
prima
antes
قبل ذلك
قبل از آن
önce
ранее

**dazu** 3
to that
à cela
con questo
con eso
لهذا
با آن
onun yanına
для этого, к тому

**dein** 5
your
ton
tuo

tu
ك
مال تو
senin
твой

**Demonstrativpronomen** 7
demonstrative pronoun
adjectif démonstratif
pronome dimostrativo
pronombre demonstrativo
اسم الإشارة
ضمائر اشاره
işaret zamiri
указательное
    местоимение

**denken** 3
to think
penser
pensare
pensar
فکّر
فکر کردن
düşünmek
думать

**denn** 3
for
car
perché
porque
فإنّ
پس
yahu
так как

**der** 1
the
le
il
el
ال . . . ، هذا
حرف تعريف مذكر
bu/şu
(тот)

**deshalb** 6
therefore
c'est pourquoi
perció
por eso
لهذا

بدين دليل
onun için
поэтому

**deswegen** 5
therefore
c'est pourquoi
perció
por eso
لذلك
به همين جهت
onun için
поэтому

**deutsch** 1
German
allemand
tedesco
alemán
ألماني
آلمانى
alman
немецкий

**Dezember** 4
December
décembre
dicembre
diciembre
ديسمبر
ماه دسامبر
aralık
декабрь

**Dialog** 1
dialogue
dialogue
dialogo
diálogo
حوار
گفتگو
diyalog
диалог

**dich** 2
you
te / toi
ti
te
ك
ترا
seni
тебя

**Diele**
lobby
vestibule
corridoio
corredor
معبر
هال
koridor
коридор

**Dienstag** 4
Tuesday
mardi
martedí
martes
يوم الثلاثاء
سه شنبه
salı
вторник

**diese** 2
this
ce / cette
questo
este
هؤلاء
اينها
bunlar
этот

**Ding** 8
thing
chose
cosa
cosa
شيّ
چيز
şey
вещь

**Diplom** 5
diploma
diplôme
diploma
diploma
دبلوم
ليسانس
diploma
диплом

**dir** 2
(to) you
à toi

ti
te
لك
براى تو
sana
тебе

**direkt** 4
directly
directement
diretto
directo
مباشرةً
مستقيم
direkt
прямой

**doch** 2
after all
donc
si
sí
من المحقّق
حرف تاكيد
da
ведь

**Doktor** 5
doctor
docteur
dottore
doctor
طبيب
دكتر
doktor
доктор

**Dom** 7
cathedral
cathédrale
duomo
catedral
كنيسة أسقفية
كليساى بزرگ
katedral
собор

**Donnerstag** 4
thursday
jeudi
giovedí
jueves
يوم الخميس

پنجشنبه
perşembe
четверг

**Dorf** 7
village
village
paese
pueblo
قرية
ده ، روستا
köy
деревня

**dort** 8
there
là-bas
di là
ahí
هناك
آنجا
orda
там

**dran** 7
s.o.'s turn
à qn.
a questo
a eso
دوره
نوبت
(senin) nöbet(in)
в этом, на это

**drankommen** 5
to be s.o.'s turn
être à qn de...
toccare aqc.
tocarle a uno
جاء دوره
نوبت رسیدن به
sırası gelmek
подошла чья-н. очередь

**drauf** 8
on that
là-dessus
a questo
a eso
(تعلّق) به
روى آن
üstünde
на это

**drei** 1
three
trois
tre
tres
ثلاثة
سه
üç
три

**drin** 3
in that
dedans
dentro
dentro
فيه
در این
içinde
внутри

**drüben** 8
on the other side
de l'autre coté
di là
allá
في الجانب الآخر
در آنطرف
karşıdaki
на той стороне

**du** 2
you
tu
tu
tú
أنت
تو
sen
ты

**düdeldüdeldüt** 2
doodeldeldoodoodoooot
dudeldududuuut
dideldadeldit
dudeldudeldut
توت توت توت
صدای زنگ تلفن
telefon sesi
дудельдудельдут

**durch** 1
through
à travers
per

a través
(مرّ)ب
از طرق ، بوسیله
içinden
через

**Durchsage** 8
announcement
avertissement
annuncio
anuncio
إعلان
اطّلاعیه ازطریق بلندگو
bildirme
сообщение

**dürfen** 6
to be allowed
avoir le droit
potere
poder
يجوز له
بایستن (اینجا)
yapabilmek
мочь

**Dusche** 6
shower
douche
doccia
ducha
دوش
دوش
duş
душ

**duschen** 7
to take a shower
prendre une douche
fare la doccia
duchar
أخذ دوشاً
دوش گرفتن
duş almak
принимать душ

**E**

**eben** 6
just
justement
purtroppo

precisamente
هكذا ...وإلّا
حرف تأكيد
tıpkı
поэтому

**echt** 3
true
vrai
autentico
auténtico
حقيقي
اصل ، واقعي
hakiki
настоящий

**egal** 2
the same
égal
uguale
igual
لا يهمّني
بى تفاوت
fark etmez
всё равно

**eigentlich** 4
actually
à vrai dire
in fondo
en el fondo
في الحقيقة
در واقع
aslında
в сущности

**ein** 1
a
un
uno
uno
واحد
يك
bir
один

**einatmen** 5
to inhale
aspirer
respirare
respirar
تنفّس
نفس عميق كشيدن

nefes almak
вдыхать

**einfach** 7
simple
simple
semplice
sencillo
بسيط
مطلقا
sade
простой

**Einfamilienhaus** 6
one family house
villa
villino unifamiliare
chalet
بيت لأسرة واحدة
خانه شخصى تك ساز
bir ailelik ev
дом для одной семьи

**einige** 6
some
quelques-uns
alcuni
algunos
بعض
چند تائى
biraz/birkaç
некоторые

**einkaufen** 4
to go shopping
faire des achats
fare la spesa
ir de compras
اشترى
خريد كردن
satın almak/alış verişe
    gitmek
делать покупки

**einladen** 2
to invite
inviter
invitare
invitar
دعا
دعوت كردن
davet etmek
приглашать

**Einladung** 3
invitation
invitation
invito
invitación
دعوة
دعوت
davetiye
приглашение

**einmal** 4
once
une fois
una volta
una vez
مرّة
يكبار
bir defa
один раз

**einsetzen** 4
to complete
compléter
riempire
rellenar
أدرج
گذاشتن
doldurmak
вставлять

**einsteigen** 8
to get in
monter
salire
subirse
ركب
سوار شدن
binmek
входить

**eintrudeln** 7 〈〉
to arrive slowly
arriver lentement
arrivare
llegar
وصل هويناً
سرفرصت آمدن
yavaş gelmek
притаскиваться

**Einzelstück** 4
one piece
seul exemplaire
pezzo unico

pieza única
قطعة واحدة
يكدانه
yegane bir elbise
единичная вещь

**Eis**
icecream
glace
gelato
helado
دندورمة
بستنی
dondurma
мороженое

**elegant** 4
elegant
élégant
elegante
elegante
لطيف
موقر وخوش دوخت
şık
элегантный

**Eltern** 4
parents
parents
genitori
padres
الوالدان
والدين
anababa
родители

**empfehlen** 3
to recommend
recommander
raccommandare
recomendar
نصح
توصیه کردن
tavsiye etmek
рекомендовать

**Ende** 5
end
fin
fine
fin
نهاية
پايان ، آخر

son
конец

**Endung** 5
termination
terminaison
desinenza
desinencia
نهاية
انتها
ek
окончание

**eng** 4
tight
serré
stretto
estrecho
ضيّق
تنگ
dar
узкий

**entschuldigen** 3
to excuse
excuser
scusare
excusar
سمح ، اعتذر
معذرت خواستن
bağışlamak
извинять(ся)

**Entschuldigung** 2
excuse
excuse
scusa
perdón
اعتذار
عذر
af edersiniz/mazeret
извинение

**entweder ... oder** 4
either ... or
soit ... soit
o ... o ...
o ... o ...
إمّا .. أو
يا (اين) ... يا (آن)
ya ... ya
или ... или

**entzückend** 4
charming

ravissant
incantevole
encantador
لطيف
خيلى قشنگ
fevkalade güzel
восхитительный

**er** 2
he
il
lui
él
هو
او (مذكر)
o
он

**erfinden** 6
to invent
trouver
inventare
inventar
اختلق ، ابتدع
ساختن ، اختراع کردن
kurmak
изобретать

**ergänzen** 5
to complete
compléter
completare
completar
أكمل
تكميل کردن
tamamlamak
дополнять

**erinnern** 6
to remind
rappeler
ricordarsi
recordar
تذكر
به خاطر آوردن
hatırlamak
помнить

**erkältet** 5
having a cold
enrhumé
raffreddato
resfriado

مرشّح
سرما خورده
üşütmek
простуженный

**ernst machen** 7
to be serious
être serieux
fare sul serio
hacer en serio
نقّذ
جامه عمل پوشاندن
ciddi yapmak
серьёзно относиться

**ernst nehmen** 7
to take seriously
prendre au serieux
prendere sul serio
tomar en serio
أقام وزناً ل
جدی گرفتن
ciddiye almak
принимать всерьёз

**erster** 1
first
le premier
primo
primero
أوّل ، أولى
اول ، اولين
birinci
первый

**erzählen** 6
to tell
raconter
raccontare
contar
حكى
تعريف كردن
anlatmak
рассказывать

**es** 2
it
il
lo
ello
هو
آن (خنثى)

onu
оно

**es gibt** 1
there is
il y a
c'è
hay
هناك
وجود دارد
var
есть

**Espresso** 1
espresso
expresso
espresso
café solo
قهوة أكسبرس
يك نوع قهوه
koyu kahve
быстро приготовляемый
    крепкий кофе

**essen** 1
to eat
manger
mangiare
comer
أكل
خوردن
yemek
есть, кушать

**Essen** 2
meal
repas
pranzo
comida
أكل
غذا
yemek
пища

**etwa** 4
about
à peu pres
press'a poco
aproximadamente
تقريباً
حدوداً ، تقريبا
takriben
приблизительно

**etwas** 1
something
un peu
qualcosa
algo
شيء
چيزى
biraz
что-то, что-нибудь

**euch** 4
you
vous
vi
os
كم
براى شماها ، شماها را
sizi/size
вас

**euer** 5
your
votre
vostro
vuestro
كم
مال شماها
sizin
ваш

**F**

**fahren** 1
to drive
aller en voiture
andare
ir
مرّ
حركت كردن
gitmek
ехать

**Fahrkarte** 8
ticket
ticket
biglietto
billete
تذكرة
بليط
bilet
билет

**Fahrrad** 5
bicycle
bicyclette
bicicleta
bicicleta
درّاجة
دوچرخه
bisiklet
велосипед

**Fahrtberechtigungs-**
**schein** 8
ticket
billet
biglietto
billete
تذكرة
بليط اتوبوس يا قطار
bilet
билет

**Fall** 5
case
cas
caso
caso
حال
مورد ، وجه
(hiç bir) süret(le)
падеж

**Familie** 6
family
famille
famiglia
familia
أسرة
خانواده
aile
семья

**Fantasie** 6
fantasy
fantaisie
fantasia
imaginación
خيال
فانتزى ، قوّهٔ تخيل
fantasma
фантазия

**Farbe** 4
color

couleur
collore
color
لون
رنگ
renk
цвет

**Februar** 4
February
février
febraio
febrero
فبراير
ماه فوريه
şubat
февраль

**fehlen** 7
to be lacking
manquer
mancare
faltar
نقص ، عدم
كم وكسر بودن
eksik olmak
недоставать

**Feierabend** 7
end of the day (work)
fin du travail
riposo serale
fin del trabajo
انتهاء الدوام
ساعت تعطيل (ادارات)
işten sonra
конец рабочего дня

**Fenster** 4
window
fenêtre
finestra
ventana
شباك
پنجره (ویترین)
pencere
окно

**Ferien** 7
holidays
vacances
vacanze
vacaciones

عطلة
تعطيلات
tatil
каникулы

**Fernsehen** 7
television
télévision
televisione
televisión
شاهد التليفزيون
تلویزیون (برنامه)
televizyon seyretme
телевидение

**Fernseher** 8
television set
téléviseur
televisore
televisor
جهاز تليفزيون
دستگاه تلویزیون
televizyon
телевизор

**fertig** 3
ready
prêt
pronto
terminado
أعدّ
حاضر
bitti
готовый

**Fest** 7
festival
fête
festa
fiesta
حفلة
جشن ، مهمانى
eylence
праздник

**Fieber** 4
fever
fièvre
febbre
fiebre
حمى
تب
ateş
температура

**finanziell** 6
financial
financier
finanziario
económicamente
مالي
مالى
mali/finansal
финансовый

**finden** 3
to find
trouver
trovare
encontrar
وجد
پیدا کردن
bulmak
находить

**Finger** 5
finger
doigt
dito
dedo
إصبع
انگشت (دست)
parmak
палец

**Firma** 1
firm
entreprise
ditta
empresa
شركة
شرکت
şirket
фирма

**Flamme** 8
flame
flamme
fiamma
llama
شعلة
شعله
alev
пламя

**fliegen** 8
to fly
voler
volare

volar
سافر بالطائرة
پرواز کردن
uçak ile gitmek
лететь

**Flieger** 8
airplane
avion
aereo
avión
طائرة
هواپیا
uçak
самолёт

**Flughafen** 1
airport
aéroport
aeroporto
aeropuerto
مطار
فرودگاه
hava limanı
аэродром

**Fluglotse** 8
controler
aiguilleur du ciel
controllore di volo
controlador aéreo
مراقب الطيران
مامور کنترل پرواز
uçak kılavuzu
авиационный лоцман

**Flur** 6
lobby
vestibule
corridoio
corredor
ممرّ ، معبر
راهرو
koridor/antre
коридор

**Frage** 2
question
question
domanda
pregunta
سؤال
سؤال

soru
вопрос

**fragen** 1
to ask
demander
domandare
preguntar
سأل
پرسیدن ، سؤال کردن
sormak
спрашивать

**fragen nach** 4
to ask for
demander qc.
domandare a
preguntar por
سأل عن
پرسیدن راجع به
bir şeyi sormak
спрашивать о
ком-н./чём-н.

**Fragewort** 2
question word
pronom interrogatif
pronome interrogativo
partícula interrogativa
أداة الاستفهام
ضمائر سؤالی
soru kelimesi
вопросительное слово

**Fraß** 7 ⟨!⟩
food
bouffe
cibo cattivo
comida
طعام رديء
غذای خیلی بد
zıkkım
жратва

**Frau** 1
woman
femme
donna
mujer
زوجة
خانم
hanım
женщина

**frei** 6
free
libre
libero
libre
عريان
لخت
açmak
свободный

**Freiheit** 6
freedom
liberté
libertà
libertad
حرّية
آزادی
serbestlik
свобода

**freimachen, sich** 5
to undress
se deshabiller
spoglirasi
desnudarse
خلع ثيابه
لخت شدن
soyunmak
раздеваться

**Freitag** 4
Friday
vendredi
venerdí
viernes
يوم الجمعة
جمعه
cuma
пятница

**fremd** 8
foreign
étranger
estraneo
extraño
غريب
غريبه
yabancı
чужой, иностранный

**Fremdwort** 6
foreign word
mot étranger
parola straniera

palabra extranjera
كلمة دخيلة
كلمة قرضى
yabancı sözlük
иностранное слово

**Freund** 3
friend
ami
amico
amigo
صديق
دوست (پسر)
arkadaş
друг

**Freundin** 5
girlfriend
amie
amica
amiga
صديقة
دوست (دختر)
kız arkadaş
подруга

**freut mich** 1
delighted
enchanté
piacere
mucho gusto
تشرّفنا
خوشوقتم
memnun oldum
очень рад

**froh** 7
happy
heureux
allegro
alegre
فرح
خوشحال
neşeli
весёлый

**früh** 7
early
tôt
presto
temprano
باكرأ
زود

erken
рано

**früher** 4
earlier
plus tôt
prima
antes
أيام زمان
قديها
önce
раньше

**Frühstück** 1
breakfast
petit déjeuner
prima colazione
desayuno
فطور
صبحانه
kahvaltı
завтрак

**frühstücken** 7
to have breakfast
prendre le petit déjeuner
fare prima colazione
desayunar
أفطر
صبحانه خوردن
kahvaltı etmek
завтракать

**fühlen, sich** 5
to feel
se sentir
sentirsi
sentirse
شعر ، أحسّ
احساس كردن
kendini hissetmek
чувствовать

**fünf** 1
five
cinq
cinque
cinco
خمسة
پنج
beş
пять

**für** 1
for
pour
per
para
ل
برای
için
для

**Fuß** 5
foot
pied
piede
pie
قدم
پا
ayak
нога, стопа

**Fußgänger** 7
pedestrian
piéton
pedone
peatón
مارّ
عابرپیاده
yayan giden
пешеход


**G**

**ganz** 3
entirely
entièrement
molto
muy
جدّاً
كامل
tam
совсем

**gar** 3
at all
du tout
propio
en absoluto
لا شيء
حتّى ، اصلًا
hiç
вовсе

**gar nichts** 4
nothing at all
rien du tout
proprio niente
nada en absoluto
لا شيء
اطلاً ، هيچ چيز
hiç bir şey
абсолютно ничего

**Garage** 6
garage
garage
garage
cochera
جراج
گاراژ
garaj
гараж

**Garten** 6
garden
jardin
giardino
jardín
بستان
باغ
bahçe
сад

**geben** 1
to give
donner
dare
dar
أعطى
دادن
vermek
давать

**geboren** 4
born
né
nato
nacido
مولود
متولد
doğmak
рождённый

**gebrochen** 5
broken
cassé
rotto
roto

مكسور
شكسته
kırıldı
ломаный

**Geburtstag** 8
birthday
anniversaire
compleanno
cumpleaños
عيد ميلاد
تاريخ تولد
doğum günü
день рождения

**gefallen** 4
to like something
plaire
piacere
gustar
أعجب
مورد پسند بودن
beyenmek
нравиться

**gegen** 7
about, against
vers, contre
contro
contra
ضدّ
عليه
karşı
против

**gegenüber** 7
opposite
en face de
di fronte
enfrente
لقاء
مقابل
karşısında
напротив

**Gegenwart** 4
present
présent
presente
presente
المضارع
زمان حاضر ، حاضر
şimdiki zaman
настоящее время

**Gehalt** 6
salary
salaire
stipendio
salario
مرتَّب
حقوق
aylık
зарплата

**gehen** 1
to go
aller
andare
ir
ذهب ، مشى
رفتن
gitmek
идти

**Geld** 4
money
argent
soldi
dinero
نقود
پول
para
деньги

**gemütlich** 3
comfortable
à l'aise
confortevole
confortable
مريح
دنج
rahat/zevkli
уютный

**genauso** 1
exactly the same
pareil
uguale
igual
بالمثل
درست همينطور
aynı bunun gibi
таким образом

**genug** 3
enough
assez
bastante
bastante
كاف
كافي ، بس
yeter
довольно

**geöffnet** 8
opened
ouvert
aperto
abierto
مفتوح
باز
açık
открытый

**gerade** 5
now
en ce moment
adesso
ahora
الساعة
درحال حاضر
şu an
прямой, ровно

**geradeaus** 8
straight ahead
tout droit
sempre diritto
todo derecho
على طول
مستقيم
doğru
прямо

**geregelt** 2
arranged
réglé
arrangiato
arreglado
تمام
ترتيب داده شده
ayarlandı
в порядке

**gern** 3
with pleasure
volontiers
volontieri
con gusto
بكل سرور
با كمال ميل

seve seve/memnuniyetle
охотно

**Geschäft** 7
shop
magasin
negozio
tienda
محلّ ، دكّان
مغازه
iş/işler
магазин

**Geschäftspartner** 2
business partner
partenaire d'affaire
socio d'affari
socio de negocio
شريك
همكار ادارى
iş arkadaşı
партнёр

**Geschenk** 4
gift
présent
regalo
regalo
هدية
هديه
hediye
подарок

**Geschichte** 6
history
histoire
storia
historia
حدث ، شيء
تاريخ ، قصه
olay/mesele
история

**geschnitten** 4
made
coupé
tagliato
cortado
مفصّل
برش داده شده
modeli iyi
резаный

**gestern** 4
yesterday

hier
ieri
ayer
أمس
دیروز
dün
вчера

**Gesundheit** 5
health
santé
salute
salud
صِحّة
سلامتی
sıhat
здоровье

**getrennt** 3
separately
séparément
separato
separado
كلّ واحد على حسابه
جدا
ayrı ayrı
раздельный

**Gips** 5
plaster
plâtre
gesso
yeso
جبس
گچ
alçı
гипс

**glauben** 2
to believe
croire
credere
creer
ظنّ
فكر كردن
inanmak
верить

**gleich** 4
at once
tout de suite
uguale
igual
بعد قليل

همزمان
hemen
равный

**Gleis** 8
rail
voie
binario
andén
رصیف
سکوی راه آهن
tren yolu
путь

**Glück** 8
happiness
bonheur
fortuna
suerte
حظّ
بخت ، شانس
iyi şanslar
счастье

**Gott sei Dank** 5
thank God
Dieu merci
grazie a Dio
gracias a Dios
الحمد لله
خدا را شكر
Allaha şükür
слава богу

**gratulieren** 8
to congratulate
féliciter
fare gli auguri
felicitar
هنّأ
تبریک گفتن
tebrik etmek
поздравлять

**Griechenland** 8
Greece
Grèce
Grecia
Grecia
اليونان
یونان
Yunanistan
Греция

**Grippe** 5
influenza
grippe
influenza
gripe
أنفلونزا
گریپ
grip
грипп

**groß** 2
big
grand
grande
grande
كبير
خیلی ، زیاد
büyük
большой

**Größe** 4
size
taille
taglia
talla
قياس
اندازه ، سایز
beden
размер

**Grund** 6
reason
raison
motivo
razón
سبب
دلیل
sebep
причина

**grün** 4
green
vert
verdi
verde
أخضر
سبز
yeşil
зелёный

**grüßen** 8
to greet
saluer
salutare
saludar

سلّم
سلام کردن
selam vermek
приветствовать

**gucken** 4
to look
regarder
guardare
mirar
نظر
نگاه کردن
bakmak
смотреть

**Gulaschsuppe** 3
gulasch
soupe de goulasch
spezzatino
sopa de estofado
شربة بلحم البقر
سوپ گوشت
gulaş çorbası
гуляш

**Guten Tag** 1
hello
Bonjour
buon giorno
buenos días
السلام عليكم
روز بخير
iyi günler/merhaba
добрый день

## H

**Ha, ha** 8
ha, ha
ha, ha
ha, ha
ja, ja
ها ها
ها ، ها
kah kah
xa, xa

**Haar** 5
hair
cheveu
capello
pelo
شعر
مو

saç
волосы

**haben** 1
to have
avoir
avere
tener
عنده
داشتن
benim/bende var
иметь

**halb** 2
half
demi
mezzo
medio
نصف
نیم ، نصف
yarım
пол(у)-

**hallo** 2
hello
allô
ciao
hola
آلو
سلام
alo
привет

**Hals** 5
neck
cou
gola
garganta
رقبة ، حلق
گردن
boğaz
горло

**Halsschmerzen** 5
sore throat
mal à la gorge
mal di gola
dolor de garganta
آلام الحلق
گلودرد
boğaz ağrısı
боль в горле

**halt** 4
simply

simplement
semplicemente
sencillamente
يعني
حرف تاکید
işte
уж, просто

**halten** 8
to stop
(s')arrêter
fermare
parar
توقّف
توقف کردن
durmak/stop etmek
останавливаться

**Haltestelle** 7
stop
arrêt
fermata
parada
موقف ، محطّة
ایستگاه اتوبوس
durak
остановка

**Hamburger** 3
hamburger
hamburger
hamburger
hamburguesa
شطيرة
هامبورگر
hambürger/sandoviç
фрикадель

**Hamster** 6
hamster
hamster
criceto
turón
يربوع
موش خرما
hamster/cırlak sıçan
хомяк

**Hand** 5
hand
main
mano
mano
يد

دست
el
рука

**Hard Rock** 6
Hard-Rock
Hard-Rock
Hard-Rock
Hard-Rock
موسيق الروك
موزيك خيلى بلند
Hard Rock
гард рок

**Haus** 6
house
maison
casa
casa
بيت
خانه
ev
дом

**Hausarzt** 5
family doctor
médecin de famille
medico di casa
médico de cabecera
طبيب العائلة
طبيب خانواد گى
aile doktoru
домашний врач

**Hausbesitzer** 6
house owner
propriétaire
padrone di casa
dueño del piso
صاحب البيت
صاحبخانه
ev sahibi
домовладелец

**Hausbesuch** 5
visit
visite
visita a casa
visita a domicilio
زيارة خاصّة فى البيت
عيادت دكتر در جانه
ev gezmesi
домашний визит

**Haushalt** 7
household
ménage
governo della casa
la casa
تدبير منزلي
خانه دارى
ev işi
домашнее хозяйство

**Haustier** 6
animal
animal
animale domestico
animal doméstico
حيوانات أليفة
حيوانات خانگى
ehli hayvan
домашнее животное

**Haustür** 6
front door
porte d'entrée
porta di casa
puerta de la casa
باب خارجي
در خانه
ev kapısı
входная дверь

**heiraten** 7
to marry
se marier
sposarsi
casarse
تزوّج
ازدواج كردن
evlenmek
пожениться

**heiser** 5
hoarse
rauque
rauco
ronco
مبحوح
كسيكه صدايش گرفته
boğuk
хриплый

**heiß** 5
hot
chaud
caldo

caliente
حارّ ، ساخن
داغ
sıcak
жаркий, горячий

**heißen** 8
to be named
s'appeler
chiamarsi
llamarse
اسمه
ناميده شدن
ismi olmak
называться

**Heizung** 6
heating
chauffage
riscaldamento
calefacción
مدفأة
شوفاز
kalorifer
отопление

**helfen** 5
to help
aider
aiutare
ayudar
ساعد
كك كردن
yardım etmek
помогать

**Hemd** 4
shirt
chemise
camicia
camisa
قميص
پيراهن مردانه
gömlek
рубашка

**herausgeben** 3
to give change
rendre
dare il resto
devolver (dinero)
أعطى الباقي
پس دادن

paranın üstünü geri vermek
давать сдачи

**Herd** 8
fireplace
cuisinière
cucina
cocina
موقد
اجاق ، فر
fırın
плита

**hereinkommen** 3
to enter
entrer
entrare
entrar
دخل
داخل شدن
girmek
входить

**herkriegen** 7 ⟨⟩
to find
trouver
procurarsi
conseguir
أحضر
پیدا کردن
bulmak
добывать

**Herr** 1
mister
monsieur
signore
señor
سیّد
آقا
Bey
господин

**herumlaufen** 5
to run around
circuler
andare in giro
dar vueltas
تجوّل
اینطرف وآنطرف رفتن
dolaşmak
расхаживать

**herunterhandeln** 4
to bargain

marchander
tirare sul prezzo
regatear
نزّل
چانه زدن
pazarlamak
торговаться (вниз)

**heruntersetzen** 4
to reduce
faire une réduction
ribassare il prezzo
bajar el precio
خفض
پائین آوردن قیمت
ucuzlatmak
снижать

**Herzattacke** 7
heart attack
crise cardiaque
attacco di cuore
ataque cardíaco
نوبة قلبية
حمله قلبی
kalp krizi
сердечный приступ

**heute** 1
today
aujourd'hui
oggi
hoy
الیوم
امروز
bugün
сегодня

**hier** 1
here
ici
qui
aquí
هنا
اینجا
burda
здесь

**hin** 5
there
là
là, ci
allá
إليه .

به آنطرف
oraya
туда

**hinlegen** 6 ⟨⟩
to pay
payer
pagare
poner en la mesa
دفع
پرداختن
(bir yere) koymak
класть

**hinten** 8
behind
arrière
dietro
detrás
في المؤخّرة
ته ، عقب
arkada
позади

**Hochzeit** 4
wedding
noce
nozze
boda
زواج
عروسی
düğün
свадьба

**Hochzeitstag** 4
wedding day
jour de la noce
giorno delle nozze
aniversario de boda
يوم العرس
سالروز ازدواج
evlenme günü
день свадьбы

**Höhe** 7 ⟨⟩
the utmost
le comble
colmo
colmo
هذا هو آخر
بلندی ، ارتفاع
yükseklik
вышина

**holen** 3
to get
chercher
cercare
ir a buscar
أحضر
رفتن وآوردن
almak
приносить

**Honig** 5
honey
miel
miele
miel
عسل
عسل
bal
мёд

**hören** 2
to hear
entendre
ascoltare
escuchar, oír
سمع
شنیدن
dinlemek
слушать

**Hose** 4
pants
pantalons
pantaloni
pantalón
بنطلون ، سروال
شلوار
pantolon
брюки

**Hotel** 1
hotel
hôtel
hotel
hotel
فندق
هتل
otel
гостиница

**Hund** 6
dog
chien
cane
perro
كلب
سگ
köpek
собака

**Hunger** 2
hunger
faim
fame
hambre
جوع
گرسنگی
açlık
голод

**hungrig** 8
hungry
qui a faim
affamato
hambriento
جوعان
گرسنه
aç
голодный

**Hut** 4
hat
chapeau
cappello
sombrero
قبّعة
كلاه
şapka
шляпа

**I**

**ich** 1
I, me
je / moi
io
yo
أنا
من
ben
я

**Idee** 7
idea
idée
idea
idea
فكرة

ایده ، نظر
fikir/ide
идея

**ihn** 4
him
le
lo
le / lo
ه
اورا (مذكر)
onu
ero

**ihnen** 4
them
les
loro / gli
a ellos
هم
با ، به ، برای آنها
onlara
им, Вам

**ihr** 2
you
vous
voi
vosotros
ها
شماها
siz
вы

**Ihr** 1
your
votre
suo (di Lei)
su (de usted)
ك
مال شما
sizin
Ваш

**ihr** 4
her / their
lui / son / leur
le / suo (di lei) / loro
le (a ella) / su (de
   ella/ellos)
ها ، هم
با ، به او (مؤنث) ؛ مال آنها
ona/onun/sizin
ей, её, свой, их

**im** 1
in the
au/à la
in
en
في ال...
در (آن)
-da
в

**immer** 1
always
toujours
sempre
siempre
دائماً
هميشه
hep/daima
всегда

**Immobilie** 6
real estate
immeuble
immobili
inmueble
عقارات
بنكاه معاملات ملكی
gayri menkullar
недвижимое имущество

**in** 1
in
à
in
en
في
در
-da
в

**in Ordnung** 2
o.k.
en ordre
in ordine
en orden
سلام(في)
روبراه
tamam
в порядке

**indirekt** 8
indirect
indirect
indiretto

indirecto
غيرمباشر
غير مستقيم
endirek
косвенный

**Ingenieur** 1
engineer
ingénieur
ingegnere
ingeniero
مهندس
مهندس
mühendis
инженер

**Insel** 8
island
île
isola
isla
جزيرة
جزيره
ada
остров

**insgesamt** 5
altogether
en tout
tutto insieme
en todo
جميعاً
جمعا
hepsi
всего

**intelligent** 4
intelligent
intelligent
intelligente
inteligente
ذكي
باهوش
zeki
разумный

**Intercity** 8
name of a train
nom d'un train
treno rapido
tren rápido
قطار سريع
قطار سريع السير

ekspres treni
скорый поезд

**interessant** 3
interesting
intéressant
interessante
interesante
مهم
جالب
enteresan
интересный

**Interesse** 3
interest
intérêt
interesse
interés
اهتمام
علاقه ، نفع
ilgi/merak
интерес

**Interessent** 6
interested
intéressé
interessato
interesado
الراغب في
متقاضی ، علاقند
alakalı/ilgili
интересующийся

**inzwischen** 6
meanwhile
entretemps
nel frattempo
entretanto
أثناء ذلك
درين بين
bu arada
между тем

**ist** 1
is
est
è
es
كان
است
-dir
(есть)

**Italien** 4
Italy

Italie
Italia (I)
Italia
إيطاليا
ايتاليا
İtalya
Италия


**J**

**ja** 1
yes
oui
sì
sí
نعم
بله
evet
да

**Jacke** 4
jacket
veste
giacca
chaqueta
جاكتة
كت
ceket
куртка

**Jahr** 3
year
an
anno
año
سنة
سال
yıl
год

**Jahreszahl** 7
the year
an
data
fecha
تاريخ السنة
سال به عدد
yıl rakamı
год

**Januar** 4
January
janvier

gennaio
enero
يناير
ماه ژانويه
ocak
январь

**Jeans** 4
jeans
jeans
jeans
vaqueros
بنطلون جينس
جين
kot pantolon
жинсы

**jeder** 7
everybody
chacun
ogni
cada
كل واحد
هر كس
herkes/her biri
каждый

**jemand** 8
somebody
quelqu'un
qualcuno
alguien
أحد
كسى
bir kişi
кто-то

**jetzt** 1
now
maintenant
adesso
ahora
الآن
حالا
şimdi
сейчас

**Job** 2
job
poste
lavoretto
trabajo
عمل

شغل ، كار
iş
работа

**Jugendherberge** 8
youth hostel
auberge de jeunesse
ostello di gioventú
albergue juvenil
بيت الشباب
مسافر خانه برى جوانان
gençlik yurdu
туристская база для
молодёжи

**Juli** 4
July
juillet
lulio
julio
يوليو
ماه جولاى
temmuz
юль

**jung** 7
young
jeune
giovane
joven
صغير
جوان
genç
молодой

**Junge** 6
boy
garcon
giovane
joven
ولد
پسر
oğlan
мальчик

**Juni** 4
June
juin
giunio
junio
يونيو
ماه جون
haziran
юнь

## K

**Kabine** 4
try-on room
vestiaire
cabina
cabina
غرفة حفظ الملابس
اطاق پرو
kabin
кабина

**Kaffee** 1
coffee
café
caffè
café
قهوة
قهوه
kahve
кофе

**Kaffeepause** 7
break
récréation
pausa per prendere caffè
pausa para tomar café
استراحة قصيرة
ساعت تنفس
kahve istirahatı
краткий перерыв

**Kakao** 3
cocoa
cacao
cioccolato
chocolate en taza
كاكاو
كاكائو
kakao
какао

**kalt** 2
cold
froid
freddo
frío
بارد
سرد
soğuk
холодный

**Kapitalist** 6
capitalist

capitaliste
capitalista
capitalista
رأسمالي
سرمایه دار
kapitalist
капиталист

**kaputt** 5
broken
cassé
rotto
roto
خربان
خراب
bozuk/kırık
разбитый

**Karte** 1
ticket
billet
carta
carta
بطاقة
بلیط ، کارت
kart
карта

**Kartoffel** 3
potato
pomme de terre
patata
patata
بطاطا
سیب زمینی
patates
картофель

**Karussell** 4
merry-go-round
manège
carosello
tío vivo
دوّارة
چرخ و فلك
atlıkarınca
карусель

**Käse** 3
cheese
fromage
formaggio
queso

جبنة
پنیر
penir
сыр

**Kasse** 3
cashbox
caisse
cassa
caja
كيس
صندوق
kasa/vezne
касса

**Katastrophe** 2
catastrophie
catastrophe
cattastrofe
catástrofe
كارثة
فاجعه
katastrof
катастрофа

**Katze** 8
cat
chat
gato
gato
قطّ ، قطّة
گربه
kedi
кошка

**kaufen** 4
to buy
acheter
comprare
comprar
اشترى
خریدن
satın almak
покупать

**Kaution** 6
bail
caution
cauzione
fianza
تأمين
ودیعه

depozito
залог

**Kaviar** 8
caviar
caviar
caviale
caviar
كافيار
خاويار
havyar
икра

**kein** 1
nobody
personne
nessun
ningún
لا
هيچ
yok/değil
никакой

**Keller** 6
basement
cave
cantina
sótano
قبو
زيرزمين
bodrum
подвал

**Kellner** 3
waiter
garcon
cameriere
camarero
جرسون
گارسن
garson
официант

**kennen** 1
to know
connaître
conoscere
conocer
عرف
شناختن
tanımak
знать

**kennen lernen** 8
to get to know
faire la connaissance
fare conoscenza
hacer conocimiento
تعرّف
آشنا شدن
tanışmak
знакомиться

**Kette** 4
chain
chaîne
catena
cadena
مجموعة
زنجيره اى (بوتيك)
sıra/dizi
цепь

**Kilo** 8
kilo
kilo
chilo
kilo
كيلو
كيلو
kilo
килограмм

**Kind** 6
child
enfant
bambino
niño
طفل
بچه
çocuk
ребёнок

**Kindchen** 8
little child
petit enfant
bambinello
niñito
طفل صغير
بچه جون
kuzum
ребёночек

**Kinderzimmer** 6
child's room
chambre d'enfant
stanza dei bambini

cuarto de los niños
غرفة الأطفال
اطاق بچه
çocuk odası
детская

**Kino** 3
movie
cinéma
cinema
cine
سينما
سينما
sinema
кино

**Kirche** 7
church
église
chiesa
iglesia
كنيسة
كليسا
kilise
церковь

**klar** 7
clear
clair
ciaro
claro
من الواضح أنّ
درسته ، معلومه
tabii
ясный

**Kleid** 4
dress
robe
vestito
vestido
فستان
لباس
elbise
одежда

**klein** 2
little
petit
piccolo
pequeño
صغير
كوچك

küçük
маленький

**Kleingeld** 3
change
monnaie
spiccioli
monedas de cambio
عملة صغيرة
پول خرد
bozuk para
мелочь

**Kleinigkeit** 3
a little bit
peu de chose
bagatella
pequeñez
جزئيات
چيزجزئي
çerez
мелочь

**Klingel** 6
bell
sonnette
campanello
timbre
جرس
زنگ (در)
zil
звонок

**klingeln** 7
to ring
sonner
suonare il campanello
tocar el timbre
رنّ
زنگ زدن
zili çalmak
звонить

**Klo** 6
toilet
WC
gabinetto
WC
مرحاض
توالت ، دستشوئی
hela
туалет

**Kneipe** 2
pub
bistro
bar
bar
خمّارة ، حانة
بار
meyhane
кабак

**Knie** 5
knee
genou
ginocchio
rodilla
ركبة
زانو
diz
колено

**Koch** 3
cook
cuisinier
cuoco
cocinero
طبّاخ
آشپز
aşçı
повар

**kochen** 3
to cook
faire la cuisine
cucinare
cocinar
طبخ
پختن
pişirmek
варить, готовить

**Köchin** 2
cook (female)
cuisinière
cuoca
cocinera
طبّاخة
آشپززن
aşçı (kadın)
повариха

**Koffer** 5
suit case
valise
valigia

maleta
شنطة
چمدان
bavul/valiz
чемодан

**Kohl** 3
cabbage
chou
cavolo
col
كرنب
كلم
lahana
капуста

**kommen** 1
to come
venir
venire
venir
جاء ، أتى
آمدن
gelmek
приходить

**Konjunktion** 7
conjunction
conjonction
congiunzione
conjunción
أداة الوصل
حرف ربط
rabıta/bağlaç
союз

**können** 5
to be able
pouvoir
potere
poder
استطاع
توانستن
(gid)-ebilmek
мочь, уметь

**Konsum** 4
consumption
consommation
consumo
consumo
استهلاك
مصرف

istihlak
потребление

**Konto** 6
account
compte
conto
cuenta
حساب
حساب جارى
hesap
счёт

**Konzert** 1
concert
concert
concerto
concierto
حفل
كنسرت
konser
концерт

**Kopf** 5
head
tête
testa
cabeza
رأس
سر
baş
голова

**Kopftuch** 4
headgear
foulard
fazzoletto da testa
pañuelo para la cabeza
منديل الرأس
روسرى
başörtü
головной платок

**Korinthenkacker** 7 〈!〉
pedant
pointilleux
pignolo
pedante
متحذلق
آدم تنگ نظر (فحش)
titiz
педант

**Körper** 5
body
corps
corpo
cuerpo
جسم
بدن
beden/vücut
тело

**Körperteile** 5
part of the body
partie du corps
parti del corpo
partes del cuerpo
أعضاء الجسم
اعضاى بدن
vücudun hayatı kısımları
части тела

**köstlich** 3
tasteful
savoureux
delizioso
delicioso
لذيذ
خيلى خوشمزه
nefis
вкусный

**Krach** 7
dispute
conflit
rumore
ruido
شجار ، خناق
سرو صدا ، دعوا
kavga
шум

**krank** 1
ill
malade
malatto
enfermo
مريض
مريض
hasta
больной

**Krankenhaus** 8
hospital
hôpital
ospedale

hospital
مستشفى
بيمارستان
hastane
больница

**Krankenkasse** 5
health insurance
caisse-maladie
cassa mutua
seguro de enfermedad
تأمين المرض
بيمهٔ پزشكى
hastalığa karşı sigorta
больничная касса

**Krankenschein** 5
form
feuille de maladie
buono per una cura medica
volante
ورقة تأمين المرض
ورقهٔ بيمه
hastalık sigortası şirketinin
tasdiki
удостоверение больнич-
ной кассы

**Krankheit** 7
illness
maladie
malattia
enfermedad
مرض
بيمارى
hastalık
болезнь

**Krankmeldung** 5
doctor's note
certificat de maladie
dinuncia di malattia
denuncia de enfermedad
إعلام بالمرض
گزارش مريضى
kendisini hasta diye bildirme
заявка на временную
нетрудоспособность

**krankschreiben** 5
to prove illness
porter malade
dichiarare malatto
dar de alta

أخذ إذن مرضي
گواهی دکتر
rapor vermek
удостоверить временную
  нетрудоспособность

**Krawatte** 3
necktie
cravate
cravatta
corbata
رباط عنق
كراوات
kravat
галстук

**Kreditkarte** 4
credit card
carte de crédit
tessera di credito
tarjeta de crédito
بطاقة إئتمان
كارت اعتبار
kredi kartı
кредитная карточка

**Kreta** 8
Crete
Crète
Kreta
Kreta
كريت
جزيرة كرت (يونان)
Girit adası
Крит

**kriegen** 3
to get
recevoir
ricevere
obtener
حصل على
به دست آوردن
acalmak/acıkmak
получать

**Küche** 3
kitchen
cuisine
cucina
cocina
مطبخ
آشپزخانه

mutfak
кухня

**Kugelschreiber** 4
pen
stylo
biro
bolígrafo
قلم
خودكار
tükenmez kalem
самописка

**Kühlschrank** 8
refrigerator
frigo
frigorifero
nevera
ثلاّجة ، برّادة
يخچال
buz dolabı
холодильник

**kümmern um** 7
to care for
s'occuper de
occuparsi
ocuparse de
إهتم ب
رسیدگی كردن
ilgilenmek
заботиться о

**kündigen** 6
to give notice
résilier
licenziare
despedir, echar
أنهى عقد الإيجار
عذر كسی راخواستن
feshini ihbar etmek
увольнять(ся)

**Kündigung** 6
notice
congé
disdetta
despedida
إنذار
فسخ قرارداد
feshi
увольнение

**Kurs** 8
class
cours
corso
curso
درس ، دورة
كلاس
istikamet
курс

**kurz** 6
short
bref
corto
corto
بسرعة
كوتاه
kısa
короткий, краткий

**Kürze (in)** 8
(in) short
brièveté
fra poco
dentro de poco
(بعد)قليل
(به) زودی
az vakit sonra
вкратце


L

**Lage** 6
situation
situation
situazione
situación
موقع
محلّ ، جا
yer
положение

**Landesregierung** 6
state governement
gouvernement du pays
governo regionale
gobierno regional
حكومة إقليمية
دولت استان
eyalet hükümeti
правительство земли

**lang** 3
long
long
lungo
largo
طويل
مدّت زياد
uzun
длинный

**länger** 7
longer
plus long
piu lungo
más largo
أكثر
طولانی تر
daha uzun
длиннее

**langsam** 3
slow
lent
piano
despacio
قليلاً قليلاً
يواش يواش
yavaş
медленный

**langweilen** 7
to be bored
s'ennuyer
annoiarsi
aburrirse
مَلّ
حوصلهٔ کاری را نداشتن
canı sıkılmak
скучать

**langweilig** 2
boring
ennuyeux
noioso
aburrido
مَلّ
خسته کننده
cansıkıcı
скучный

**lassen** 8
to let
laisser
lasciare

dejar
ترك
ول کردن
bırakmak
давать, позволять

**laufen** 3
to run
courir
correre
correr
عُض
دويدن
koşmak/yürümek
бежать

**laut** 6
loud
bruyant
rumuroso
ruidoso
بصوت عال
بلند
gürültülü
громкий

**leben** 6
to live
vivre
habitare
vivir
عاش
زندگی کردن
oturmak
жить

**legen** 8
to put down
mettre
mettere
poner
وضع
قرار دادن
koymak
класть

**leicht** 5
easy
facile
facile
fácil
خفيف
کم رنگ ، سبك

hafif
лёгкий

**leiden** 6
to stand
supporter
supportare
aguantar
أحبّ
دوست داشتن
hoşlanmak, sevmek
терпеть

**leiden können** 3
to like s.o.
pouvoir souffrir
sopportare
aguantar
آسف
تأسف خوردن
beyenmek/hoşlanmak
любить

**Leid tun** 8
to be sorry
regretter
far pena
dar pena
أحبّ
خوش آمدن از
özür dilemek
(быть) жаль

**leider** 3
unfortunately
malheureusement
purtroppo
desafortunadamente
للآسف
متاسفانه
maalesef
к сожалению

**lernen** 7
to learn
apprendre
imparare
aprender
تعلّم
ياد گرفتن
öğrenmek
учиться

**lesen** 7
to read
lire
leggere
leer
قرأ
خواندن
okumak
читать

**letzte** 4
last
dernier
ultimo
último
آخر
آخرين
en son
последний

**Leute** 5
people
gens
gente
gente
ناس
مردم
adamlar/halk
люди

**lieber** 3
rather
plutôt
piuttosto
más bien
أحبّ
ترجيح (ميدهم)
tercih etmek
лучше

**Liebling** 4
darling
chéri
tesoro
cariño
حبيب
عزيزم
sevgili
любимец

**liegen** 8
to lie
être placé
essere disteso
estar tumbado

كان ، وجد
قرار داشتن
bulunmak
лежать

**Limonade** 3
lemonade
limonade
limonata
limonada
ليمونادة
ليموناد
limonata
лимонад

**links** 8
on the left
à gauche
sinistra
izquierda
على اليسار
طرف چپ
sol
левый

**los sein** 7
to happen
se passer
esserci baraonda
pasar
(ماذا) حدث
رها ، آزاد بودن
ne var/olmak
случаться

**loswerden** 7
to get rid of
se débarasser
sbarazzarsi di
quitarse de en medio
تخلّص من
راحت شدن (ازكسى)
kurtulmak
отделываться

**Luft** 5
air
air
aria
aire
نفس
هوا

hava
воздух

**Lunge** 5
lungs
poumons
polmone
pulmón
رئة
شش ، ريه
akciğer
лёгкое

**Lust haben** 2
to feel like
avoir envie
avere voglia
tener ganas
أحبّ
ميل داشتن
istemek
хотеться

## M

**machen** 2
to make
faire
fare
hacer
عمل
كردن ، انجام دادن
yapmak
делать

**Mädchen** 8
girl
fille
ragazza
chica
بنت
دختر
kız
девушка

**Mai** 4
May
mai
maggio
mayo
مايو
ماه مى

mayıs
май

**Makler** 6
broker
agent
sensale
agente inmobiliario
سمسار
معاملات ملكی
komisyoncu/simsar
маклер

**Mal** 1
time
fois
volta
vez
مرّة
دفعه
defa/kez
раз

**manchmal** 6
sometimes
des fois
qualche volta
a veces
أحياناً
كاهى اوقات
bazen
иногда

**Mann** 6
man
homme
uomo/santo cielo!
hombre/¡hombre!
يا ربّی
آخ (اینجا)
eyvah
мужчина

**Mantel** 4
coat
manteau
soprabito
abrigo
معطف
پالتو
palto/manto
пальто

**Marihuana** 6
marijuana
marijuana
mariuana
marihuana
ماريوانا
ماری جوانا
beyaz zehir
марихуана

**Mark** 3
German Mark
deutschmark
marco
marco
مارك
مارك
mark
марка

**März** 2
March
mars
marzo
marzo
مارس
ماه مارس
mart
март

**Maschine** 8
machine
machine
macchina
máquina
آلة
هواپیما
makine
машина

**Maus** 8
mouse
souris
topolino
ratoncillo
فأر
موش
fare/sıçan
мышь

**Medikament** 6
remedy
médicament
medicina

medicina
دواء
دارو
ilaç/deva
лекарство

**mehr** 4
more
plus
più
más
(لا)بعد
دیکر
(hiç) bir
больше

**mein** 1
my
mon
mio
mi
ي
مال من
benim
мой

**meinen** 7
to think
penser
esser dell'opinione
opinar
قصد ، ظنّ
نظر ، عقیده داشتن
zannetmek
думать

**Meister** 8
master
maître
maestro
maestro
معلّم
قهرمان
usta
мастер

**merken** 8
to notice
remarquer
rendersi conto
darse cuenta
لاحظ ، أحسّ
متوجه شدن

zihninde tutmak
замечать

**mich** 1
me
me
mi
a mí
نی
مرا
beni
меня

**Miete** 6
rent
loyer
affitto
alquiler
إيجار
اجاره
kira
квартплата

**mieten** 6
to rent
louer
affittare
alquilar
استأجر
اجاره كردن
kiralmak
взять внаём

**Mietwohnung** 6
lodging
appartement loué
appartamento in aff.
piso alquilado
شقة للايجار
خانة اجاره اى
kiralık daire
наёмная квартира

**Milch** 3
milk
lait
latte
leche
حليب
شير
süt
молоко

**Million** 6
million
million
milione
millón
مليون
ميليون
milyon
миллион

**Minute** 2
minute
minute
minuto
minuto
دقيقة
دقيقه
dakika
минута

**mir** 2
to me
me / à moi
a me
a mí
لي
براى من
bana
мне

**Mist** 8 ⟨⟩
shit
zut
porca miseria
mier...
زفت
لعنت
pislik
дрянь

**mit** 2
with
avec
con
con
مع
با
ile
c

**Mitarbeit** 7
team work
collaboration
collaborazione

colaboración
مساعدة
همكارى
iş birliği
сотрудничество

**mitkommen** 3
to come with
venir avec
andare con qc.
ir con alguien
رافق
همراه آمدن
-da gelmek
идти вместе

**Mittag** 2
noon
midi
mezzogiorno
mediodía
ظهر
ظهر
öğle vakti
полдень

**Mittagspause** 5
noontime
heure du déjeuner
pausa di mezzogiorno
hora de almorzar
استراحة الظهر
وقت تنفس در ظهر
öğle paydosu
обеденный перерыв

**Mitternacht** 2
midnight
minuit
mezzanotte
medionoche
منتصف الليل
نيمه شب
geceyarısı
полночь

**Mittwoch** 4
Wednesday
mercredi
mercoledí
miércoles
يوم الأربعاء
چهارشنبه

çarşamba
среда

**möchte (ich)** 5
(I) would like to
(je) voudrais
vorrei
quiero
أُحِبّ ، أوَدّ ، أريد
ميل ، دارم ، ىِ خواهم
istiyorum
(мне) хочется

**Modalverb** 5
auxiliary verb
verbe de modalité
verbo modale
verbo modal
فعل الإمكان والوجوب
فعل كمكى
yardımcı fiil
вспомогательный глагол

**Modekatalog** 4
magazine of fashions
journal de mode
rivista di moda
revista de modas
كاتالوج الموضة
كاتالوك مد
moda kataloğu
каталог мод

**Modellkleid** 4
designer dress
modèle
vestito firmato
vestido de diseño
ابتكار
لباس براى نمونه
model elbise
платье-модель

**modern** 6
modern
moderne
moderno
moderno
حديث
مدرن
modern/modaya uygun
современный

**möglich** 4
possible

possible
possible
posible
ممكن
ممكن
mümkün/olanaklı
возможный

**Moment** 1
moment
moment
momento
momento
لحظة
لحظه
bir dakika
момент

**Monat** 4, 5
month
mois
mese
mes
شهر
ماه
ay
месяц

**Monatsmiete** 6
rent
loyer mensuel
affitto mensile
alquiler mensual
أجرة شهرية
اجارهٔ ماهانه
aylık kira
месячная квартплата

**Mond** 8
moon
lune
luna
luna
قمر
ماه
ay/aydede
луна

**Montag** 4
Monday
lundi
lunedí
lunes

يوم الإثنين
دوشنبه
pazartesi
понедельник

**morgen** 1
tomorrow
demain
domani
mañana
غداً
فردا
yarın
завтра

**Morgen** 2
morning
matin
mattina
mañana
صباح
صبح
sabah
утро

**morgens** 7
in the morning
le matin
di mattina
por la mañana
صباحاً
صبح ها
sabahleyin/sabahları
утром

**Motor** 7
engine
moteur
motore
motor
محرّك
موتور
motor
мотор

**müde** 2
tired
fatigué
stanco
cansado

تعبان
خسته
yorgun
усталый

**Mund** 5
mouth
bouche
bocca
boca
فم
دهان
ağız
рот

**Musik** 2
music
musique
musica
música
موسيق
موزيك
müzik
музыка

**müssen** 5
to have to
devoir
dovere
deber
يجب عليه أن
بايستن
mecbur olmak
должен

**N**

**nach** 2
to / after
à / après
a
a
بعد ، و
بعد ، به
geçe
в, к

**Nachbar** 4
neighbor
voisin

vicino
vecino
جار
همسايه
komşu
сосед

**nachher** 4
afterwards
ensuite
doppo
después
بعد ذلك
بعداً
sonra
после того

**nachlösen** 8
to pay in the train
payer dans le train
far biglietto sul treno
sacar el billete en el tren
اشترى تذكرته فيا بعد
بعداً خريدن
gişede değil sonradan
   almak
брать билет в поезде

**Nachmittag** 2
afternoon
après-midi
tardi
tarde
بعد الظهر
بعد از ظهر
öğleden sonra
послеобеденное время

**nachschauen** 5
to check
contrôler
guardare
mirar
فحص
نگاه كردن
muayene etmek
смотреть

**nächst** 5
next
prochain
prossimo

próximo
الذي عليه الدور
بعدى
sırası gelen
следующий

**Nacht** 2
night
nuit
notte
noche
ليلة
شب
gece
ночь

**Nachtisch** 3
dessert
dessert
dolce
postre
تحلية
دسر
deser/tatlı
десерт

**Name** 1
name
nom
nome
nombre / apellido
اسم
اسم
isim/ad
имя, фамилия

**nämlich** 5
namely
c'est-à-dire
cioé
es que
يعني
چونكه
çünkü
именно

**Nase** 5
nose
nez
naso
nariz
أنف
بيني، دماغ

**burun**
нос

**natürlich** 1
of course
naturellement
naturalmente
naturalmente
طبعاً
طبيعتاً ، معلومه
elbet / tabii
конечно

**neben** 8
beside
à coté
accanto
al lado de
بجانب
كنار
yanında
рядом

**Nebenkosten** 6
monthly coasts
charges
costi extra
gastos adicionales
تكاليف إضافية
مخارج جنبى
yan giderler
добавочные расходы

**Nebensatz** 5
subordinate clause
proposition subordonnée
frase secondaria
frase subordinada
جملة فرعية
جمله فرعى
yan cümle
подчинение

**nehmen** 1
to take
prendre
prendere
tomar
أخذ
گرفتن
bir şey ile gitmek
брать

**nett** 2
nice
gentil
gentile
simpático
لطيف
مهربان
güzel/hoş
симпатичный

**neu** 1
new
neuf
nuovo
nuevo
جديد
تازه
yeni
новый

**Neubau** 6
new building
bâtiment neuf
edificio nuovo
edificio nuevo
بناء حديث
ساختمان تازه ساز
yeni ev/yeni bina
новостройка

**neugierig** 8
curious
curieux
curioso
curioso
فضولي
كنجكاو
meraklı
любопытный

**neun** 1
nine
neuf
nove
nueve
تسعة
نه
dokuz
девять

**nicht** 2
not

ne...pas
non
no
لا
نه
değil
не

**Nichtraucher** 8
non-smoker
non fumeur
non fumatore
no fumador
غير مدخّن
غير سيگارى
tütün kullanmayan
некурящий

**nichts** 3
nothing
rien
niente
nada
لا شيء
هيچى ، هيچ چيز
hiç bir şey
ничто

**nie** 4
never
jamais
mai
nunca
أبداً
هيچ وقت ، هرگز
hiç
никогда

**noch** 3
still
encore
ancora
todavía
ما زال
هنوز
da
ещё

**nochmal** 4
again
encore une fois
altra volta
otra vez

مرّة أخرى
يكبار ديگر
da
ещё раз

## Notarzt 5
emergency doctor
médecin d'urgence
medico d'emergenza
médico de emergencia
طبيب استعجالي
دكتر اورژانس
acil doktor
скорая помощь

## Notausgang 8
emergency exit
sortie de secours
uscita d'emergenza
salida de emergencia
مخرج للطوارئ
راه فرار از خطر
tehlike çıkış yeri
запасный выход

## nötig 3
necessary
nécessaire
necessario
necesario
لازم
لازم ، ضروری
lazım
нужный

## November 4
November
novembre
novembre
noviembre
نوفبر
ماه نوامبر
kasım
ноябрь

## Nummer 1
number
nombre
numero
número
رقم
شماره

numera
номер

## nun 8
now
maintenant
adesso
ahora
الآن
حالا
şimdi
теперь

## nur noch 4
only
ne...que
solamente
sólo
لا ...إلاّ
فقط هين
sade
только

# O

## ob 8
if
si
se
si
إذا
آيا
acaba
ли

## oben 8
above
en haut
su
arriba
فوق
بالا
yukarıda
наверху

## oder 1
or
ou
o
o
أو
يا
ya da
или

## oft 6
often
souvent
spesso
muchas veces
كثيراً
اغلب
çoğu zaman
часто

## öfters 8
more often
plus souvent
molte volte
muchas veces
مراراً
غالبا ، مكرر
defalar
почаще

## ohne 7
without
sans
senza
sin
دون ، بلا
بدون
-sız
без

## Ohr 5
ear
oreille
orecchio
oreja, oído
أذن
گوش
kulak
ухо

## Oktober 4
October
octobre
ottobre
octubre
أكتوبر
ماه اكتبر
ekim
октябрь

## Operation 7
operation
opération
operazione

operación
عملية
عمل
ameliyat/operasyon
операция

**Orange** 3
orange
orange
arancia
naranja
برتقال
پرتقال
portakal
апельсин

**ordentlich** 6
in good order
en ordre
ordinato
en orden
مرتّب ، منظّم
مرتب
muntazam/tertipli
в порядке

**Ordinalzahl** 4
ordinal number
nombre ordinal
numero ordinale
número ordinal
عدد ترتيبي
اعداد ترتیبی
sıra sayıları
числительное
    порядковое

**Ordnung** 5
order
ordre
ordine
orden
تمام
به چشم ، باشه
sağlam
порядок

**P**

**paar** 3
some
quelques

paio
par
بعض
چند تائ
bir iki tane
napa

**Palme** 8
palm tree
palmier
palma
palmera
نخل
نخل
palmiye
пальма

**Paps** 8 ⟨⟩
daddy
papa
papà
papá
بابا
پاپا ، (پدر)
babacığım
папа

**parken** 8
to park
parquer
parcheggiare
aparcar
ركن السيّارة
پارك كردن
park yapmak
стоять

**Parkhaus** 4
parking-lot
parking
parcheggio a più piani
garaje
بناية لموقف السيارت
پارکینگ ، گاراژ
kapalı oto garajı
гараж

**Parkplatz** 4
parking-space
parking
parcheggio
aparcamiento
موقف السيّارات

جاى پارك
park yeri
автостоянка

**Pass** 1
passport
passeport
passaporto
pasaporte
جواز السفر
پاسپورت
pasaport
паспорт

**Patient** 5
patient
client
paziente
paciente
مريض
مريض
tedavi edilen hasta
пациент

**Pelzmantel** 7
fur coat
manteau de fourrure
pelliccia
abrigo de piel
معطف فرو
پالتوی پوست
kürk manto
шуба

**Pension** 8
boarding house
pension
pensione
pensión
بنسيون
پانسیون
pansiyon
пансион

**Perfekt** 6
present perfect
passé composé
perfetto
perfecto
الماضي
ماضی نقلی
geçmiş zaman
прошедшее время

**Pinte** 7 〈〉
pub
bistro
bar
bar
خمّارة ، حانة
مهمانسرا
meyhane
кабак

**Platte** 6
record
disque
disco
disco
أسطوانة
صفحه
plak
пластинка

**Platz** 3
seat
place
posto
sitio
مكان
جا ، ميدان
yer
место

**Platz nehmen** 5
to take a seat
prendre place
sedersi
tomar asiento
اقتعد
دعوت براى نشستن
oturmark / buyurmak
садиться

**Plural** 2
plural
pluriel
plurale
plural
جمع
جمع
çoğul
множественное число

**Po** 5
behind
derrière

sedere
trasero
قفا
باسن
kıç
задница

**Polizei** 4
police
police
polizia
policía
شرطة
پليس
polis/karakol
полиция

**polnisch** 6
polish
polonais
polacco
polaco
بولندي
لهستانى
polonyalı
польский

**Pommes frites** 3
chips
pommes frites
patate fritte
patatas fritas
باطاطس محمّرة
سيب زمينى سرخ شده
pomfrit
жареный картофель

**Portwein** 3
port
porto
porto
vino de Oporto
نبيذ برتغالي
شراب شهر پرتو
porto şarabı
портвейн

**Possessivpronomen** 5
possessive pronoun
article possessif
pronome possessivo
pronombre posesivo
ضير الملكية

ضمائر ملكى
mülki zamir/iyelik zamiri
притяжательное
   местоимение

**Präposition** 7
preposition
préposition
preposizione
preposición
حرف جرّ
حرف اضافه
öntaki/harficer
предлог

**Präsens** 4
present tense
présent
presente
presente
المضارع
زمان حاضر
şimdiki zaman
настоящее время

**Präsident** 6
president
président
presidente
presidente
رئيس
رئيس جمهور
başkan/reis
председатель

**Präteritum** 4
past tense
prétérit
imperfetto
pretérito
الماضي
ماضى مطلق
geçmiş zaman
прошедшее время

**Praxis** 5
practice
cabinet
studio
consulta
عبادة
مطب

muayenehane
частная практика

**Preis** 4
price
prix
prezzo
precio
سعر
قيمت
fiyat
цена

**prima** 4
super
super
ottimo
estupendo
ممتاز
عالى
birinci kalite/en ala
отличный

**Problem** 1
problem
problème
problema
problema
مشكلة
مسئله ، مشكل
mesele/problem
проблема

**Professorin** 3
professor (female)
agrégée de l'université
professoressa
profesora
أستاذة
استاد (زن)
profesör (kadın)
профессор

**Pronomen** 4
pronoun
pronom
pronome
pronombre
ضمير
ضمير
zamir/adıl
местоимение

**Prost** 3
cheers
à votre santé

salute!
¡salud!
صحّتك
به سلامتى
şerefe
за ваше здоровье

**Prozent** 4
percent
pourcent
percento
por ciento
فى المائة
درصد
yüzde ...
процент

**Psychiater** 6
psychiatrist
psychiatre
psichiatra
siquiatra
طبيب نفسي
روانكار
psikiyatr/akliyeci
психиатр

**Pullover** 4
pullover
pullover
pullover
jersey
بلوفر
پوليور
kazak
пуловер

**Pumps** 4
pumps
pumps
scarpa scollata
zapatos de tacón
أحذية عالية
كفش پاشنه بلند زنانه
kadın ayakkabısı
открытые туфли

**pünktlich** 7
punctual
à l'heure
puntuale
puntual
فى موعده

به موقع
vaktinde
пунктуальный

**putzen** 7
to clean
nettoyer
pulire
limpiar
نظّف
تميز كردن
fırçalamak
убирать

**Q**

**quatschen** 8 〈〉
to chat
bavarder
chiacchierare
decir bobadas
هذى
چرت ويرت گفتن
konuşmak
болтать

**Quittung** 3
receipt
quittance
ricevuta
recibo
إيصال
رسيد
fiş
расписка

**R**

**Rate** 4
installment
traite mensuelle
rata
plazo
قسط
قسط
taksit
частичный платёж

**rauchen** 5
to smoke
fumer

fumare
fumar
شرب السجائر
سيگار كشيدن
sigara içmek
курить

**Raucher** 8
smoker
fumeur
fumatore
fumador
مدخّن
سيگارى
tütün içen
курящий

**rausgehen** 7
to go out
sortir
andare fuori
salir fuera
خرج
بيرون رفتن
çıkmak
выходить

**rausschmeißen** 7 〈 〉
to expel
jeter dehors
battere fuori
echar fuera
أطرد
بيرون كردن
dışarı atmak
выбрасывать

**Rechnung** 3
bill
addition
conto
cuenta
حساب
صورتحساب
hesap
счёт

**reden** 7
to speak
parler
parlare
hablar
قال ، تكلّم

حرف زدن
konuşmak/söylemek
говорить

**regelmäßig** 6, 7
regular
régulier
regolare
regular
دأب على
با قاعده
muntazaman
регулярный

**regnen** 8
to rain
pleuvoir
piovere
llover
أمطر
باريدن
yağmur yağmak
идёт дождь

**Reh** 3
doe
chevreuil
capriolo
corzo
غزال
آهو
karaca
козуля

**reichen** 4
to be sufficient
suffir
bastare
bastar
كفاية
كافى وبس بودن
yetmek
хватать

**reichen** 8
to give
donner
dare
pasar
أعطى
دادن
vermek
подавать

**Reifen** 5
tire
pneu
gomma
rueda
إطار عجلة
لاستيك
lastik tekerlek
шина

**reingehen** 4
to enter
entrer
intrare
entrar
دخل
وارد شدن
girmek
входить

**Reise** 7
voyage
voyage
viaggio
viaje
سفر
سفر ، مسافرت
yolculuk/seyahat
путешествие

**Reisebüro** 8
travel agency
agence de voyage
agenzia di viaggi
agencia de viajes
مكتب السياحة
آژانس مسافرتى
seyahat acentası
туристское бюро

**Rendezvous** 4
date
rendez-vous
appuntamento
cita
موعد
قرار ملاقات
randevu
свидание

**richtig** 4
right

correct
corretto
correcto
صحيح
درست
doğru
правильный

**Rock** 4
rock
rock
gonna
falda
جونلّة
دامن
eteklik
юбка

**Rollschuh** 5
rollerskate
patin à roulette
patini a rotele
patín de ruedas
حذا التزحلق
كفش اسكيت
tekerlekli paten
ролики

**rot** 4
red
rouge
rosso
rojo
أحمر
سرخ ، قرمز
kırmızı
красный

**Rücken** 3
back
dos
schiena
lomo
ظهر
پشت
arka/sırt
спина

**Rucksack** 8
backpack
sac à dos
zaino
mochila
كيس الظهر

ساك پشتى
arka çantası
рюкзак

**rufen** 2
to call
appeler
chiamare
llamar
دعا
صدا زدن
çağırmak
звать

**Ruhe** 8
silence
silence
calma
tranquilidad
راحة
ـ آرامش
rahat
тишина

**ruhig** 4
silent
calme
tranquillo
tranquilo
لا بأس من
باخيال راحت
isterseniz
спокойный

**rund** 6
round
rond
rotondo
redondo
تقريباً
تقريبا
civarında
круглый

**Russisch** 5
Russian
russe
russo
ruso
روسي
روسى
rusça
русский

**S**

**S-Bahn** 1
local train
train urbain
ferrrovia urbana
tren de cercanía
مترو
قطار بين شهرى
tramvay
городская железная
  дорога

**Sache** 4
thing
chose
cosa
cosa
شيء
چيز
şey
вещь

**Saft** 3
juice
jus
succo
zumo
عصير
آبيوه
meyve suyu
сок

**sagen** 2
to say
dire
dire
decir
قال
گفتن
demek/söylemek
говорить

**Saison** 4
season
saison
stagione
temporada
موسم
فصل
sezon/mevsim
сезон

**Salat** 3
salad
salade
insalata
ensalada
سلطة
سالاد
salata
салат

**Samstag** 4
Saturday
samedi
sabato
sábado
يوم السبت
شنبه
cumartesi
суббота

**Sandale** 4
sandal
sandale
sandalo
sandaleta
صندل
صندل
sandal
сандалия

**Satz** 2
sentence
proposition
frase
frase
جملة
جمله
cümle
предложение

**Satzstellung** 5
structure of a sentence
structure de la proposition
ordine della frase
orden de frase
ترتيب الجملة
ترتيب كلمات درجمله
cümle kuruluşu
построение
    предложения

**sauer sein** 2 〈 〉
to be cross
être en colère

essere incazzato
estar cabreado
كان زعلان
عصبانى بودن
küsmek
быть сердитым

**sauteuer** 6 〈!〉
very expensive
très cher
carissimo
muy caro
غال جداً
خيلى خيلى گران
çok pahalı
очень дорогой

**schaffen** 7
to succeed
arriver à qc.
riuscire
conseguir hacer
فعل
انجام دادن
yetişmek/yapmak
успевать

**Schalter** 8
window
guichet
sportello
taquilla
شبّاك
باجه
gişe
окошко

**Schatz** 2
darling
chou
tesoro
tesoro
عينيّ ، حبيبي
عزيزم ، گنج
sevgili
сокровище

**schauen** 8
to look at
regarder
guardare
mirar
نظر

نگاه كردن
bakmak
смотреть

**Scheck** 3
check
chèque
asegno
cheque
شيك
چك
çek
чек

**Scheiß** 7〈!〉
shit
merde
merda
mierda
زفت
لعنت (كثافت)
boktan
дрянь

**schick** 4
fashionable
chic
elegante
moderno
أنيق
شيك
şık/modaya uygun
элегантный

**schießen** 5
to shoot
tirer
sparare
disparar
أطلق
تيراند ازى كردن
ateş etmek
стрелять

**Schiet** 7 〈 〉
shit
merde
merd...
mier...
زفت
لعنت
boktan
грязь

**Schild** 4
sign
panneau
cartello
cartel
لوحة
تابلو
işaret direği
вывеска

**schimpfen** 7
to insult
pester contre
sgridare
quejarse
لعن
فش دادن
kızmak
ругать

**Schlafzimmer** 6
bedroom
chambre à coucher
camera da letto
dormitorio
غرفة النوم
اطاق خواب
yatak odası
спальная

**schlecht** 5
bad
mauvais
cattivo
malo
سيء ، رديء
بد
kötü
плохой

**schließen** 8
to close
fermer
chiudere
cerrar
انقفل
بستن
kapanmak
закрывать

**schließlich** 4
finally
finalement
finalmente

por fin
في النهاية
بعلاوه
nihayet
наконец

**schlimm** 5
bad
grave
male
malo
وبيل
بد
fena/kötü
плохой

**schlucken** 5
to swallow
avaler
inghiottire
tragar
بلع
غورت دادن
yutmak
глотать

**Schlüssel** 1
key
clef
chiave
llave
مفتاح
كليد
anahtar
ключ

**schmecken** 3
to taste
goûter
piacere
gustar
لذّ
مزه دادن
tadı olmak
отведывать

**Schmerz** 5
pain
douleur
dolore
dolor
ألم
درد

ağrı/dert
боль

**schnell** 7
quick
vite
veloce
rápido
سريع
تند ، سريع
çabuk/tez
быстрый

**schön** 1
beautiful
beau
bello
bonito
حسناً
چه خوب
güzel
красивый

**Schottland** 8
Scotland
Ecosse
Scozia
Escocia
إسكوتلندة
اسكاتلند
İskoçya
Шотландия

**schreiben** 4
to write
écrire
scrivere
escribir
كتب
نوشتن
yazmak
писать

**Schuh** 4
shoe
chaussure
scarpa
zapato
حذا
كفش
ayakkabı
туфля

**Schuld** 7
fault

faute
colpa
culpa
سبب
تقصير
kabahat/suç
вина

**Schule** 7
school
école
scuola
escuela
مدرسة
مدرسه
okul
школа

**Schwägerin** 6
sister-in-law
bellesoeur
cognata
cuñada
زوجة الاخ ، اخت الزوج
زن برادر (همسر)
baldız
эоловка, невестка,
  свояченица

**Schweizer** 1
Swiss
Suisse
svizzero
suizo
سويسري
سويسى
İsviçreli
швейцарец

**schwer** 8
heavy
lourd
pesante
pesado
ثقيل
سخت
ağır
тяжёлый

**Schwester** 7
sister
soeur
sorella
hermana

أخت
خواهر
kız kardeş/abla
сестра

**schwierig** 4
difficult
difficile
difficile
difícil
صعب
مشكل
zor/güç
трудный

**Schwimmflosse** 8
water fin
palme
pinna
aleta
أحذية العوم
كفش غواصى
yüzgeç
(спортивные) плавники

**sehen** 1
to see
voir
vedere
ver
رأى
ديدن
görmek
видеть

**sehr** 6
very
très
molto
muy
جدّا
خيلى
çok
очень

**sein** 1
to be
être
essere
ser, estar
كان
بودن
olmak
быть

**sein** 5
his
son
suo (di lui)
su (de él)
مال او (مذكر)
onun
его, свой

**seit** 2
since
depuis
da
desde
منذ
از
-tan beri
с, от

**Seitentasche** 8
pocket
poche supplémentaire
tasca laterale
bolsillo lateral
جيب جانبي
جيب بغلى ساك
yan cep
боковой карман

**Sekretärin** 3
secretary
secrétaire
segretaria
secretaria
سكرتيرة
منشى
sekreter (kadın)
секретарша

**selbst** 8
self
même
stesso
mismo
بنفسه
خود
kendi
самый

**selbsttätig** 8
automaticly
automatique
automatico

automático
أوتوماتيكي
بطور اتوماتيك
otomatik
самодействующий

**September** 4
September
septembre
settembre
setiembre
سبتمبر
ماه سپتامبر
eylül
сентябрь

**setzen** 7
to sit down
asseoir
mettere
poner
جالس
نشستن
oturmak
ставить

**sich kümmern um** 3
to care for
s'occuper de
ocuparsi di
ocuparse de
اهتمّ
رسيدن به كسى
ilgilenmek
заботиться

**sicher** 6
sure
sûre
sicuro
seguro
معلوم
مطمئن
kesin
верный, безопасный

**sie** 2
she
elle
lei
ella
هم
آنها

o
она, они

**sie** 4
her
la
la
la
هي ، ها ، هم
أو (مؤنث)
onu
её, их

**Sie** 1
you
vous
Lei
Usted
أنت
شما
siz
Вы

**sieben** 1
seven
sept
sette
siete
سبعة
هفت
yedi
семь

**Singular** 2
singular
singulier
singolare
singular
مفرد
مفرد
tekil/müfret
единственное число

**sitzen** 8
to sit
être assis
essere seduto
estar sentado
جلس
نشستن
oturmak
сидеть

**so** 4
so
ainsi
cosi
así
هكذا
خيلى
öyle
так

**Sofa** 8
couch
canapé
sofà
sofá
كنبة
ديوان ، مبل
kanape/minder
диван

**sofort** 3
at once
tout de suite
subito
en seguida
حالاً
هين الان
hemen
тотчас

**sogar** 4
even
même
perfino
hasta
حتّى
حتّى ، تازه
hatta
даже

**Sohn** 6
son
fils
figlio
hijo
ولد
پسر
oğul
сын

**sollen** 6
to have to
devoir
dovere

deber
يجب عليه أن
بايستن
zorunda olmak
должен

**Sonntag** 4
Sunday
dimanche
domenica
domingo
يوم الأحد
يكشنبه
pazar
воскресенье

**Sorge** 5
trouble
soucis
preoccupazione
preocupación
هم
ناراحتى
endişe/üzüntü
забота

**Soutane** 8
robe
soutane
sottana
sotana
جبّة
رداى كشيشى
katolik papazlarının uzun
    cübbesi
сутана

**sowieso** 7
anyhow
en tout cas
in ogni caso
de todos modos
على كلّ حال
بهرحال
zaten
и так уж

**sowohl ... als auch** 7
as well ... as
et ... et
tanto ... quanto ...
tanto como

و ... و
هم ... هم
hem ... ve hem de
и ... и

**Spaghetti** 7
spaghetti
spaghetti
spaghetti
espaguetis
سباغتي
اسپاگتى
kurdele makarna
лапша

**Spanisch** 5
Spanish
espagnol
spagnolo
español
أسانى
اسپانيائى
İspanyolca
испанский

**Spaß** 8
fun
plaisir
spasso
broma
وقت ممتع
خوش (بگذرد)
eğlence
шутка

**spät** 2
late
tard
tardi
tarde
متأخّر
دير
geç
поздно

**Spielkasino** 6
casino
casino
casinò
casino
كازينو
كازينو
kumarhane
игорный дом

**Spielsachen** 7
toy
jouet
giocattoli
juguetes
لعب
اسباب بازى
oyuncak
игрушки

**Sportarzt** 5
doctor of sports
médecin de sport
medico sportivo
médico de deporte
طبيب الرياضة
دكتر امور ورزشى
spor doktoru
спортивный врач

**Sprache** 8
language
langue
lingua
lengua
لغة
زبان
dil
язык

**Sprechstunde** 5
consultation hour
horaire
ore di ambulatorio
consulta
وقت الدوام
ساعت پذ يرفتن بيار
muayene saati
приёмный час

**Sprechzimmer** 5
consulting room
cabinet de consultation
ambulatorio
cuarto de consulta
غرفة المعالجة
اطاق معاينه
konuşma odası
приёмная

**spülen** 7
to wash the dishes
faire la vaisselle
lavare i piatti

fregar
غسل
ظرف شستن
bulaşık yıkamak
мыть посуду

**Stadt** 1
city
ville
città
ciudad
مدينة
شهر
şehir
город

**Stadtrand** 6
suburb
banlieue
periferia
periferia
مشارف المدينة
حومهٔ شهر
şehir kenarı
городские окраины

**Stamm (Verb-)** 6
radical
radical
radice
raíz
الحروف الأصلبة
مادهٔ (فعل)
kök
корень

**stark** 5
strong
fort
forte
fuerte
شديد
شديد
şiddetli
сильный

**Stau** 7
traffic jam
embouteillage
coda
atasco
ازدهام
ترافيك ، راه بندان

trafiğin kesilmesi
затор

**Steak** 1
steak
steak
bistecca
filete
شريحة لحم محمرة
استيك
biftek
филе

**stecken** 8
to put
mettre
mettere
meter
كان
گذاشتن
sokmak
ставить

**stehen** 4
to suit
aller bien à qn.
stare bene a qc.
sentar bien
ناسب
آمدن (به کسی چیزی)
yakışmak
быть к лицу

**stehen** 7
to stand
être debout
stare in piedi
estar de pie
قام ، وقف
ایستادن
ayakta durmak
стоять

**stellen** 8
to put
mettre
mettere
poner
وضع
قرار دادن ، گذاشتن
koymak
ставить

**Steuererklärung** 5
tax declaration
déclaration d'impôt
dichiarazione fiscale
declaración de la renta
تسجيل الضرائب
توضيح وضع مالياتی
vergi beyanı
декларация о подлежа-
    щих налогу доходах

**Stiefel** 4
boot
botte
stivale
bota
بوت
چکمه
çizme/bot
сапог

**Stimme** 5
voice
voix
voce
voz
صوت
صدا
ses
голос

**Stock** 6
floor
étage
piano
piso
طابق
طبقه
bina katı/etaj
этаж

**stören** 6
to disturb
déranger
disturbare
molestar
ضاق ب
مزاحم شدن
rahatsız etmek
мешать

**Strand** 8
beach

plage
spiaggia
playa
شاطئ البحر
ساحل
plaj
пляж

**Straßenbahn** 4
tramway
tramway
tram
tranvía
ترام
تراموا
tramvay
трамвай

**streiken** 8
to strike
faire la grève
fare sciopero
hacer huelga
أضرب عن العمل
اعتصاب كردن
grev yapmak
бастовать

**Stress** 7
stress
stress
stress
estrés
إرهاق
فشار عصبی
stres
напряжение

**Strumpf** 4
sock
chaussette
calzino
calcetín, media
جورب
جوراب بلند
çorap
чулок

**Stück** 4
piece
pièce
pezzo
pieza
قطعة
تكه ، قسمت
adet/parça
часть

**Stunde** 2
hour
heure
ora
hora
ساعة
ساعت
saat
час

**Subjekt** 2
subject
sujet
soggetto
sujeto
المبتدأ
فاعل
özne/süje
подлежащее

**suchen** 4
to look for
chercher
cercare
buscar
طلب ، دَوْر
گشتن (دنبال چیزی)
aramak
искать

**Supermarkt** 8
supermarket
supermarché
supermercato
supermercado
السوق الكبرى
سوپر
supermarket
магазин

**Suppe** 3
soup
soupe
zuppa
sopa
شربة
سوپ

çorba
суп

# T

**Tag** 1
day
jour
giorno
día
يوم
روز
gün
день

**Tagesschau** 7
news of the day
journal
telegiornale
telediario
أخبار اليوم
اخبار
haberler
тележурнал

**Tageszeit** 7
time of the day
heure du jour
ora
hora
الساعة
وقت روز
günün saati/gündüz zamanı
время дня

**Taxi** 1
taxi
taxi
taxi
taxi
taxi
تاكسي
تاكسی
taksi
такси

**Tee** 1
tea
thé
tè
té
شاي
چای

çay
чай

**Teil** 6
part
partie
parte
parte
جزء ، قسم
قسمت
kısım
часть

**Telefon** 5
telephone
téléphone
telefono
teléfono
تليفون
تلفن
telefon
телефон

**Telefonnummer** 1
telephone number
numéro de téléphone
numero di telefono
número de teléfono
رقم التليفون
شمارهٔ تلفن
telefon numarası
номер телефона

**Teller** 8
plate
assiette
piatto
plato
طبق
بشقاب
tabak
тарелка

**Termin** 5
date
rendez-vous
termine
cita
موعد
وقت
randevu
срок

**teuer** 4
expensive
cher
caro
caro
غال
كران
pahalı
дорогой

**Text** 5
text
texte
testo
texto
نصّ
متن
metin/tekst
текст

**thailändisch** 6
Thai
thai
tailandese
tailandés
تايلاندي
تايلندى
taylantça
тайландский

**Theater** 1
theater
theâtre
teatro
teatro
مسرح
تئاتر
tiyatro
театр

**Ticket** 8
ticket
ticket
biglietto
ticket
تذكرة
بليط (هواپيا)
bilet
билет

**tief** 5
deep
profond

profondo
profundo
عميق
عميق
derin
глубокий

**Toast** 3
toast
toast
toast
tostada
توست
نان تست
tost
гренок

**Toilette** 6
toilet
toilette
servizio
water
مرحاض
توالت
tuvalet
туалет

**toll** 3
super
super
eccezionale
estupendo
رائع
عالى
harika
отличный

**Tomate** 8
tomato
tomate
pomodoro
tomate
طماطم
گوجه فرنگى
domates
томат

**Tomatensoße** 7
tomato sauce
sauce de tomate
sugo di pomodoro
salsa de tomate

صلصة طماطم
سوس کوجه فرنگی
domates suyu
томатный соус

**Topf** 8
pot
pot
pentola
olla
حلّة
ديك ، قابلمه
tencere
горшок

**tragen** 8
to carry
porter
portare
llevar
حمل
حمل کردن
taşımak
нести

**treffen** 1
to meet
rencontrer
incontrare
encontrar
تقابل
ملاقات کردن
buluşmak
встречать

**Treppe** 6
stairs
escalier
scala
escalera
درج
پله
merdiven
лестница

**Treppenhaus** 5
stairwell
cage d'escalier
tromba delle scale
escalera
درج
راه پله

binanın merdiven dairesi
лестничная клетка

**trinken** 1
to drink
boire
bere
beber
شرب
نوشیدن
içmek
пить

**trotzdem** 3
although
bien que
nonostante
sin embargo
على ذلك ف...
با وجود این
gerçi/gene de
всё-таки

**tschüs** 2
bye-bye
Salut
ciao
adiós
مع السلامة
خداحافظ
güle güle
до скорого

**tun** 5
to do
faire
fare
hacer
عمل
کردن
yapmak/etmek
делать

**Tür** 4
door
porte
porta
puerta
باب
در
kapı
дверь

U

**über** 8
above / over
audessus / sur
sopra di
encima de
فوق
ازطریق
üzerinden
над

**überall** 4
everywhere
partout
dappertutto
por todas partes
في كلّ مكان
همه جا
her yerde/tarafta
всюду

**Übergepäck** 8
too much luggage
trop de bagages
sovrabagaglio
sobrepeso
حقائب زائدة
اضافه بار
bagaj fazlası
добавочный багаж

**überlegen** 6
to think about
réfléchir
riflettere
reflejar
أعاد النظر
فکر کردن
düşünmek
обдумывать

**übermorgen** 3
after tomorrow
après-demain
dopodomani
pasadomañana
بعد غد
پس فردا
öbürgün
послезавтра

**Überraschung** 3
surprise

surprise
sorpresa
sorpresa
مفاجأة
سور پریز
sürpriz
сюрприз

**Überstunde** 7
overtime
heure supplémentaire
ora straordinaria
hora extra
ساعة إضافية
اظافه کاری
munzam iş saatleri
сверхурочный час

**überzogen** 6
overdrawn
mis à découvert
scoperto
dejar en descubierto
جاوز
برداشت بیش از ماندهٔ حساب
mevcuttan fazla para
çekmek
превышенный

**übrigens** 1
besides
d'ailleurs
a proposito
a propósito
على فكرة
بعلاوه
ha/da
впрочем

**Übung** 7
exercise
exercice
esercizio
ejercicio
تمرین
تمرین
ders
упражнение

**Uhr** 1
o'clock
heure
ora

hora
ساعة
ساعت مچی
saat
часы

**Uhrzeit** 2
time
heure
ora
hora
الساعة
ساعت
saat
час

**um** 1
at
à
a
a ..
في
در (ساعت)
-da
в

**unbedingt** 5
absolutely
absolument
in ogni caso
en todo caso
على أيّ حال
حتأ
mutlaka
во всяком случае

**Unfall** 5
accident
accident
incidente
accidente
حادثة
تصادف
kaza
авария

**Universität** 3
university
université
università
universidad
جامعة

دانشگاه
üniversite
университет

**unregelmäßig** 6
irregular
irrégulier
irregolare
irregular
غیر منتظم
بیقاعده
gayri kiyasi
неправильный

**uns** 1
us
nous
ci
a nosotros
نا
مارا (هد یکر)
bize/bizi
нас, нам

**unser** 5
our
nôtre
nostro
nuestro
نا
مال ما
bizim
наш

**unter** 7
below / under
audessous
sotto
debajo de
قلّ
زیر
-dan aşağı
под

**Unterhose** 8
pants
caleçon
slip
calzoncillo
كالسون
شورت
külot/iç donu
кальсоны

**Unterschrift** 1
signature
signature
firma
firma
إمضاء
أمضاء
imza
подпись

**unterstreichen** 7
to underline
souligner
sottolineare
subrayar
جرّ خطّاً
زیر چیزی خط کشیدن
altını çizmek
подчёркивать

**Urlaub** 5
holiday
vacances
ferie
vacaciones
عطلة
مرخصی ، تعطیلات
izin
отпуск

**V**

**Verb** 1
verb
verbe
verbo
verbo
فعل
فعل
fiil
глагол

**verbinden** 2
to join
joindre
unire
unir
وصل
وصل کردن
bağlamak
соединять

**verdammt** 8 ⟨⟩
damned
maudit
maledetto
maldito
شیطان
لعنتی
lânet olsun
проклятый

**verdienen** 4
to earn
gagner
guadagnare
ganar
كسب
پول خوبی در آوردن
kazanmak
зарабатывать

**Vergangenheit** 4
past tense
passé
passato
pasado
الماضي
زمان گذشته
geçmiş zaman
прошедшее время

**vergessen** 7
to forget
oublier
dimenticare
olvidar
نسي
فراموش کردن
unutmak
забывать

**verheiratet** 6
married
marrié
sposato
casado
متزوّج
متأهل
evli
женатый, замужняя

**verkaufen** 4
to sale
vendre
vendere
vender

باع
فروختن
satmak
продавать

**Verkäuferin** 4
saleswoman
vendeuse
venditrice
vendedora
عاملة محلّ
فروشندهٔ زن
satan/satıcı (kadın)
продавщица

**verliebt** 7
in love
amoureux
innamorato
enamorado
عاشق
عاشق
aşık
влюбленный

**verlieren** 8
to lose
perdre
perdere
perder
فقد
گم کردن ، ازدست دادن
kaybetmek
терять

**Vermieter** 6
letter
loueur
proprietario della casa
dueño del piso
مؤجّر
صاحبخانه
kiralayan
наймодатель

**Verneinung** 8
negation
négation
negazione
negación
نفي
جواب منفی

menfilik/nefiy
отрицание

**Verrückte** 7
crazy one
folle
pazza
loca
مجنونة
ديوانه (زن)
deli kadın
сумасшедший

**verschieden** 6
different
différent
diverso
diferente
مختلف
مختلف
farklı/ayrı
разный

**verschreiben** 5
to prescribe
préscrire
prescrivere
recetar
أوصى ب
نسخه نوشتن
reçete yazmak
прописывать

**Verspätung** 8
delay
retardement
ritardo
retraso
تأخّر
تاخير
gecikme
опоздание

**verstehen** 8
to understand
comprendre
capire
entender
فهم
فهميدن
anlamak
понимать

**Vertrag** 7
treaty
traité
contratto
contrato
عقد
قرارداد
kontrat
договор

**Verzeihung** 2
excuse
excuse
scusa
excusa
عفو
ببخشيد (معذرت)
af/pardon
извинение

**verzichten** 7
to renounce
renoncer
rinunciare
renunciar
اعتذر عن
صرف نظر كردن
vazgeçmek
отказываться

**Viech** 6
animal
animal
bestia
bestia
حيوان
حيوان (كوچك)
hayvan
скотина

**viel** 8
much
beaucoup
molto
mucho
كثير
خيلى
çok
много

**vielleicht** 3
perhaps
peut-être
magari

talvez
ممكن أن
شايد
belki
может быть

**vierte** 2
forth
quatrième
quarto
cuarto
الرابع
چهارم
dördüncü
четвёртый

**Viertel** 2
quarter
quart
un quarto
un cuarto
ربع
يك ربع
çeyrek
четверть

**Vierzimmerwohnung** 6
four-room-appartement
quatre-pièces
appartamento a 4 vani
piso de 4 dormitorios
شقّة بأربع غرف
آپارتمان چهار اطاقه
dört odalı daire
четырёхкомнатная
    квартира

**Villa** 6
villa
villa
villa
chalet
فيلا
ويلا
villa/köşk
вилла

**Violine** 8
violin
violine
violino
violín
كان

ويولن
keman
скрипка

**voll** 5
full
plein
pieno
lleno
مليء
پر
dolu
полный

**vom** 2
from the
du / de la
da
de
من ال ...
از
-dan
от, с

**von** 1
from
de
di
de
من
از (شركت)
-dan
от, с

**vor** 2
in front / before
devant / avant
davanti a
delante de
إلّا
قبل از (به)
kala
перед

**vor allem** 8
above all
avant tout
soprattutto
sobre todo
قبل كلّ شيء
بخصوص
hele/bilhassa
прежде всего

**vorbeifahren** 4
to pass
passer en voiture
passare
pasar en coche
مرّ ب
حركت كردن از جلو
önünden geçmek
проехать

**vorbeikommen** 5
to pass by
passer
passare
pasar
مرّ ب
سرزدن
uğramak
проходить

**vorgestern** 4
the day before yesterday
avant-hier
altro ieri
anteayer
أوّل أمس
پريروز
evvelki gün
позавчера

**vorhin** 8
just now
tout à l'heure
poco fa
hace poco
منذ قليل
قبلاً
biraz önce
недавно

**Vormittag** 2
morning
matin
mattina
mañana
قبل الظهر
پيش از ظهر
öğleden evvel
предобеденное время

**vorne** 8
in front
en avant
davanti

delante
في المقدّمة
جلو
önde
впереди

**vorsichtig** 8
careful
prudent
prudente
prudente
محترس
محتاط
dikkatlı
осторожный

**Vorspeise** 3
hors d'oeuvre
hors d'oeuvre
antipasto
entrada
مشهّيات
پيش غذا
çerez
закуска

**vorstellen (sich/Dat)** 5
to imagine
imaginer
imaginarse
imaginarsi
قدّم نفسه إلى
تصور ، فكر كردن
düşünmek
представлять себе

**vorstellen (sich/Akk)** 6
to introduce
présenter
presentarse
presentarsi
تخيّل
معرفى كردن
kendini taktim etmek
представляться

W

**Waage** 8
balance
balance
bilancia

peso
میزان
ترازو
terazi
весы

**wach** 7
awake
éveillé
svegliato
despierto
يقظان
بیدار
uyanık
не спящий

**wann** 1
when
quand
quando
cuando
متی
چه وقت ، کی
ne zaman
когда

**warten** 2
to wait
attendre
aspettare
esperar
انتظر
منتظر بودن
beklemek
ждать

**Wartezimmer** 5
waiting room
salle d'attente
sala di attesa
sala de espera
غرفة الانتظار
اطاق انتظار
bekleme odası
приёмная

**warum** 2
why
pourquoi
perché
por qué
لماذا
چرا

niçin/niye
почему

**was** 1
what
quoi / que
che
qué
ماذا
چه
ne
что

**waschen** 7
to wash
laver
lavare
lavar
غسل
شستن
çamaşır yıkamak
мыть

**Wasser** 3
water
eau
acqua
agua
ماء
آب
su
вода

**Wecker** 7
alarm clock
réveil
sveglia
despertador
منبّه
ساعت شماطه دار
çalar saat
будильник

**weder ... noch** 7
neither ... nor
ni ... ni
né .... né ....
ni .. ni ..
لا...ولا...
نه این ... نه آن
ne ... ne
ни ... ни

**weg** 6
away
parti
via
fuera
برّأ
دور
dışarı
прочь

**Weg** 8
way
chemin
cammino
camino
طريق
راه
yol
дорога

**wegen** 6
because of
à cause de
per
por
لأجل
بخاطر ، برای
için/yüzünden
ради

**wegfahren** 8
to leave
partir
andarsene
irse
سافر
به مسافرت رفتن
gitmek
уехать

**weggeben** 6
to give away
se débarrasser de
dare
dar
أعطى
بخشیدن ، بخشنده
verdik
отдавать

**wehtun** 5
to hurt
faire mal
far male

doler
آلم
درد
ağrımak
болеть

**weil** 5
because
parce que
perché
porque
لأن ، لأنّ
چونکه ، زیرا
çünkü
потому что

**Wein** 3
wine
vin
vino
vino
نبيذ
شراب
şarap
вино

**Weinschaumcreme** 3
a wine dessert
crème au vin
dolce di vino
postre de crema de vino
كُريم بالنبيذ
يك نوع دسر
(alman deseri)
десерт из винной сливки

**weiß** 8
white
blanc
bianco
blanco
أبيض
سفید
beyaz
белый

**weit** 6
wide
loin
lontano
lejos
بعيد
دور

uzak
далеко

**weitergehen** 7
to go on
continuer
andare avanti
seguir andando
تابع
به راه ادامه دادن
devam etmek
идти дальше

**welcher** 4
which
lequel / quel
quale
cual
أيّ
کدام
hangi
какой

**wenig** 4
few
peu
poco
poco
قليل
کم
az
мало

**weniger** 4
less
moins
meno
menos
أقلّ
کمتر
daha az
меньше

**weniger als** 7
less than
moins que
meno di
menos que
أقلّ من
کمتر از
bir şeyden daha az
меньше

**wenigstens** 7
at least
au moins
almeno
por lo menos
على الأقلّ
حداقل
hiç olmazsa/bari
по крайней мере

**wenn** 5
when
quand
quando
cuando, si
عندما
اگر
eğer
если, когда

**wer** 2
who
qui
chi
quien
من
چه کسی ، کی
kim
кто

**werden** 5
to become
devenir
farsi
hacerse
صار
شدن
olmak
становиться

**Wetter** 7
weather
temps
tempo
tiempo
طقس
هوا
hava
погода

**wichtig** 7
important
important
importante

importante
مهمّ
مهمّ
mühim/önemli
важный

**wie** 2
how
comment
come
como
كيف
چه
nasıl
как

**wie geht's** 1
How do you do?
comment ça va
come stai (sta)?
cómo está(s)
كيف الحال
چطورید
nasılsın
как дела

**wieder** 3
again
de nouveau
un'altra volta
otra vez
مرّة أخرى
دوباره
tekrar/yeniden
ещё раз

**Wiedersehen (auf -)** 1
goodbye
(au) revoir
arivederci
hasta la vista
لقاء
دیدار
görüşme üzere
до свидания

**wieder treffen** 8
to meet again
revoir
incontrarsi di nuovo
volver a encontrarse
تقابل ثانيةً
دوباره ملاقات کردن

tekrar görüşmek
вновь видеться

**wie lange** 2
how long
combien de temps
quanto tempo
cuánto tiempo
كم
چه مدت
ne zamana kadar
сколько времени

**Wien** 1
Vienna
Vienne
Vienna
Viena
فيّنا
وین
Viyana
Вена

**wieso** 6
why
pourquoi
perché
por qué
لماذا
چطور ، چرا
niye/niçin
отчего

**wie viel** 2
how much
combien
quanto
cuánto
كم
چند
kaç/ne kadar
сколько

**winzig** 6
tiny
minuscule
minusculo
minúsculo
دقیق
خیلی کوچک
küçücük
крохотный

**wir** 1
we
nous
noi
nosotros
نحن
ما
biz
мы

**wirklich** 3
truly
vraiment
davvero
de verdad
حقيقةً
واقعاً
gerçek
действительный

**wissen** 5
to know
savoir
sapere
saber
عرف
دانستن
bilmek
знать

**wo** 2
where
où
dove
dónde
أين
کجا
nerede
где

**Woche** 5
week
semaine
settimana
semana
أسبوع
هفته
hafta
неделя

**Wochentag** 4
day of the week
jour de la semaine
giorno della settimana

día de la semana
يوم الأسبوع
روزهای هفته
hafta günü
день недели

**woher** 2
from where
d'où
da dove
de dónde
من أين
از كجا ، اهل كجا
nereden
откуда

**wohin** 2
where
où
dove
adónde
ألى أين
به كجا
nereye
куда

**wohnen** 1
to live
habiter
abitare
vivir
سكن
زند كى كردن
oturmak
жить

**Wohnung** 3
flat
logement
appartamento
vivienda
شقّة
آپارتان
ev/daire
квартира

**Wohnungsvermittlung** 6
real estate agency
agence immobilière
agenzia immobiliare
agencia inmobiliaria
مكتب تأجير البيوت
بنكاه معاملات ملكى

komisyonculuk
квартирное бюро

**Wohnzimmer** 6
living room
salle de séjour
salotto
sala de estar
غرفة الجلوس
اطاق نشيمن
oturma odası
жилая комната

**wollen** 6
to want
vouloir
volere
querer
أراد ، أمر
خواستن
istemek
хотеть

**Wort** 2
word
mot
parola
palabra
كلمة
كلمه
söz/kelime
слово

**wünschen** 6
to wish
souhaiter
desiderare
desear
رغب
آرزو كردن
arzu etmek
желать

**Wurst** 3
frankfurter
saucisse
salume
salchicha
بجق
سوسيس
sucuk
колбаса

**Z**

**Zahl** 1
number
chiffre
numero
número
عدد
عدد
sayı/rakam
число

**Zahn** 7
tooth
dent
dente
diente / muela
سنّ
دندان
diş
зуб

**zeigen** 3
to show
montrer
fare vedere
enseñar
أرى
نشان دادن
göstermek
показывать

**Zeit** 3
time
temps
tempo
tiempo
وقت
وقت
zaman
время

**Zeitpunkt** 7
moment
moment
punto
fecha y hora
وقت ، موعد
نقطه زمان
belirli bir zaman
срок

**Zeitung** 7
newspaper

journal
giornale
periódico
جريدة
روزنامه
gazete
газета

**Zelt** 8
tent
tente
tenda
tienda de campaña
خيمة
چادر
çadır
палатка

**Zentrum** 1
center
centre
centro
centro
مركز
مركز
merkez
центр

**ziemlich** 6
rather
assez
abbastanza
bastante
نوعاً ما
واقعاً
oldukça
довольно

**Zigarette** 6
cigarette
cigarette
sigaretta
cigarrillo
سيجارة
سيگار
sigara
сигарета

**Zimmer** 1
room
chambre
stanza
habitación

غرفة
اطاق
oda
комната

**Zitrone** 3
lemon
citron
limone
limón
ليمون
ليمو ترش
limon
лимон

**zu** 4
to
à
a
a
(أقلَّ)من اللازم
خيلي زياد
pek/aşırı derecede
в, к

**zu Hause** 2
at home
à la maison
a casa
a casa
في البيت
در خانه
evde
дома

**zueinander** 3
to each other
l'un à l'autre
l'uno all'altro
uno al otro
بعض إلى بعض
به همديگر
birbirimize
друг к другу

**Zufall** 5
hazard
hazard
coincidenza
casualidad
صدفة
اتفاق غير منتظره
tesadüf
случайность

**Zug** 8
train
train
treno
tren
قطار
قطار
tren
поезд

**Zugschaffner** 8
conductor
contrôleur
controllore del treno
revisor
كماري
كنترل كنندة قطار
biletçi
кондуктор

**zuhören** 7
to listen
écouter
ascoltare
escuchar
استمع
گوش دادن
dinlemek
слушать

**Zukunft** 7
future
future
futuro
futuro
مستقبل
آينده
gelecek zaman
будущее

**zum** 1
to the
au / à la
a
a
إلى ال...
بطرف (آن)
-(y)a
в, к

**zurückgeben** 8
to return
rendre
tornare

devolver
رَدّ
پس دادن
geri vermek
возвращать

**zurücktreten** 8
to step back
cèder
retrocedere
retroceder
ابتعد
فاصله گرفتن
çekilmek
отступать назад

**zusammen** 1
together
ensemble
insieme
junto
معاً ، مع بعض
با هم
birlekte/beraber
вместе

**zusammenpassen** 4
to fit
aller ensemble
andare insieme
ir junto

التأم ، تناسق
با هم جور بودن
birbirine uymak
подходить друг к другу

**zusehen** 7
to observe
regarder
guardare
mirar
تفرّج
دیدن

görmek
смотреть

**Zuspätkommer** 2 〈 〉
somebody who is late
celui qui est en retard
ritardatario
uno que llega tarde
متأخّر
وقت نشناس

her zaman geç gelen
опаздывающий

**zusteigen** 8
to get on
monter
salire
subirse al tren
رکب
سوار شدن (مسافرِ قطازینِ راه)

binmek
входить

**zu viel** 4
too much
trop
troppo
demasiado
أكثر
خیلی زیاد
pek çok/fazla
слишком много

**Zwiebel** 3
onion
oignon
cipolla
cebolla
بصل
پیاز
soğan
лук

**zwischen** 8
between
entre
fra
entre
بین
بین
arasın(d)a
между

# LÖSUNG

## Hör zu

**1. Was ist richtig?** B, C, A

**2. Was hören Sie? Welche Stadt?**
Frankfurt, Hamburg, Berlin, Stuttgart, München, Wien
**3. Ja oder Nein?**
**1.** ja **2.** ja **3.** nein **4.** ja **5.** nein

## Praxis

**2. der/die/das?**
das Taxi, das Konzert, die Frau, der Doktor, das Hotel, die Stadt, das Zentrum, die S-Bahn, die Minute, die Karte, der Tag, die Oper, der Flughafen, der Schlüssel, das Zimmer, der Pass, die Unterschrift, der Tee, der Kaffee, das Problem, der Ingenieur, das Frühstück

**3. ein/ eine/ ein?**
eine Karte, eine Oper, ein Flughafen, ein Schlüssel, ein Frühstück, ein Zimmer, ein Pass, eine Unterschrift, ein Tee, ein Kaffee, ein Problem, ein Taxi, ein Konzert, eine Frau, ein Doktor, ein Hotel, eine Stadt, ein Zentrum, eine S-Bahn, eine Minute, ein Ingenieur, ein Tag.

**4. ich? – er/sie/es?**
**1.** bleibt **2.** gibt **3.** fahre **4.** kenne **5.** wohnt **6.** kommt **7.** nehme **8.** ist

**5. wir? – Sie?**
**1.** wohnen **2.** kommen **3.** nehmen **4.** arbeiten **5.** geben **6.** treffen **7.** essen **8.** nehmen

**6. ich ? – er/sie/es? – wir? – Sie?**
**1.** kommen, nehmen **2.** gibt **3.** kommt **4.** ist **5.** gehen **6.** nehme **7.** komme **8.** bleibt

### 7. Fragen Sie bitte!

**2.** Sind Sie Schweizer? **3.** Nehmen Sie Kaffee? **4.** Wohnen Sie in Frankfurt?
**5.** Bleiben Sie im Hotel? **6.** Fahren Sie durch die Stadt?

### 8. Was fehlt?

**1.** Karten **2.** Konzert **3.** kommt **4.** Zimmer **5.** Abend **6.** Uhr **7.** Frühstück
**8.** Elektro-Ingenieur **9.** gehen **10.** kennt

## Lektüre

**Ja oder Nein?**
**1.** ja **2.** nein **3.** nein **4.** ja **5.** nein **6.** ja **7.** nein **8.** ja **9.** nein **10.** ja

## THEMA 2

## Hör zu

**1.**
**A. Bei Hubertus' zu Hause** 2.
**B. Im Hotel** 1.

**2.**
**A. Bei Hubertus' zu Hause** **1.** ja **2.** nein **3.** nein **4.** nein **5.** ja
**B. Im Hotel** **1.** ja **2.** ja **3.** nein

## Praxis

### 1. Wann treffen wir uns?

**2.** um Viertel vor sieben **3.** um Viertel vor drei **4.** um zwanzig vor vier **5.** um zwanzig nach neun **6.** um zwanzig vor neun **7.** um fünf vor halb zehn **8.** um fünf nach halb zehn **9.** um zehn nach elf **10.** um halb eins **11.** um fünf vor zwölf **12.** um Viertel nach sieben **13.** um drei vor zwei **14.** um acht vor halb sechs **15.** um zwölf

### 2. Hören Sie und schreiben Sie die Uhrzeit!

**1.** Es ist 11 Uhr. **2.** … 12 Uhr. **3.** … 17 Uhr. **4.** … 18 Uhr 52 Minuten. **5.** … 22 Uhr. **6.** … 6 Uhr 48. **7.** … 6 Uhr 49. **8.** … 7 Uhr. **9.** …7. **10.** …5 Uhr. **11.** 8 Uhr dreißig/ halb neun. **12.** 8 Uhr 30.

### 3. Wie spät ist es?
**1.** 6:45 / 18:45 **2.** 2:30 / 14:30 **3.** 10:40 / 22:40 **4.** 12:15 / 00:15 **5.** 5:05 / 17:05 **6.** 5:36 / 17:36 **7.** 1:10 / 13:10 **8.** 3:45 / 15:45 **9.** 5:30 / 17:30 **10.** 6:00 / 18:00

### 4. Wie heißt das Verb?
**1.** ist **2.** hört **3.** hat **4.** komme **5.** wartet **6.** treffen **7.** beginnt **8.** arbeitest, wohnst **9.** bin **10.** gibt

### 5. Bilden Sie Sätze!
**1.** Du bleibst heute Abend im Hotel. **2.** Wir treffen uns um halb zwölf / warten seit anderthalb Stunden. **3.** Ihr wohnt in Wien. / Ihr geht in die Alte Oper. **4.** Herr Zentner wohnt in Wien / geht in die Alte Oper / freut sich. **5.** Ich bin zum Konzert eingeladen. **6.** Frau Fiesendoth wohnt in Wien / geht in die Alte Oper / freut sich. **7.** (!) Hast du schon Karten? **8.** Sie warten seit anderthalb Stunden.

### 6. Wo? Wohin? Woher?
**4.** Wo bist du? **5.** Woher kommt sie? **6.** Woher bist du / sind Sie? **7.** Wohin fährst du / fahren Sie? **8.** Wo bleibt er? **9.** Wohin geht ihr / gehen Sie? **10.** Woher ist Udo Lindenberg? **11.** Wohin geht ihr / gehen Sie? **12.** Wo wohnen wir? **13.** Wohin gehst du / gehen Sie?

### 7. Wann? Wie lange? Warum? Wie viel? Was? Wer?
**1.** Wie lange bist du schon da / sind Sie schon da? **2.** Warum bist du so spät / sind Sie so spät? **3.** Wer ist am Telefon? **4.** Wie viel Uhr ist es? **5.** Was hört er gerne? **6.** Wie lange bleibst du / bleiben Sie ? **7.** Wer ist der Chef? **8.** Wann kommt ihr / kommen Sie? **9.** Wann fahren wir? **10.** Wer arbeitet nicht?

### 8. Sagen Sie «Nein»!
**1.** Das ist kein Tee, das ist Kaffee. **2.** Das ist keine Tür, das ist ein Telefon. **3.** Das ist kein Hotel, das ist ein Taxi. **4.** Das ist keine Köchin, das ist ein Taxifahrer. **5.** Das ist kein Flughafen, das ist ein Pass. **6.** Das ist kein Schlüssel, das ist eine Konzert-Karte.

### 9. Sagen Sie «Nein»!
**1.** Nein, das Essen ist nicht kalt. **2.** Nein, ich bin nicht sauer. **3.** Nein, Frau Köckritz ruft nicht aus Rom an. **4.** Nein, ich höre nicht gerne Musik. **5.** Nein, das

Konzert beginnt nicht um halb acht. **6.** Nein, Köckritz kommt heute nicht. **7.** Nein, Köckritz ist nicht nett. **8.** Nein, ich gehe nicht ins Konzert. **9.** Nein, ich wohne nicht in Frankfurt. **10.** Nein, ich bleibe nicht im Hotel.

## Lektüre

### Ja oder Nein?
**1.** ja **2.** nein **3.** ja **4.** nein **5.** nein **6.** ja **7.** nein **8.** nein **9.** ja **10.** nein **11.** nein **12.** nein

## THEMA 3

## Hör zu

**1.**
**A. Nach dem Konzert** B
**B. Bei Hubertus' zu Hause** A

**2.**
**A. Nach dem Konzert** 1. nein 2. ja 3. nein 4. nein 5. nein
**B. Bei Hubertus' zu Hause** 1. nein 2. nein 3. ja 4. nein 5. nein

## Praxis

### 1. Was trinken Sie? Was möchten Sie?
**2.** ein Bier **3.** einen Zitronentee **4.** eine Coca-Cola **5.** eine Pepsi-Cola **6.** einen Kaffee **7.** einen Cognac **8.** einen Sherry **9.** einen Apfelwein **10.** ein Wasser **11.** eine Limonade **12.** einen Orangensaft **13.** eine Milch **14.** einen Kakao **15.** einen Whisky

### 2. Was essen Sie? Was möchten Sie?
**2.** einen Rehbraten **3.** einen Toast **4.** ein Käsebrot **5.** eine Pizza **6.** eine Bratwurst **7.** eine Zwiebelsuppe **8.** einen Kartoffelsalat **9.** – Pommes frites **10.** – Spaghetti **11.** ein Wiener Schnitzel **12.** einen Schweizer Käse **13.** – Kartoffeln **14.** eine Gulaschsuppe **15.** – Frankfurter Würstchen **16.** einen Kebab

### 3. Fragen Sie Ihren Nachbarn!

**2.** Wir bestellen die Pariser Zwiebelsuppe. **3.** Ich kaufe die Kinokarte für heute Abend. **4.** Fritz hört die Kassette mit Musik von Prince. **5.** Karla kocht den Rehbraten für Frau Stratmann. **6.** Wir suchen den Bahnhof. **7.** Wir nehmen die Weinschaumcreme von Hansi Hubertus. **8.** Ich will / wir wollen den Schlüssel für Zimmer 15. **9.** Ich bestelle / wir bestellen das Wiener Schnitzel. **10.** Wir suchen den Pass von Hansi. **11.** Ich bezahle den Wein. **12.** Ich esse den Hamburger aus Moskau.

### 4. Sie sind der Chef:

**2a.** Nimm bitte Platz! **3a.** Komm zum Essen! **4a.** Zeig bitte das Haus! **5a.** Komm zu uns! **6a.** Geh nach Hause! **7a.** Trink Coca-Cola! **8a.** Bestelle bitte einen Wein! **9a.** Fahr mit dem Taxi! **10a.** Bleib bitte im Hotel! **11a.** Kauf bitte Karten! **12a.** Bezahle mit einem Scheck! **13a.** Warte am Bahnhof! **14a.** Iss die Suppe! **15a.** Denk an uns!

**2b.** Nehmt bitte Platz! **3b.** Kommt zum Essen! **4b.** Zeigt bitte das Haus! **5b.** Kommt zu uns! **6b.** Geht nach Hause! **7b.** Trinkt Coca-Cola! **8b.** Bestellt bitte einen Wein! **9b.** Fahrt mit dem Taxi! **10b.** Bleibt bitte im Hotel! **11b.** Kauft bitte Karten! **12b.** Bezahlt mit einem Scheck! **13b.** Wartet am Bahnhof! **14b.** Esst die Suppe! **15b.** Denkt an uns!

**2c.** Nehmen Sie bitte Platz! **3c.** Kommen Sie zum Essen! **4c.** Zeigen Sie bitte das Haus! **5c.** Kommen Sie zu uns! **6c.** Gehen Sie nach Hause! **7c.** Trinken Sie Coca-Cola! **8c.** Bestellen Sie bitte einen Wein! **9c.** Fahren Sie mit dem Taxi! **10c.** Bleiben Sie bitte im Hotel! **11c.** Kaufen Sie bitte Karten! **12c.** Bezahlen Sie mit einem Scheck! **13c.** Warten Sie am Bahnhof! **14c.** Essen Sie die Suppe! **15c.** Denken Sie an uns!

### 5. Trennen Sie das Verb!

**1.** Das Kino fängt um sieben Uhr an. **2.** Herr Klein lädt Frau Groß ein. **3.** Herr Müller kommt ins Büro herein und nimmt Platz. **4.** Christof kommt um acht Uhr in Mainz an. **5.** Kommen Sie in die Alte Oper mit? **6.** Jetzt rufst du schon wieder an. **7.** Ich habe kein Kleingeld. Geben Sie mir auf 30 Euro heraus! **8.** Wir laden Sie zum Essen ein. **9.** Der Bus fährt um 19 Uhr 30 ab. **10.** Herr Meier ruft seinen Vater an.

### 6. Trennbar oder nicht trennbar?

**3.** Thomas lädt seine Eltern ein. **4.** Der Kellner gibt mir auf 50 Euro heraus. **5.** Ich komme am Flughafen um 21 Uhr an. **6.** Die Schule fängt um acht Uhr an. **7.** Ihr beginnt mit dem Kurs. **8.** Der Telefonist verbindet mich mit Wien. **9.** Herr Schulze bestellt den Rehbraten. **10.** Du fährst um 22 Uhr 45 ab. **11.** Herr und Frau Pauli nehmen Platz. **12.** Emil bezahlt ein Bier.

## 7. Trennbare/ nicht trennbare Verben?

**a.**

ich komme mit, ich lade ein, ich komme herein, ich beginne, ich verbinde, ich entschuldige, ich gebe heraus, ich fange an, ich bestelle

**b.**

**1.** Düdeldüdeldütt. Fritz ruft Maria an. **2.** Maria kommt gerne ins Kino mit. **3.** Das Kino beginnt um acht Uhr. **4.** Fritz lädt Maria ein. **5.** Er bezahlt die Karten mit 20 Euro. **6.** Die Frau an der Kasse gibt zwei Euro heraus. **7.** Das Kino hört um zehn Uhr auf.

## 8. Anworten Sie!

**2.** Morgen kommt Herr Schulze. **3.** Um 20 Uhr fängt der Film an. **4.** Zwei Stunden dauert das Konzert. **5.** Im Hotel bleibt Herr Lindenberg. **6.** Einen Hamburger möchte ich. **7.** Aus Brüssel bin ich. **8.** Nach England fahre ich. **9.** Bei McDonald's esse ich. **10.** In Köln wohne ich. **11.** Um sieben Uhr kommen wir. **12.** Ins Kino gehe ich.

## Lektüre

### Ja oder Nein?

**1.** ja **2.** nein **3.** nein **4.** ja **5.** nein **6.** nein **7.** nein **8.** nein **9.** nein **10.** nein **11.** nein

## THEMA 4

### Hör zu

**1.**
**A. Wer spricht hier?**
**1.** Gaby **2.** Susi **3.** Verkäuferin **4.** Hans
**B. Ja oder Nein?**
**1.** ja **2.** nein **3.** ja **4.** ja **5.** nein

**2.**
**A. Im Auto 1.** ja **2.** nein **3.** nein **4.** ja
**B. In der Boutique 1.** c **2.** a **3.** c
**C. Wieder im Auto 1.** ja **2.** ja **3.** nein
**D. Bei Hubertus' zu Hause 1.** c **2.** b

## Praxis

### 1. Welcher Tag ist heute?

Heute ist ... **1.** ... der vierte siebte neunzehnhundertzweiundneunzig **2.** ... der siebte vierte neunzehnhundertneunundzwanzig **3.** ... der neunte achte zweitausendeins **4.** ... der dreizehnte elfte neunzehnhundertneununundvierzig **5.** ... der siebzehnte sechste neunzehnhundertdreiundfünfzig **6.** ... der sechsundzwanzigste zweite achtzehnhundertdreizehn **7.** ... der vierzehnte siebte siebzehnhundertneunundachtzig **8.** ... der erste neunte neunzehnhundertneununddreißig **9.** ... der dreizehnte achte neunzehnhunderteinundsechzig **10.** ... der zweite siebte neunzehnhundertsiebzig

### 2. Welchen Tag haben wir heute?

Heute haben wir ... **1.** ... den einundzwanzigsten zweiten sechzehnhundertdreizehn **2.** ... den siebenundzwanzigsten zehnten neunzehnhundertachtzehn **3.** ... den sechsten vierten siebzehnhundertsechsundvierzig **4.** ... den elften elften elfhundertelf **5.** ... den sechzehnten dritten neunzehnhundertzwanzig **6.** ... den neunten elften neunzehnhundertneunundachtzig **7.** ... den neunzehnten sechsten zweitausenddrei **8.** ... den dreißigsten zweiten neunzehnhundertachtundneunzig (Moment, da stimmt was nicht!) **9.** ... den einunddreißigsten achten achtzehnhundertsiebzehn **10.** ... den fünfundzwanzigsten zwölften zweitausendvier

### 3. Wann und wo bist du geboren?

zum Beispiel (21.07.1952) – Ich bin am einundzwanzigsten Juli neunzehnhundertzweiundfünfzig in Mainz geboren.

### 4. Datum in Zahlen schreiben

**1.** 1.11.1756 **2.** 21.12.1917 **3.** 17.12.1770 **4.** 13.09.1938

### 5. Datum in Buchstaben schreiben

**1.** am einundzwanzigsten März sechzehnhundertfünfundachtzig **2.** am siebenundzwanzigsten Dezember neunzehnhunderteins **3.** am dreizehnten September achtzehnhundertneunzehn **4.** am fünften März achtzehnhundertsiebzig **5.** am zwölften Juni neunzehnhundertneunundzwanzig

### 6. Wann ist wer geboren? 1d – 2c – 3e – 4b – 5a

## 7. Setzen Sie den bestimmten Artikel im Dativ ein!

**1.** dem **2.** der, dem **3.** dem **4.** dem **5.** dem, dem, dem, der **6.** der **7.** dem **8.** dem **9.** der **10.** dem **11.** dem

## 8. Setzen Sie das Dativ-Pronomen ein!

**1.** mir, uns, dir, euch, ihm, ihm, ihr/ihnen **2.** mir, dir, ihm, ihm, ihr/ihnen **3.** uns, mir, ihr/ihnen, euch, ihm, ihm, dir

## 9. Setzen Sie das richtige Akkusativ-Pronomen ein!

**1.** ihn, mich, sie, euch, es, dich **2.** uns, mich, sie, euch, es, dich

## 10. Setzen Sie das Akkusativ-Pronomen ein!

**1.** dich **2.** dich, mich **3.** ihn **4.** sie **5.** euch **6.** uns **7.** ihn **8.** mich **9.** es **10.** sie **11.** Sie, mich

## 11. Setzen Sie das richtige Dativ-Pronomen ein!

**1.** mir **2.** ihr **3.** uns **4.** dir **5.** ihnen **6.** mir **7.** ihnen **8.** dir **9.** dir **10.** ihr **11.** mir

## 12. Verbinden Sie Frage und Antwort!

1e – 2a – 3f – 4b – 5d – 6c

## 13. Setzen Sie ins Präteritum!

Ich war zu Hause. Meine Frau und die Kinder waren im Kino. Ich hatte keine Lust. Ich hatte Hunger. Es war keine Wurst da. Und ich hatte Durst. Es war auch kein Bier da. Das war mir egal. Brot und Wasser waren da.

## 14. War oder hatte?

**1.** hatte **2.** warst **3.** hatte **4.** waren **5.** hatte **6.** hatten **7.** war/waren **8.** wart **9.** hattet **10.** war

---

### Lektüre

## Ja oder Nein?

**1.** nein **2.** nein **3.** nein **4.** ja **5.** nein **6.** ja **7.** nein **8.** nein **9.** ja **10.** ja **11.** ja

# THEMA 5

## Hör zu

**1.**
**A. Was ist hier los?** a
**B. Welche Namen hören Sie?** Eva, Theo, Brinkmann, Sauer, Egon

**2.**
**A. Im Bett** a
**B. Am Telefon** 1. nein 2. ja 3. ja
**C. An der Anmeldung** b
**D. Im Sprechzimmer** 1., 2., 4.
**E. Im Treppenhaus** 1. ja 2. nein 3. ja 4. ja
**F. Wieder zu Hause** 2., 3., 5.

## Praxis

### 1. Suchen Sie alle Modalverben im Dialog!
**1.** … muss ich … rufen **2.** kannst du … gehen **3.** Ich möchte … warten **4.** Er kann nicht schlucken **5.** Kann Dr. Brinkmann … vorbeikommen? **6.** Kann Ihr Mann … kommen? **7.** Muss ich … warten? **8.** Ich kann nicht schlucken **9.** … ich möchte … abhören **10.** Sie können … rauchen! **11.** … können Sie … anziehen. **12.** Können Sie … verschreiben? **13.** … musst du … arbeiten. **14.** Wir können … gehen **15.** … du musst … helfen **16.** weil ich … gehen kann. **17.** Ich soll … bleiben. **18.** … müssen wir … machen. **19.** Wir müssen … abgeben. **20.** Er muss … herumlaufen.

### 2. Müssen oder können?
**1.** muss **2.** können **3.** muss **4.** Können **5.** müssen **6.** kann **7.** muss **8.** muss **9.** Kann **10.** können

### 3. Können oder möchten?
**1.** möchte **2.** Kann **3.** möchte, kann **4.** möchten, Können **5.** kann **6.** kann, möchte **7.** kann **8.** kann **9.** möchte **10.** kann

### 4. Modalverb-Cocktail
**1.** Ich möchte morgen mit meinem Freund nach Berlin fahren. **2.** Wir können

**Deutsch Eins**

nicht mit dem Auto fahren. **3.** Wir müssen erst neue Reifen kaufen. **4.** Er möchte mit dem Flugzeug von Frankfurt fliegen. **5.** Wir können die Tickets nicht bezahlen. **6.** Wir müssen sparen. **7.** Ich finde: Wir können mit dem Zug nach Berlin fahren. **8.** Mein Freund will mit dem Fahrrad von Berlin nach Rügen fahren. **9.** Wir können nicht mit dem Fahrrad fahren. **10.** Wir müssen neue Reifen kaufen.

## 5. Setzen Sie das Possessiv-Pronomen ein!

**1.** mein **2.** sein **3.** deinen **4.** dein **5.** mein **6.** Unsere **7.** dein **8.** euer **9.** Ihre **10.** Seine

## 6. Ergänzen Sie!

**1.** meinem, deinem **2.** Mein, meinen **3.** dein **4.** Sein **5.** seinem **6.** ihren **7.** ihren **8.** ihrer **9.** seinem **10.** euer, unserer, unserem **11.** unser **12.** euren, unser **13.** ihrem **14.** Ihr **15.** ihrem **16.** Ihre **17.** ihren, ihre **18.** Ihr **19.** ihr **20.** Ihre

## 7. Suchen Sie im Text alle Nebensätze!

**1.** …, weil mein Mann starke Halsschmerzen hat. **2.** …, dass der Herr Doktor heute keine Hausbesuche macht! **3.** …, weil mein Hals so weh tut. **4.** …, wenn es bis Freitag nicht besser wird, dass wir uns hier treffen. **5.** …, weil ich vor zwei Wochen einen Unfall mit dem Fahrrad hatte. **6.** …, wenn du Zeit hast. **7.** …, weil ich mit dem Gips so schlecht gehen kann. **8.** …, weil sie gerade ihr Diplom macht. **9.** …, dass ich eine Grippe habe und … **10.** …, dass es nicht so schlimm ist. **11.** …, weil er einen Unfall mit dem Fahrrad hatte.

## 8. Machen Sie Sätze mit «dass»!

**1.** Ich glaube, dass ich die Grippe habe. **2.** Er sagt, dass er Halsschmerzen hat. **3.** Ich denke, dass das so richtig ist. **4.** Du sagst, dass du keine Zeit hast. **5.** Du sagst, dass es gut schmeckt. **6.** Der Doktor sagt, dass ich nicht krank bin. **7.** Ich sehe , dass es schon acht Uhr ist. **8.** Ich weiß, dass er um acht Uhr kommt. **9.** Wissen Sie, dass das Konzert um acht Uhr beginnt? **10.** Du siehst, dass es ganz einfach ist.

## 9. Antworten Sie mit «weil»!

**1.** …, weil ich viele Zigaretten rauche. **2.** …, weil mein Audi kaputt ist. **3.** …, weil ich keinen Hunger habe. **4.** …, weil ich kein Geld mehr habe. **5.** …, weil ich ihn noch liebe. **6.** …, weil ich den Film schon kenne. **7.** …, weil wir nicht gerne kochen. **8.** …, weil ich krank bin. **9.** …, weil ich kein Kleingeld habe. **10.** …, weil ich McDonald's nicht gut finde.

**LÖSUNG**

**10. Was gehört zusammen?**
1g – 2d – 3b – 4c – 5f – 6a – 7h – 8i – 9e
**Verbinden Sie mit «wenn»!**
**1.** …, wenn es Rambo VI gibt. **2.** …, wenn du Geburtstag hast. **3.** …, wenn wir Freunde zu Besuch haben. **4.** …, wenn ich kein Bargeld habe. **5.** …, wenn man sich ein bisschen besser kennt. **6.** …, wenn sie ein Rendezvous hat. **7.** …, wenn du viel rauchst. **8.** …, wenn sie Probleme mit ihrem Chef hat. **9.** …, wenn ihr nicht genug Geld auf der Bank habt.

## Lektüre

**Ja oder Nein?**
**1.** ja **2.** nein **3.** ja **4.** nein **5.** nein **6.** nein **7.** nein **8.** nein **9.** ja **10.** nein **11.** ja **12.** nein **13.** ja

## THEMA 6

## Hör zu

**1.**
**A. Was ist hier los?** 1.

**2.**
**A. Wir brauchen eine Wohnung** a
**B. Beim Makler 1.** nein **2.** ja **3.** nein **4.** ja
**C. Wieder mit der Freundin 1.** nein **2.** ja **3.** ja.
**D. Beim Vermieter 1.** a **2.** b

## Praxis

**1. Regelmäßige Verben:**
**1.** gearbeitet **2.** gekocht **3.** gehört, geraucht **4.** gelebt

**2. Unregelmäßige Verben:**
**1.** gegessen **2.** gegeben **3.** genommen **4.** gesehen

### 3. Trennbare Verben:
**1.** abgehört, krankgeschrieben **2.** eingekauft **3.** angerufen

### 4. Nicht trennbare Verben:
**1.** bezahlt **2.** bestellt **3.** empfohlen, gefallen **4.** verdient, verschrieben

### 5. Wie heißt das Partizip 2?
**Gruppe 1** gekauft, gefragt, geguckt, geholt, gestört, geschluckt, gefühlt, gewartet, gebraucht, geglaubt, gehabt, gekriegt, geschaut, geschmeckt, gemietet, gezeigt
**Gruppe 2** geblieben, gegangen, gekommen, gelitten, geschrieben, getan, gefahren, geholfen, gelaufen, gerufen, getroffen, geworden
**Gruppe 3** angehalten, angekommen, aufgemacht, ausgesehen, eingekauft, herausgegeben, heruntergehandelt, reingegangen, zusammengepasst, abgegeben, angezogen, ausgeatmet, drangekommen, eingeladen, herumgelaufen, heruntergesetzt, vorbeigefahren, hingelegt
**Gruppe 4** bestellt, begonnen, entschuldigt, überzogen, bekommen, bezahlt, verbunden, überlegt

### 6. haben oder sein?
**1.** ist **2.** habe **3.** bin **4.** hat **5.** ist **6.** habe **7.** habe **8.** ist **9.** hat **10.** habe **11.** sind **12.** sind

### 7. haben oder sein?
**1.** Ich bin nicht in Hannover gewesen. **2.** Er hat mir sein neues Auto gezeigt. **3.** Wir sind in den Garten gelaufen. **4.** Wir haben mit Tokio telefoniert. **5.** Er hat immer erst ein Bier und dann einen Schnaps bestellt. **6.** Eva ist im Bett geblieben, sie ist krank gewesen. **7.** Mein Kopfweh ist nicht besser geworden, ich bin zum Arzt gegangen. **8.** Ich bin mit dem Zug um 19 Uhr gekommen. **9.** Er hat neue Schuhe anprobiert. **10.** Sie ist mit dem Zug nach Frankfurt gefahren.

### 8. Setzen Sie ins Perfekt!
**1.** Kalli hat eine neue Wohnung gesucht. **2.** Er hat Probleme mit dem Hausbesitzer gehabt. **3.** Kalli hat die Miete nicht bezahlt. **4.** Da hat der Hausbesitzer ihm gekündigt. **5.** Kalli hat nämlich finanzielle Probleme gehabt. **6.** Er hat sein Konto um 4000 Euro überzogen. **7.** Seine Frau ist jede Woche nach Baden-Baden ins Spielkasino gefahren. **8.** Sie hat jedesmal 500 Euro verloren. **9.** Er hat mit seinem Freund über diese Probleme gesprochen. **10.** Maxi hat ihm empfohlen: «Such dir nicht 'ne neue Wohnung, such dir 'ne neue Frau!»

## 9. Suchen Sie alle Modalverben im Dialog!

**1.** Der kann ... kündigen. **2.** Wir sollen ... rauchen. **3.** ... kann er ... leiden. **4.** Wollen Sie mieten ... ? **5.** ... es darf ... sein. **6.** ... ich kann ... bezahlen. **7.** ... müssen Sie ... hinlegen. **8.** ... Sie wollen ... **9.** ... können Sie ... anschauen. **10.** ... soll ich ... nehmen. **11.** Die wollen ... verkaufen. **12.** Die wollen ... andrehen. **13.** ... die Makler wollen ... verkaufen.

## 10. wollen und dürfen

**1.** Willst, darf **2.** Darf, willst **3.** Darf, willst **4.** Willst, darf **5.** darf

## 11. sollen und wollen

**1.** soll, will **2.** Soll **3.** will, soll, will **4.** soll

## 12. dürfen und sollen

**1.** Darf, soll/darf **2.** darf, sollst **3.** soll **4.** darf **5.** sollst, darfst

## 13. Schreiben Sie Singular und Plural in Ihr Heft!

das, die Abendessen; der, die Arme; das, die Augen; der, die Bäuche; das, die Betten; das, die Diplome; die, die Einladungen; die, die Farben; der, die Füße; der, die Gärten; der, die Gründe; die, die Heizungen; der, die Hüte; das, die Jahre; der, die Keller; das, die Kinder; die, die Kleinigkeiten; der, die Köche; der, die Körper; die, die Küchen; der, die Mäntel; die, die Minuten; der, die Nachmittage; die, die Nasen; die, die Ordnungen; der, die Patienten; die, die Professorinnen; die, die Quittungen; die, die Sachen; der, die Schätze; der, die Schweizer; das, die Sprechzimmer; die, die Stimmen; das, die Taxis; das, die Theater; der, die Unfälle; die, die Verkäuferinnen; der, die Yuppies; die, die Ankünfte; die, die Autobahnen; der, die Braten; das, die Fahrräder; die, die Frauen; die, die Geschichten; die, die Hosen; die, die Karten; das, die Konzerte; der, die Lieblinge; der, die Monate; der, die Plätze; das, die Rehe; die, die Sorgen; die, die Stunden; die, die Türen; die, die Zigaretten

## 14. Setzen Sie den Plural ein!

**1.** Probleme **2.** Kinder **3.** Söhne **4.** Tiere **5.** Hunde **6.** Zigaretten **7.** Marlboros **8.** Monate **9.** Platten **10.** Probleme **11.** Zimmern (!), Söhne, Bäume, Hunde, Garagen, Autos

**Ja oder Nein?**

1. ja 2. nein 3. nein 4. ja 5. ja 6. ja 7. nein 8. nein 9. ja 10. nein

## THEMA 7

### Hör zu

1.
**A. Was ist hier los?** 3.

2.
**A. Beim Frühstück** b
**B. Beim Chef** 2., 3., 5.
**C. Mit der Schwester** 1. a 2. b
**D. Wieder zu Hause** b

### Praxis

**1. Unterstreichen Sie alle Präpositionen im Dialog!**
(D = Dativ, A = Akkusativ)

beim Frühstück (D), zum Bäcker (D), aus dem Büro (D), ohne meinen Kaffee (A), im Büro (D), in der Mittagspause (D), nach Hause (D), von der Arbeit (D), beim Chef (D), im Stau (D), mit dem Bus (D), bei uns im Dorf (D), in dieser Firma (D), zur Arbeit (D), in meinem Vertrag (D), unter vierzig Stunden (D), mit mir (D), seit zwei Jahren (D), um halb neun (Uhrzeit), auf ihre Mitarbeit (D), mit der Schwester (D), in der Pinte (D), gegenüber vom Dom (D), in einer viertel Stunde (D), für das Frühstück (A), mit Karoline (D), im Stau (D), in die Firma (A), vor die Tür (A), gegen mich (A), bei dieser Firma (D), im Moment (D), zu Hause (D), mit dir (D), zum Essen (D), zu mir (D), mit diesen Krämers (D)

**2. Ergänzen Sie Endungen und/oder Artikel!**

1. zum 2. aus dem 3. aus der 4. mit dem 5. beim 6. seit einem 7. mit den Kindern (!), aus ihrer 8. vom Bahnhof 9. zum Arzt 10. bei den Nachbarn 11. mit dem

**3. wohin? wo? woher?**

1. beim 2. vom 3. zum 4. aus 5. zum 6. zur 7. beim 8. zur 9. von 10. aus

## 4. Ergänzen Sie Endungen und/oder Artikel!
**1.** den **2.** den **3.** seinen **4.** die **5.** die **6.** eine **7.** die **8.** ein **9.** die **10.** die **11.** den

## 5. ohne – durch – gegen – für – um – bis
**1.** durch **2.** gegen **3.** gegen **4.** für **5.** durch **6.** um **7.** für **8.** um **9.** ohne **10.** für

## 6. Wie heißt die Endung?
**1.** vom … bis zum **2.** dem **3.** der **4.** einer **5.** Monaten **6.** vom … bis zum **7.** einer **8.** –/um **9.** der **10.** den

## 7. Welche Präposition fehlt?
**1.** um **2.** seit **3.** vom … bis zum **4.** in **5.** vor **6.** bis **7.** Am **8.** – **9.** In **10.** vor

## 8. Setzen Sie die Adverbien richtig ein!
**1.** eigentlich **2.** regelmäßig **3.** lieber **4.** sowieso **5.** halt/einfach **6.** wenigstens **7.** halt/einfach **8.** wenigstens **9.** sowieso **10.** halt/einfach **11.** lieber **12.** halt/einfach **13.** regelmäßig **14.** Eigentlich

## 9. Wie heißt die Endung von «diese»?
**1.** diesem **2.** diesem **3.** diese **4.** dieser **5.** dieser **6.** dieses **7.** diesem **8.** diese **9.** dieser **10.** diese **11.** diesen **12.** diese

## 10. Sagen Sie es mit «weder ... noch ...»!
**2.** Herr Meyer geht weder ins Kino noch ins Theater. **3.** Sie ist weder in Italien noch in der Schweiz gewesen. **4.** Ich spreche weder Chinesisch noch Spanisch. **5.** Mein Chef bezahlt weder die Ferien noch bei Krankheit. **6.** Rockefeller hat weder Roulette noch Poker gespielt.

## 11. Sagen Sie es mit «sowohl ... als auch ... »!
**2.** Herr Meyer geht sowohl ins Kino als auch ins Theater. **3.** Sie ist sowohl in Italien als auch in der Schweiz gewesen. **4.** Ich spreche sowohl Chinesisch als auch Spanisch. **5.** Mein Chef bezahlt sowohl Überstunden als auch gute Ideen. **6.** Herr Rockefeller spielt sowohl Roulette als auch Poker.

## 12. Beides geht nicht!
**2.** Entweder Eva möchte Adam heiraten, oder sie möchte mit Hans leben. **3.** Entweder Rita möchte Kisuaheli lernen, oder sie möchte Schwedisch lernen.

**4.** Entweder Christian will nach Australien fahren, oder er will nach Amerika fahren.
**5.** Entweder ich kaufe dir ein Porsche Cabriolet, oder ich kaufe dir einen Pelzmantel.
**6.** Entweder du bleibst heute Nacht hier, oder du fährst mit dem Taxi nach Hause.

## 13. Aus zwei mach eins!

**2.** Du meinst, dass Danny Brötchen gekauft hat. **3.** Meine Schwester sagt, dass sie schon in Frankfurt gewesen ist. **4.** Egon Krause meint, dass früher die Männer besser gelebt haben. **5.** Ich sage dem Chef, dass mein Auto nicht angesprungen ist. **6.** Der Chef sagt zu mir, dass er zwei Jahre nichts gesagt hat, wenn ich nicht pünktlich gekommen bin.

## 14. Schreiben Sie Singular und Plural in Ihr Heft!

der, die Anfänge; die, die Anmeldungen; der, die Aufzüge; das, die Bäder; das, die Beine; der, die Berufe; der, die Briefkästen; die, die Duschen; der, die Espressos; das, die Fenster; der, die Finger; die, die Freundinnen; der, die Geschäftspartner; der, die Hälse; das, die Hemden; der, die Herren; der, die Hunde; die, die Immobilien; die, die Kabinen; der, die Käse; der, die Kellner; das, die Kinos; das, die Kleider; der, die Köpfe; das, die Kopftücher; die, die Lagen; der, die Makler; der, die Modekataloge; die, die Monatsmieten; der, die Münder; die, die Nummern; das, die Parkhäuser; der, die Parkplätze; die, die Platten; der, die Preise; die, die Rechnungen; das, die Rendezvous; der, die Salate; die, die Sandalen; der, die Schuhe; der, die Söhne; die, die Sprechstunde; die, die Städte; der, die Strümpfe; der, die Tage; die, die Toiletten; die, die Treppen; die, die Universitäten ; das, die Viecher; die, die Villen; die, die Würste; die, die Zeiten; die, die Zwiebeln

---

### Lektüre

**Ja oder Nein?**
**1.** nein **2.** nein **3.** ja **4.** ja **5.** nein **6.** ja **7.** nein **8.** ja **9.** nein **10.** nein

### Hör zu

**1.**
**A. Was ist hier los?** 1.

**2.**
**A. Der Abschied** Zug, Rucksack, Pass, Fahrkarte, fremde Männer, Athen, Urlaub.
**B. Im Zug zum Flughafen 1.** ja **2.** nein **3.** nein
**C. Der Zugschaffner** b
**D. Am Flughafen-Schalter** a
**E. Im Flieger 1.** ja **2.** nein **3.** ja **4.** ja **5.** nein

### Praxis

**1. Wie heißen die Präpositionen?**
**1.** an **2.** auf **3.** im **4.** unter **5.** neben **6.** im **7.** über **8.** vor **9.** neben

**2. Wie heißt es?**
**1.** oben **2.** hinten **3.** links **4.** rechts **5.** unten **6.** vorne

**3. Dativ oder Akkusativ: Was fehlt?**
**1.** ins/in das **2.** der **3.** im **4.** dem **5.** im, dem **6.** dem **7.** im **8.** dem **9.** im, im
**10.** die **11.** ans/an das **12.** der **13.** ins **14.** die **15.** dem

**5. Welche Präposition fehlt?**
**1.** im **2.** am **3.** in **4.** auf **5.** unter/an **6.** neben/hinter **7.** auf **8.** unter/vor **9.** hinter

**6. Was gehört zusammen?**
1f, 2d, 3j, 4g, 5a, 6c, 7e, 8i, 9b, 10h; auch möglich: 4c, 7i, 8e, 10f

**7. Antworten Sie!**
**2.** Ja, es liegt im Bett. **3.** Ja, es steht vor der Tür. **4.** Ja, es liegt auf dem Tisch.
**5.** Ja, es sitzt auf dem Topf. **6.** Ja, sie liegt auf dem Schreibtisch. **7.** Ja, sie stehen

**Deutsch Eins**

in der Küche. **8.** Ja, es hängt im Schrank. **9.** Ja, sie sind im Keller. **10.** Ja, sie stehen im Schrank.

### 8. Fragen Sie!

**2.** Hast du sie ins Bett gelegt? **3.** Hast du ihn in die Garage gelegt? **4.** Hast du sie in den Briefkasten gestellt? **5.** Hast du es in den Aufzug gestellt? **6.** Hast du sie in den Salat gestellt? **7.** Hast du sie in die Weinschaumcreme gelegt? **8.** Hast du sie in den Portwein gelegt? **9.** Hast du sie in die Toilette gestellt? **10.** Hast du es in die Suppe getan?

### 9. Antworten Sie: Dativ oder Akkusativ?

**1.** am **2.** ins **3.** im **4.** in der **5.** auf dem **6.** in die **7.** auf der **8.** auf das **9.** über die **10.** unter der **11.** vor dem **12.** auf dem ; auch möglich: **2.** zum **4.** vor der, hinter der … **5.** bei dem **10.** auf der, neben der, hinter der … **12.** hinter dem …

### 10. dass oder ob?

**1.** dass **2.** ob **3.** ob **4.** dass **5.** ob **6.** ob **7.** dass **8.** dass **9.** dass **10.** ob

### 11. Aus zwei mach eins!

**2.** Ich frage den Mann in der Bank, ob die Bank nachmittags geöffnet ist. **3.** Ich bin mir nicht sicher, ob Henry heute Abend zurückkommt. **4.** Ich weiß nicht mehr, ob ich das Buch in den Koffer gesteckt habe. **5.** Ich bin nicht sicher, ob ich den Film kenne. **6.** Der Professor fragt sich, ob er (!) das Buch schon gelesen hat. **7.** Ich weiß nicht, ob ein Porsche oder ein Ferrari Testarossa schneller ist. **8.** Ich frage, ob es eine Apotheke hier im Ort gibt. **9.** Ich frage mich, ob es heute noch regnet. **10.** Können Sie mir sagen, ob Bernhard Müller ein Telefon hat?

### 12. nur oder erst?

**1.** nur **2.** erst **3.** nur **4.** nur **5.** erst **6.** nur/erst **7.** erst **8.** nur

### 13. Was ist richtig, erst oder schon?

**1.** erst **2.** schon **3.** schon **4.** erst, schon **5.** schon **6.** erst **7.** schon **8.** erst

### 14. Antworten Sie mit «Nein» oder «doch»!

**3.** Nein, ich habe kein anderes Buch für dich. **4.** Nein, ich war noch nicht beim Arzt. **5.** Doch, ich habe noch Zigaretten. **6.** Nein, ich habe Toni heute noch nicht gesehen. **7.** Doch, er hat mir die zwanzig Euro schon zurückgegeben. **8.** Nein, ich möchte kein Bier mehr. **9.** Nein, ich habe nichts mehr zu essen. **10.** Nein, ich war noch nicht bei der Polizei. **11.** Nein, wir haben unseren alten Volkswagen nicht mehr. **12.** Nein, wir wohnen noch nicht in der neuen Wohnung. **13.** Doch, ich habe noch Tomaten. **14.** Doch, ich gehe donnerstags noch ins Theater. **15.** Nein, ich habe die Nase noch nicht voll von dieser Übung.

**15. Schreiben Sie Singular und Plural in Ihr Heft!**
die, die Ahnungen; die, die Apotheken; der, die Ausgänge; der, die Balkons; die, die Blumen; das, die Brote; das, die Einzelstücke; das, die Fenster; der, die Freunde; die, die Garagen; die, die Größen; der, die Hamster; das, die Hotels; die, die Jacken; die, die Kartoffeln ; die, die Ketten; die, die Kneipen; das, die Konten (!); die, die Krankenkassen; die, die Landesregierungen; der, die Männer; der, die Momente; die, die Nächte; das, die Orchester; der, die Pfennige; das, die Probleme; die, die Raten; der, die Rücken; das, die Schlafzimmer; die, die Schwägerinnen; das, die Spielkasinos; der, die Stiefel; die, die Suppen; der, die Termine; die, die Überraschungen; die, die Unterschriften; die, die Wohnungen; das, die Zentren (!); der, die Ärzte; die, die Boutiquen; der, die Flughäfen; das, die Haare; der, die Jungen; das, die Knie; die, die Lungen; der, die Namen; das, die Prozente; das, die Schilder; das, die Stockwerke; das, die Autos; die, die Ecken; das, die Gehälter; der, die Pullover; die, die Sekretärinnen; das, die Telefone; die, die Uhren

**16. Ersetzen Sie durch ein «da –» Pronomen!**
**2.** dazu **3.** daran **4.** daran **5.** darüber **6.** danach **7.** dazu **8.** darauf **9.** darauf **10.** darum **11.** damit **12.** darüber

## Lektüre

**Ja oder Nein?**
**1.** ja **2.** ja **3.** ja **4.** nein **5.** nein **6.** nein **7.** nein **8.** nein **9.** ja **10.** nein

**LÖSUNG**

## TEST 1
### (Thema 1 und 2)

**1. Hörverständnis: Hören und schreiben Sie!**
**1.** Name **2.** nehmen **3.** wohne **4.** Karten **5.** Frühstück **6.** trinke **7.** Hunger
**8.** beginnt **9.** heute Abend **10.** spät **11.** Viertel **12.** Tschüs

**2. Hörverständnis: Hören und schreiben Sie die Zahlen!**
**1.** 3 **2.** 8 **3.** 17 **4.** 11 **5.** 7 **6.** 13 **7.** 27 **8.** 88 **9.** 46 **10.** 31 **11.** 99
**12.** 100

**3. Hörverständnis: Schreiben Sie die Uhrzeit in Zahlen!**
**1.** 6:15 **2.** 10:45 **3.** 11:30 **4.** 8:55 **5.** 8:20 **6.** 17:15 / 5:15 **7.** 6:15 **8.** 10:45
**9.** 11:30 **10.** 8:55 **11.** 8:20 **12.** 17:15

**4. Wie heißt das Verb?**
**1.** c **2.** a **3.** c **4.** c **5.** b **6.** c **7.** c **8.** a **9.** a **10.** a

**5. Fragen Sie!**
**1.** a **2.** c **3.** c **4.** b **5.** a **6.** c

**6. Was fehlt?**
**1.** a **2.** b **3.** c **4.** b **5.** a **6.** b

## TEST 2
### (Thema 3 und 4)

**1. Hörverständnis: Hören und schreiben Sie!**
**1.** Universität **2.** eingeladen **3.** Essen **4.** sehr nett **5.** beginnt **6.** Auto **7.** spät
**8.** jetzt **9.** sauer **10.** schnell **11.** Vorspeise **12.** Rotwein

**2. Hörverständnis: Wie heißt die richtige Antwort?**
**1.** b **2.** b **3.** b **4.** c **5.** a **6.** c
(**Die Fragen 1.** Wie spät ist es? **2.** Was trinken Sie? **3.** Suchen Sie etwas Bestimmtes?
**4.** Wie teuer kommt die Jacke denn? **5.** Wie findest du mich? **6.** Zahlen Sie bar?)

### 3. Hörverständnis: Schreiben Sie das Datum!
**1.** 3.2. **2.** 4.4. **3.** 1.9. **4.** 24.12. **5.** 21.7. **6.** 14.3 **7.** 28.11. **8.** 6.8.1990
**9.** 14. Juli 1789 **10.** 9. November 1989.

### 4. Wie heißt der Artikel?
**1.** b **2.** c **3.** a **4.** b **5.** c **6.** a **7.** b **8.** a

### 5. Welches Wort passt?
**1.** Scheck **2.** Kino **3.** übermorgen **4.** Kartoffelsalat **5.** gemütlich **6.** die Straßenbahn **7.** dir **8.** fertig

### 6. Wie heißt das Pronomen?
**1.** ihm **2.** ihn **3.** sie **4.** es **5.** ihr **6.** Ihnen

### 7. Was ist richtig?
**1.** a **2.** a **3.** b **4.** b **5.** a **6.** a **7.** b **8.** b

## TEST 3
### (Thema 5 und 6)

### 1. Hörverständnis: Was fehlt? Hören und schreiben Sie!
**1.** Notarzt **2.** Kopfschmerzen **3.** Hausbesuche **4.** Sprechstunde **5.** kommen … dran **6.** einatmen **7.** verschreiben **8.** Gips **9.** unbedingt **10.** stell … vor

### 2. Setzen Sie das Partizip-Perfekt ein!
**1.** ausgegangen **2.** gehabt **3.** bekommen **4.** gegeben **5.** gearbeitet **6.** gehört **7.** angerufen **8.** gefahren **9.** krankgeschrieben **10.** geblieben **11.** gebrochen **12.** gemacht.

### 3. Hörverständnis: Wie heißt die richtige Antwort?
**1.** b **2.** c **3.** b **4.** c **5.** a **6.** b **7.** a **8.** a
**(Die Fragen 1.** War Ihr Mann schon bei uns? **2.** Haben Sie einen Termin?
**3.** Rauchen Sie viel? **4.** Egon, was machst du denn hier? **5.** Guten Tag, Sie

wünschen? **6.** Wollen Sie ein Haus mieten oder kaufen? **7.** Wo arbeiten Sie?
**8.** Hören Sie gerne klassische Musik?)

### 4. Setzen Sie die Sätze ins Perfekt!

**1.** Kalli hat eine Wohnung gesucht . **2.** Er hat mit einer Freundin gesprochen.
**3.** Aber sie hat nichts gewusst . **4.** Da ist er zum Makler gegangen. **5.** Der Makler
hat eine Wohnung für ihn gefunden. **6.** Der Makler hat zweimal mit dem
Vermieter telefoniert. **7.** Das hat zehn Minuten gedauert. **8.** Er hat Kalli die
Wohnung gezeigt. **9.** Das hat eine halbe Stunde gedauert. **10.** Kalli hat die
Wohnung genommen. **11.** Der Makler hat drei Monatsmieten bekommen.
**12.** Das sind 5100 Euro gewesen.

### 5. Wie heißt das Modalverb?

**1.** b **2.** a **3.** b **4.** a **5.** b **6.** a **7.** c **8.** c

### 6. Welches Possessiv-Pronomen fehlt?

**1.** seine **2.** unser **3.** deinen **4.** Ihr **5.** ihr **6.** mein **7.** meinem **8.** unser

### 7. Verbinden Sie die Sätze mit den Konjunktionen!

**1.** … , weil er sich nicht gut fühlt.
**2.** … , wenn ich mit dem Zug ankomme.
**3.** … , dass du perfekt Japanisch sprechen kannst.
**4.** … , dass Madonna nach Frankfurt kommt.
**5.** … , weil er die Miete ein halbes Jahr nicht bezahlt hat.
**6.** … , wenn es regnet.
**7.** … , wenn das Wetter schön ist.
**8.** … , dass Heinz noch nicht bezahlt hat.
**9.** … , weil er sich mit Karoline treffen will.
**10.** … , wenn er sich mit ihr trifft.

## TEST 4
### (Thema 7 und 8)

### 1. Hörverständnis: Was fehlt? Hören Sie und setzen Sie das Wort ein!

**1.** stundenlang **2.** Verspätung **3.** teuer, fünf **4.** so eng **5.** ruhig **6.** wie im
Krankenhaus **7.** vergessen **8.** nächsten

## 2. Hörverständnis: Wie heißt die richtige Frage? Hören Sie die Antworten!

**1.** c **2.** b **3.** a **4.** a **5.** a **6.** a **7.** b **8.** c

**(Die Antworten 1.** Ja, hier spricht Sigrid. **2.** In der Pinte gegenüber dem Bahnhof. **3.** Sie wissen doch, die Geschäfte sind jetzt geschlossen. **4.** Ach, so ein Scheißtag, mir geht's nicht gut. **5.** Ja, ich habe alles im Koffer. **6.** Nein, ich habe noch kein Hotel. **7.** Dieses Jahr bleiben wir zu Hause. **8.** Nein, ich mache einen Surf-Kurs in Spanien.)

## 3. Wählen Sie die richtige Präposition!

**1.** zum **2.** aus **3.** nach **4.** im **5.** in **6.** zu **7.** mit **8.** nach **9.** in **10.** auf **11.** beim **12.** vom

## 4. Was ist richtig?

**1.** a **2.** c **3.** a **4.** c **5.** a **6.** c **7.** c **8.** b **9.** c **10.** c **11.** a **12.** c

## 5. ob oder dass?

**1.** ob **2.** dass **3.** ob **4.** dass **5.** ob **6.** dass **7.** dass **8.** ob **9.** dass **10.** ob

## 6. Verbinden Sie die Sätze!

**1.** … , weil im Kühlschrank kein Platz mehr war.

**2.** … , wenn sie Geburtstag hat.

**3.** … , wenn du wieder da bist.

**4.** … , dass ich ihn gestern nicht gesehen habe.

**5.** … , weil er Geld zum Leben braucht.

**6.** … , ob ich den Pass in die Seitentasche gesteckt habe. (ohne «?» !)

**7.** … , dass Emma und Konrad geheiratet haben.

**8.** … , wenn es Whisky bei uns gibt.

**9.** … , ob der Mercedes immer noch kaputt ist.

**10.** … , ob Hamir links oder rechts von Sheila sitzt.

**11.** … , wenn ich dich sehe.

**12.** … , weil die Banane krumm ist.

## 7. Was ist hier grammatikalisch falsch?

**1.** Ernst **hat** gestern Abend drei Stunden alte Opern in der Badewanne gesungen.

**2.** Ich weiß nicht, **ob/dass** er heute kommt.

**3.** Meiner Oma geht es nicht gut.

**4.** Meine Oma fährt **im** Wohnzimmer Motorrad.

**5.** Sie kommt **aus** Australien.

**6.** Dann **isst er** eine Gulaschsuppe mit Weinschaumcreme.

**7.** Ich trinke Jägermeister, weil es immer einen Grund zum Feiern **gibt**.

**8.** Ich schau dir in **die** Augen, Kleines.

**9.** Beethoven ist tot, Einstein ist tot, und mir **tut** der Bauch auch schon weh.

**10.** Alles hat **ein** Ende, nur die Wurst hat zwei.

### Fotonachweis

Alexander Kehr 4/5, 14/15, 30/31, 32/33, 80/81, 112/113,138/ 139,198/199, 216

Stefanie Schikora 52/53, 58/59, 78/79, 106/107,140/141, 164/ 165, 172/173, 200/201, 230/231

**SCHLÜSSEL**

# INDEX

## Wo Sie die Grammatik erklärt finden.

Die Zahl gibt das Thema an, in dem das entsprechende Problem der Grammatik behandelt wird.

S 70/2

© Britta Lembke

## Lernen ohne Büffeln hilft sprechen ohne Muffeln – Sprachbücher für Büffelmuffel bei rororo

Das schlechte Gewissen meldet sich immer mal wieder. Man müsste mehr für seine Sprachkenntnisse tun ... Aber da dies Zeit und Mühe kostet, bleibt es meist beim guten Vorsatz. Diese Reihe lockt Büffelmuffel mit Witz und didaktischer Raffinesse aus der Reserve und zeigt, dass Sprachenlernen kein Privileg der Emsigen sein muss.
Eine amüsante Geschichte, die fortlaufend zu lesen ist, macht vertraut mit dem Alltag des Landes und den Sprechmitteln zu seiner Bewältigung. Das notwendige Minimum an Wissen wird auf den Punkt gebracht, lockere Tests helfen, das Gelernte zu überprüfen und zu behalten.

**Jutta Eckes
Italienisch für Büffelmuffel**
3-499-61908-3

**Christof Kehr
Spanisch für Büffelmuffel**
3-499-61910-5

**René Bosewitz/
Robert Kleinschroth
Englisch für Büffelmuffel**
3-499-61907-6

**Robert Kleinschroth/
Anne-Laure Maupai
Französisch für Büffelmuffel**

3-499-61909-1

*Weitere Informationen in der* Rowohlt Revue *oder unter* www.rororo.de

# Friedemann Schulz von Thun bei rororo

## Autor von:

**Klarkommen mit sich selbst und anderen:**
Kommunikation und soziale Kompetenz
*Reden, Aufsätze und Dialoge*

**Klärungshilfe 1** (mit Christoph Thomann)

**Miteinander reden 1**
Störungen und Klärungen
*Allgemeine Psychologie der Kommunikation*

**Miteinander reden 2**
Stile, Werte und Persönlichkeitsentwicklung
*Differentielle Psychologie der Kommunikation*

**Miteinander reden 3**
Das «Innere Team» und situationsgerechte Kommunikation

**Miteinander reden 4**
Fragen und Antworten

**Miteinander reden:** Kommunikationspsychologie
für Führungskräfte (mit Johannes Ruppel u. a.)

**Miteinander reden von A-Z** (mit Kathrin Zach u. a.)
Lexikon der Kommunikationspsychologie

## Herausgeber von:

**Das Innere Team in Aktion** (mit Wibke Stegemann)

**Impulse für Beratung und Therapie** (mit Dagmar Kumbier)
Kommunikationspsychologische Miniaturen 1

**Impulse für Führung und Training** (mit Dagmar Kumbier)
Kommunikationspsychologische Miniaturen 2

**Impulse für Kommunikation im Alltag** (mit Dagmar Kumbier)
Kommunikationspsychologische Miniaturen 3

**Interkulturelle Kommunikation:**
Methoden, Modelle, Beispiele (mit Dagmar Kumbier)

**Kollegiale Beratung** (Autor Kim-Oliver Tietze)

**Schwierige Gespräche führen** (Autor Karl Benien)